국가와 여성정책

이 혜 숙

다산출판사

이 연구는 2014년도 경상대학교 발전기금재단 학술연구조성비 재원으로
수행되었음(재단법인 경상대학교발전기금재단-2014-0806)

책머리에

여성정책은 경제, 사회, 문화, 가족, 교육 등 다른 정책들과 밀접한 관련성을 갖는다. 한국의 경우 과거에는 '부녀복지' 나 '여성복지' 란 개념을 사용하여 여성 개인의 문제보다는 여성이 어머니로서 갖는 특수한 위치와 관계된 정책이나 빈곤여성 같은 요보호 여성을 대상으로 한 정책을 여성 관련 정책으로 분류해 왔다. 보편적인 여성을 대상으로 하는 여성정책이 집행되고, 여성정책이란 개념이 일반적인 용어로 사용된 것은 1980년대 이후의 일이다.

이후 여성정책 범주의 외연은 크게 확대되었는데 1990년부터는 성, 교육, 가족, 복지, 노동, 정치 등 여성 삶의 다양한 영역에 걸친 정책대안들을 제시하고 정책의 변화를 요구하게 되었다. 1995년에 제정된 〈여성발전기본법〉은 성평등과 여성의 사회참여 확대, 그리고 여성 권익 증진에 많은 영향을 미쳤으며 2000년대 이후부터는 여성정책에 성 주류화gender mainstreaming 전략이 본격적으로 도입되면서 모든 정책에 젠더 관점이 반영되었다. 2014년 5월 〈여성발전기본법〉을 〈양성평등기본법〉으로 바꾼 것은 여성정책의 패러다임이 '실질적 성평등 실현' 으로 전환되고 있음을 반영한 것이다.

이처럼 여성의 지위향상을 위한 정책적인 차원에서의 노력이 가시화되면서 여성가족부라는 여성정책담당 국가기구가 설치되고 국가발전계획에 여성발전계획이 포함되는 등 법과 제도 면에서는 그 성과가 있었다. 그럼으로써 이제는 여성문제는 많이 해결되었다는 착시현상과 역차별 정서를 가져오기도 하였는데, 실제 한국의 성 격차 지수GGI: Gender Gap Index가 여전히 하위권에 머

묻고 있는 것은 여성정책의 지향과 현실의 괴리가 크다는 점을 보여준다.

이 책은 여성정책의 형성과정을 국가의 성격이나 여성운동과의 관계 속에서 보아야 한다는 입장에서 출발하여 구체적인 여성정책 분야의 현황과 과제를 살펴보고자 하였다. 필자는 2009년부터 가상강좌로 사회학과 전공수업인 '여성정책론'을 강의하고 있는데 적당한 교재가 없는 것이 늘 아쉬웠다. 여성 관련 기관이나 개별 연구진에 의해서 여성정책에 대한 많은 글들이 나오고는 있지만 각자의 관심에 따라 내용과 접근방법이 다르고 전체적으로 국가와 여성정책에 대한 이론적 논의들을 검토하면서 구체적인 여성정책을 다루거나 정리한 책이 생각보다 드물었다. 이것은 워낙 여성정책이 다양하고 다루는 범위가 많기 때문일 것이다. 그동안 특정 교재 없이 관련 자료를 수집하여 강의 내용을 만들었으나 아무래도 수업을 효율적으로 하기 위해서는 적당한 교재가 필요했고 개인적으로도 한국 여성정책의 전반을 정리하는 것이 의미 있으며 필요한 일이라고 생각되었다.

이 책은 총 4부 13장으로 구성되어 있다. 제1부는 여성과 국가에 대한 페미니즘의 논의들을 여성정책의 개념과 유엔의 흐름(1장), 국가와 여성(2장), 복지국가와 여성정책(3장)을 중심으로 살펴보았다. 제2부는 한국 여성정책의 흐름과 젠더정치를 한국 여성정책의 역사와 전개(4장), 성 주류화의 현황과 방향(5장), 여성정책과 여성운동(6장)을 중심으로 살펴보았다. 제3부는 구체적인 여성정책의 분야를 살펴보았는데 여성노동정책(7장), 가족정책(8장), 일-가족 양립정책(9장), 성 관련 정책(10장), 대학과 여성정책(11장)으로 나누어서 그 정책의 흐름과 현황, 방향과 과제를 살펴보았다. 제4부는 지구화 · 지방화 시대 여성정책의 전망을 결혼이주여성과 다문화정책(12장), 지방화와 여성정책(13장)을 중심으로 살펴보았다.

이 책은 여성정책의 성격과 분야 전반을 정리하고 소개하는 성격을 가진 것이므로 여성정책에 대한 기존 연구들을 참조하여 종합 · 정리하였다. 또한 필자가 그동안 여성 관련 글들을 써 왔기 때문에 내용 면에서 약간씩 중복되는 측면도 있으리라 본다. 특히 2장, 11장, 13장은 다른 지면을 통해 이미 발표했던 것(이혜숙, 2002a, 2012a, 2012c, 2013b)을 다시 최근의 자료를 반영하여 수정했다.

나름대로 국가와 여성, 페미니즘에 대한 이론적 논의들을 정리하고 개별 분야별 여성정책의 흐름과 현황, 쟁점, 전망들을 최근의 논의까지 포함하면서 다루려고 노력했지만 역량의 한계로 부족한 점이 많음을 인정하지 않을 수 없다. 아무래도 다양한 여성정책의 분야를 충분히 다루지 못하고 필자가 좀 더 관심을 두는 여성정책을 중심으로 쓰여진 감이 있을 것이다. 또한 애초 시작할 때는 여성정책 각 분야별로 국가의 성격과 여성운동의 맥락과 연결된 전체적인 역사적 전개과정, 현황과 쟁점, 전망과 과제들을 일관성 있는 분석틀로 정리하고 싶다는 생각이었지만 그렇게 되지 못하였다. 그러나 이왕 책을 내었으니 이 책이 한국의 여성정책에 관심을 두는 연구자들이나 실무자들에게 조금이나마 도움을 주었으면 하는 바람이다.

책을 써야겠다는 생각은 오래 전에 했지만 역시 쫓기면서 마감 시간을 보내고 있다. 많이 부족하지만 일단 이렇게라도 시작해 놓고 앞으로 계속 내용을 수정, 보완하고자 한다. 끝으로 준비하는 과정에서 자료 수집과 번거로운 표 작업을 도와준 경상대 사회학과 학부생 노혜지 양에게 고마움을 표한다. 또 책의 출판과 편집을 위해 애쓰신 다산출판사 측에도 깊은 감사를 드린다.

2016년 2월

이혜숙

차 례

제1부 여성 · 국가 · 페미니즘

제2부 여성정책의 흐름과 젠더 정치

제3부 여성정책의 현황과 과제

제8장 가족정책

제9장 일-가족 양립정책

제10장 성 관련 정책

제11장 대학과 여성정책

제 1 부

여성 · 국가 · 페미니즘

제1장

여성정책의 개념과 유엔(UN)의 흐름

1. 여성정책의 개념
2. 여성정책의 대상과 분야
3. 여성정책과 성평등
4. 여성정책 담당기구
5. 유엔의 여성정책

1 여성정책의 개념

여성정책은 무엇인가? 여성정책은 여성만을 위하는 정책인가? 남성정책은 없는데 왜 여성정책은 있는가? 일반적으로 정책이란 어떤 사회문제가 개인의 책임에만 있는 것이 아니라 사회에도 있다는 기본적인 인식을 바탕으로 하여 그 문제들을 해결하기 위한 국가의 행위이다. 정책은 정부가 목표와 방향을 설정하고 이를 달성하기 위한 구체적인 수단이기 때문이다. 정책에서 중요한 것은 '무엇이 문제인가' 하는 것이다. 문제의 정의는 문제의 원인과 해결 방향을 제시하는 출발점이며 정책 형성과 집행, 평가과정 전반에 영향을 미친다.

'무엇이 문제인가'를 정하거나 다양한 문제들 사이에서 우선 순위를 정하는 과정은 다양한 사회구성원 사이의 정치적 과정이다. 무엇이 정책 이슈가 되는가, 정책이 어떻게 개입할 것인가는 사회적으로 구성될 뿐 아니라 계속해서 변화한다(이은아, 2007: 295-296). 여성문제가 정의되는 방식도 시기와 장소에 따라 변화하며 그 내용은 사회경제적 조건을 반영하는 동시에 여성의 사회적 위치를 드러내 준다.

여성정책은 기본적으로 여성을 대상으로 하는 포괄적인 국가정책의 하나이다. 그러나 여성정책은 단순히 여성을 대상으로 하는 것이 아니라 목표와 관점이 중요하다. 여성정책은 정치, 경제, 사회, 문화, 교육 등 모든 분야에서 여성의 지위를 향상시켜 성평등한 사회를 이룩하려는 정부의 실제적이고 의도적인 활동이라 할 수 있다. 여성정책은 한 사회를 구성하고 있는 남녀가 평등해야 한다는 기본적 인식하에 여성의 기본적인 인권과 성평등의 실현을 목표로 여성억압이나 성차별과 같은 여성문제를 개인적 차원이 아닌 사회적 · 국가적 차원의 문제로 인식하고 국가가 일차적 책임을 짐으로써 여성문제를 해결하고자 하는 것이다. 여성정책의 목표와 방향은 참여와 공존, 실질적 평등과 형평의 기초 위에 남녀가 사회 각 분야에서 권리와 책임을 함께 나누는 남녀의 공동참여, 공동책임 사회의 실현에 있다.

여성정책은 사회의 권력관계와 젠더 구조에 주목하고 정책적 개입을 통해 성평등한 사회를 지향하려는 것이다. 여성정책은 평등한 삶을 추구할 수 있도록 동등한 기회와 조건, 그리고 결과를 이끄는 정책이며 여성과 남성 모두의 삶에 영향을 미치게 된다.

여성정책은 단순히 여성을 대상으로 하는 정책이 아니라 지금까지 가시화되지 않았던 여성들의 경험이 사적이거나 개인적인 것이 아닌 정치적인 것임을 드러내고 이러한 경험을 드러내는 것에서 출발한다. 여성주의 관점에서 기존의 정책이 여성의 경험과 이슈를 배제해 왔음을 지적하며 기존 정책에 여성을 단지 덧붙이는 것이 아니라 젠더 관계의 불평등을 주요한 정책의제로 본다(이은아, 2007: 294, 297). 여성정책은 모든 여성이 인간다운 삶을 누리도록 성차별을 유지 · 강화하는 기제를 제거하고 성평등을 실현하는 것을 목적으로 수행되는 정부의 정책이다.

여성정책은 그동안 소외되고 배제되어 왔던 여성의 요구에 관심을 둔다. 여성과 남성은 자원에 대한 서로 다른 통제력을 가지고 사회에서 기대하는 각기 다른 역할을 수행해 왔으므로 결과적으로 다른 요구를 갖게 된다. 몰리뉘Molyneux에 따르면 젠더 이해는 여성 혹은 남성이 젠더 속성을 통해 그들의 사회적 지위에 따라 개발가능한 이해로서 실제적이거나 전략적일 수 있다(스티븐슨, 2010: 65). 모저(2000: 64-69)는 몰리뉘의 젠더 이해 개념을 발전시켜 이해가 요구로 변환되는 과정에 초점을 맞추고 실제적 젠더 요구practical gender needs와 전략적 젠더 요구strategical gender needs를 구분하였다. 실제적 젠더 요구는 성별 분업에 기반한 여성의 역할을 수용하고 여성의 현실을 개선하기 위한 요구로 성별 권력관계와 여성의 종속에 대해서는 도전하지 않는

참고자료 1-1

여성정책에 대한 몇 가지 오해

첫째, '여성문제'다.

여성정책에 대한 가장 보편적인 오해 또는 암묵적인 가정 중 하나는 여성정책을 '여성문제'를 해결하기 위한 정책으로 보는 것이다. 그러나 과연 여성이 '문제'인가? 여성정책을 '여성문제'로 보는 또 다른 방식은 여성이 경험하는 직·간접적 차별과 불평등의 결과를 여성들만의 고유한 문제로 보는 시각이다.

둘째, '여성우대' 정책이다.

여성정책에 대한 또 다른 오해는 이러한 정책이 여성만 우대한다는 것이다. 남성들은 자격 미달인 여성을 '우대'함으로써 자신의 기회가 박탈되는 '역차별'을 당하고 있다고 반발하기도 한다. 그러나 이는 적극적 조치 이면의 근본적인 가정을 이해하지 못한 결과이다.

셋째, 이제 남성정책이 필요하다.

여성의 지위가 남성과 동등해진 상황에서 여성을 지원하는 여성정책은 남성에 대한 '역차별'이고 성희롱이나 성폭력, 성매매 피해자 보호를 위한 각종 제도들이 남성을 억울한 피해자로 만들고 있으므로 이제는 남성 인권보호를 위한 정책이 필요하다는 주장도 나온다. … 영향력 있는 자리를 차지한 '잘 나가는 여성'의 수가 증가한 것은 사실이지만 이들은 전체 여성 중 일부, 즉 예외에 불과하다. 그러나 이들에게 시선이 집중되면서 마치 전체 여성의 지위가 상승한 것 같은 착시 효과가 나타나고 있다.

자료 : 마경희(2015: 449-455).

다. 전략적 젠더 요구는 남성에 대한 여성의 종속적 지위로 인해 나타나는 요구로 성별 불평등에 도전하고 성별 분업과 여성의 종속적 지위를 변화시키기 위한 요구이다. 여성정책은 여성의 현실을 개선하기 위한 실제적 젠더 요구

뿐 아니라 평등한 관계를 지향하는 전략적 젠더 요구를 함께 고려해야 한다(이은아, 2007: 298).

〈표 1-1〉 실제적 젠더 요구와 전략적 젠더 요구

실제적 젠더 요구	실제적 젠더 요구는 사회에서 여성이 사회적으로 수용된 역할을 나타내는 요구이다. 실제적 젠더 요구는 성별 노동분업이나 사회에서의 여성의 종속적인 지위를 탈피하려 하지만 도전하지는 않는다. 실제적 젠더 요구는 특정 맥락에서 나타나는 인지된 필요성을 매개하는 대응이다. 그것은 본래 실제적이며 종종 물제공, 보건, 고용 등과 같은 생활조건의 부적절성에 관심을 갖는다.
전략적 젠더 요구	전략적 젠더 요구는 사회에서 남성에 대한 여성의 종속적 지위로 인해 여성이 나타내는 요구를 말한다. 전략적 젠더 요구는 특정 맥락에 따라 달라진다. 그것은 성별 노동분업, 권력 및 통제와 관계가 있고 법적 권리, 가정폭력, 동일 임금, 자기 신체에 대한 여성의 통제권 등과 같은 이슈를 포함할 수 있다. 전략적 젠더 요구를 충족시키는 것은 여성이 더 큰 평등을 성취하도록 돕는다. 그것은 또한 기존의 역할을 변화시키고 그럼으로써 여성의 종속적 지위에 도전한다.

자료 : 모저(2000: 66-67).

여성정책이 도입되는 과정과 방향은 개별 국가의 정치적 배경, 여성운동의 영향력, 복지정책의 유형, 국가-시민사회의 관계 등 다양한 조건에 따라 상당한 차이를 보인다(권태환 · 황정미, 2005: 15). 이러한 여성정책의 중요성 및 필요성은 사회변화의 흐름과 함께 더욱 커진다.

첫째, 가족구조의 변화이다. 맞벌이 부부가 증가하고 이혼율이 증가하며 독신이 늘어나고 있다. 여성들의 재택 업무가 생산에 있어서 큰 역할을 할 것이며 여성의 고령화 현상에 따라 여성노인의 사회적 소외문제도 커지고 있다. 이러한 변화에 대응하기 위해서는 가족 간의 새로운 역할 정립과 여성의 생애주기에 맞는 여성정책이 필요하다.

둘째, 정보화 사회의 진전과 여성의 역할 증대이다. 정보화 사회의 진전에 따라 여성인력의 중요성이 강조되고 있다. 정보화 사회에서는 점차 남녀 간에 노동의 질적 차이가 줄어들게 될 것이며 서비스 경제화가 더욱 심화될 것으로 예측되고 있다. 또한 단순한 관리가 아니라 인간의 삶의 질을 향상시키고 변화에 대응하는 조직 원리가 요구됨으로써 여성리더십이 부각된다. 이러한 정책환경에 부응하기 위해서는 여성능력 향상에 적극적인 정책을 수립하여 추진하여야 한다.

셋째, 지구화와 지방화 시대의 여성참여 확대이다. 동서 냉전체계의 종식은 군사력에 의한 대결구도를 종식시키고 민주화를 진전시켜 성평등 사상을 보편화시킴으로써 여성문제가 국제사회의 주요 이슈로 등장하고 있다. 지방자치제가 정착되어 감에 따라 중앙권한의 지방 분산과 주민생활 관련 행정에서 여성의 참여 확대, 여성문제에 대한 중요성이 부각되고 있다. 이와 같은 사회변화와 더불어 전반적인 사회 민주화와 인권문제의 관심이 커질 것이며 보다 더 평등의식이 확산될 것으로 전망된다. 여성 부문에서 보다 미래지향적이고 변화에 대응하는 정책수립은 꼭 필요한 것이다.

2 여성정책의 대상과 분야

여성정책을 대상에 따른 범주로만 보면 정부의 모든 정책이 여성정책이 아닌 것이 없게 될 정도로 그 적용 범위가 넓다. 여성문제는 아동, 노인, 빈민 등 다양한 대상에 걸쳐 있으며 여성정책의 대상은 요보호 여성에서 일반 여성으로 확대되어 왔다.

여성정책의 대상을 여성의 생애주기 중심으로 살펴볼 수 있다. 즉 여성이 출생에서 사망에 이르는 과정을 특성에 따라 몇 단계로 구분하고 각 단계에서 욕구 및 사건을 중심으로 정책대상을 선정하는 것이다. 생애주기 접근은 두 가지 차원에서 가능한데 첫째, 보편적이고 규범적인 생의 사건들로 교육생활, 직업생활, 가족생활로 구성된 측면이고 둘째, 생애주기 동안에 직면할 수 있는 가정 내 폭력 등 위기적 사건들과 관련된 측면이다. 여성의 생애주기에 따른 구분은 생애에서 겪을 수 있는 연속선상에서 여성정책을 다양하게 포괄할 수 있는 장점이 있다. 이처럼 여성정책의 분야는 특별한 문제와 욕구를 가진 대상에 대한 복지서비스에서부터 성차별을 타파하기 위한 제도의 변화까지 포괄한다(강남식, 2005: 281).

여성정책이 작용하는 분야는 정치, 경제, 사회, 교육, 문화 등 광범위한 영역에 걸쳐 있다. 이러한 여성정책에 대해서 찰톤Charlton은 세 가지 범주로 구분한다(Charlton, 1989. 여기서는 배선희, 2007: 243에서 재인용). 첫 번째 범주는 특별히 여성을 대상으로 하는 정책으로 소위 보호입법 및 출산에 관련된 것이며, 두 번째 범주는 남성과 여성 간의 관계에 대한 정책으로 재산권, 성적 관계, 가족관계 등으로 다시 세분화되는 등 남녀의 권력관계 즉 젠더 관계가 제도화되는 영역이라고 할 수 있다. 세 번째 범주는 표면적으로는 성중립적이지만 사실상 남성과 여성에 대하여 상이한 영향을 미치는 정책이다. 전쟁이나 군사외교, 주택공급 등의 영역으로 사실상 여성의 삶에도 깊이 개입되어 있지만 그동안 여성의 관점이 배제되어 있었던 분야이다.

마주르(Mazur, 2002)는 정책영역을 일곱 가지, 즉 총괄적 정책청사진, 정치적 대표성, 평등고용, 일과 가정의 양립, 가족법, 재생산 권리, 섹슈얼리티와 폭력 등으로 구분하고 있으며 김경희a(2006: 226-230)는 여성정책을 정책의 목적과 효과를 기준으로 소외계층 여성들의 복지를 위한 현실개선정책, 공공부문의 적극적 조치를 통한 차별해소정책, 사적 문제로 인식된 가족 및 성폭력문제 등을 해결하기 위한 정책, 여성정책이 아닌 다른 정책에 대한 성별화정책 등 네 범주로 구분한다.

최근 한국의 여성정책 연구 이슈의 시기별 변화를 살펴보면 사회에서의 성차별문제 완화, 외환위기와 같은 경제사회적 여건, 결혼과 출산, 이로 인해 나타날 수 있는 사회활동 참여의 제약, 그리고 이주여성과 다문화 가족 이슈 등으로(조은설, 2013: 144) 한국 사회의 여성문제의 변화와 사회경제적 조건을 반영한 여성정책의 다양한 분야를 보여준다.

3 여성정책과 성평등

정책의 제도화 과정은 '무엇이 문제인가'를 정의하는 담론적 구성이다(Bacchi, 1999). 따라서 정책연구는 어떤 문제가 정책의제로 설정되고 어떤 가정에 근거해서 정책문제로 구성되는지 분석되어야 한다. 즉 여성정책의 목표가 성평등이라 할 때 성평등의 의미는 하나로 고정된 것이 아니고 유동적이고 다양한 층위를 가지고 있으며 정책형성과정에서 평등의 의미와 범위는 담론적 과정을 통해서 규정된다(이재경 · 김경희, 2012: 21).

여성을 사회적 억압과 지배로부터 해방시키고자 하는 여성주의자들은 '무엇이 성평등인가', 즉 평등의 의미와 평가, 평등실현의 전략에 대해서 다양한 논의를 진행해 왔다. 성평등은 여성정책의 목표이지만 성평등을 어떻게 정의할 것인가는 쉬운 문제가 아니다. 성평등은 다양한 차원과 많은 의미를 가진 복잡한 개념이다(Plantenga *et al.*, 2009: 21-25). 성평등은 여성주의가 추구하는 여성정책의 목표이자 가치이지만 성평등 사회에 대한 비전과 전략, 이를 위한 정책적 접근과 강조점은 지속적으로 변화하면서 때로는 논쟁의 대상이 되어 왔다.

이처럼 성평등을 지향하는 여성정책은 이질적인 정책 주체들이 참여하는 정치과정을 통해 형성되는 논쟁의 결과물이다(Verloo and Lombarde, 2007: 22). 주류 정치에는 여성주의자뿐 아니라 정치가와 정부 관료 등 다양한 정책

주체들이 개입하며 이들 주체들이 어떠한 정치적 맥락에서 어떠한 방식으로 의미화하고 어느 정도 영향력을 행사하느냐에 따라 성평등은 다양한 모습을 드러낸다. 같음, 차이의 인정, 성불평등 구조의 변혁 등 성평등 비전에 따라 균등 처우equal treatment, 특별 처우special treatment 그리고 성 주류화gender mainstreaming로 분류할 수 있다.

마경희(2015: 457-459)의 설명을 중심으로 그 내용을 살펴보면 우선 같음으로서의 평등은 공적 영역에서 여성에 대한 노골적인 차별을 문제로 보고

〈표 1-2〉 성평등 비전과 여성정책

성평등 비전	같음(treatment)	차이(difference)의 인정	성불평등 구조의 변혁 (transformation)
전략	통합(inclusion) : 남성의 기준에서 출발	여성의 특수성 : 여성의 특수한 조건과 욕구에서 출발	젠더 관점(gender perspective)의 통합
정책 접근	균등 처우 (equal treatment)	특별 처우 (special treatment)	성 주류화 (gender mainstreaming)
	공적 영역에서의 동등한 법적 · 제도적 권리와 기회보장	차별 집단으로서 여성의 위치와 '특수한' 욕구 고려	성평등을 위한 정책개혁
정책 수단	법적 · 제도적 평등 및 차별 제거 예: 남녀고용평등, 호주제 폐지, 군가산점제 폐지 등	여성 특화 제도와 정책 예: 여성 직업훈련, 취업, 창업지원, 적극적 조치	성인지(gender-sensitive) 정책 예: 공무원 교육, 성인지 통계, 성인지적 정책 분석(성별영향평가, 성인지 예산제도)
한계	수선하기(tinkering) : 남녀 조건의 차이 간과	재단하기(tailoring) : 단기적 · 부분적 · 여성의 주변화	이론상 변혁의 잠재력이 있지만 현실적으로는 기술 관료적 절차와 도구로 축소되는 경향
	* 같음과 차이의 딜레마		

자료 : 마경희(2015: 456).

기존 질서로의 여성 통합을 평등을 위한 전략으로 본다. 즉 공적 영역에서 남성과 동등한 법적 · 제도적 권리를 보장함으로써 평등을 성취하고자 하며 여성의 노동시장, 정치 참여를 제한하거나 차별하는 법적 · 제도적 차별을 제거하기 위한 '균등 처우' 접근에 기초한다. 균등 처우는 남녀는 동일하다는 전제하에 성별에 상관없이 남녀를 동등하게 대우하는 것이다.

그러나 이는 남성과 다른 조건에 놓인 여성의 상황을 고려하지 못한 것이라는 비판을 받으며 이러한 한계를 극복하기 위해 등장한 것이 차이의 인정으로서 평등이다. 여성의 특수성을 고려하지 못하는 기존의 접근을 문제시하면서 남성에 비해 불리한 조건에 있는 여성의 특수한 조건과 욕구를 인정하는 것이다. 따라서 여성을 대상으로 하는 '특별 처우' 접근을 취하게 된다. '특별 처우'는 기존의 제도와 정책들이 간접적으로 여성들을 어떻게 차별하고 있는지에 주목하면서 역사적으로 여성들이 경험한 불이익을 만회하거나 교정하기 위한 정책들이다. 여성의 노동시장 참여를 지원하기 위한 직업교육이나 창업지원 프로그램, 여학생 진로 지도 등이 그 사례이다.

같음과 차이의 딜레마에 대한 대안으로 등장한 것이 성불평등 구조의 변혁을 지향하는 평등 비전이다. 즉 젠더 관점의 통합이 성평등에 대한 새로운 전략으로 인식된다. 젠더 관점은 여성과 남성의 차이를 인식하되 이를 불평등한 권력관계의 맥락에 위치시키는 것이다. 즉 여성과 남성의 불평등한 관계를 가져오는 체계와 구조 자체의 변혁을 통해 성취될 수 있는 것으로 이해되는 '성 주류화 전략'이다. 성 주류화란 여성정책을 특정 분야 위주로 보던 시각을 탈피하여 모든 분야의 정책에 젠더 관점을 통합하는 것이다.

4 여성정책 담당기구

정책의 내용도 중요하지만 이를 추진하기 위한 정책체계가 정책의 성패를 좌우하는 또 다른 요소가 된다. 정책의 추진에 필요한 체계의 구성요소로는 담당기구와 인력, 재정적 지원 및 이에 필요한 정보의 구축과 같은 내적 요소와 환경적 요소를 들 수 있다. 세계 각국 여성 관련 담당기구를 살펴보면 여성정책의 전문화와 관련 기구의 강화 움직임이 두드러지고 있음을 알 수 있다(이현주, 2002). 유형별로 보면 여성단체형, 여성위원회 및 총리실, 대통령실, 내각의 여성부서 형태, 여성담당 장관 형태, 일반 부처 내 여성부서 등 다양하다. 조직형태는 다양하지만 공통적으로 이들은 여성문제 전반에 대한 정책수립 및 조정, 집행, 입법이나 법의 시행에 관한 제언 및 자문, 홍보와 모니터링, 정책에 대한 성인지적 관점의 주류화, 유엔 여성차별철폐협약과 세계여성행동강령의 이행업무 등을 담당하고 있다(김엘림, 1999: 5).

유엔여성지위위원회는 모든 국가의 정부는 여성의 지위를 다각적으로 제고하기 위한 임무를 지닌 여성정책 담당기구를 설치할 것을 권고하고 있다. 현재 대부분의 선진국들은 여성의 이해관계에 근거한 정책을 추진시키기 위한 기구를 두고 있다. 예를 들어 영국의 평등기회위원회EOC: Equal Opportunities Commission는 정책 감독과 집행의 역할뿐만 아니라 연구, 정책개발, 캠페인 역할을 수행한다. 실제로 여성의 권익을 증진하는 임무를 지닌 공식기구, 즉 여성정책 담당기구들이 20세기 후반 많은 국가에서 설치되었다(스티븐스, 2010: 316).

이들 담당기구는 구조나 관심 사안에서 뿐만 아니라 의사결정이 실제로 이루어지는 과정이 각국마다 차이가 있다. 또한 재원 충당, 내부/외부 프로그램에 대한 재정 능력, 인적 자원, 자립도, 규제 능력에서도 차이를 보이고 있다.

그런데 여성정책 담당기구에 관련해서 근본적인 딜레마가 존재한다. 기구의 구조에 관련한 문제로 첫째, 독립적인 자문기구의 형식을 취하는 기구는 정책의제를 설정하는 데 있어서 중요한 역할을 수행할 수 있다. 하지만 이들의 정책권고가 정당이나 정부의 입장과 일치하지 않게 될 경우 입지가 약화되거나 의견이 묵살당할 수 있다. 둘째, 정부 부처나 정부 부서의 형식을 취하는 기구는 정책 형성에 있어서 더 큰 정통성을 지닌다. 그러나 '공식적인' 정부 조직으로의 편입은 여성단체와의 협력과 정보공유에 있어서 이탈을 초래할 수 있다. 또한 정부 내에서도 실질적인 정책영역, 인원, 예산이 모두 부족한 조정기구로 종종 비쳐지기도 한다(스티븐스, 2010: 319-320).

또한 여성정책 담당기구는 신설기구이기 때문에 정책심의에 있어서 각 정부 부처의 영향력을 결정하는 위계에서도 서열이 낮다. 총리실 산하에 있는 것이 도움이 될 것이지만 총리의 관심이나 우선 과제가 변경되면 정책 추진력이 상실될 수 있다.

여성정책 담당기구가 자문기구의 형식을 취할 경우 여성지위 향상이라는 목표에 헌신하는 사람을 장으로 두는 경향이 있는 반면, 정부조직으로서 설치될 경우 여성부서가 여성운동이나 여성주의자의 요구에 대해 어느 정도 민감하게 반응하는가 하는 문제는 장관의 개인적 지향에 의해 상당부분 좌우된다.

대개 자금이 풍부한 여성정책 담당기구는 드물다. 대부분의 경우 여성정책 담당기구는 지속적인 예산부족 현상을 겪거나 재정 긴축 시에는 예산삭감의 주요 대상이 된다. 따라서 조직의 유형, 권력 핵심부와의 거리, 행정능력, 지도부 등은 여성정책 담당기구의 입장에서는 모두 문제가 될 수 있다(스티븐스, 2010: 321). 다음은 주요국의 현황인데 대부분 여성정책 담당기구를 설치하여 여성정책을 담당하고 있음을 알 수 있다.

<table>
<caption>〈표 1-3〉 주요국의 여성정책 담당기구 현황</caption>
<tr><th>국가</th><th>여성정책
담당기구</th><th>담당업무</th><th>관련 기구</th><th>비고</th></tr>
<tr><td>독일</td><td>연방가족·노인·여성·청소년부</td><td>• 가족·노인·여성·청소년
• 평등, 시민참여</td><td>• 연방고용·사회부 : 연금, 고용시장, 장애
• 연방보건부 : 보건·의료</td><td rowspan="4">여성·가족·아동 업무의 통합 수행</td></tr>
<tr><td>호주</td><td>가족주거지역 사회서비스·원주민사업부</td><td>• 가족·아동, 여성·청년
• 지역사회, 주택, 장애, 공동체, 원주민</td><td>• 보건·노령부 : 보건·의료, 노인
• 휴먼서비스부 : 청각장애, 자녀지원, 의료보장 등 사회서비스</td></tr>
<tr><td>스웨덴</td><td>교육연구부</td><td>• 교육·연구, 양성평등, 시민사회정책 및 청소년 정책</td><td>• 보건사회부 : 가족(아동·가족수당, 부모보험, 보육 등), 사회서비스, 보건의료서비스, 아동, 장애인 등</td></tr>
<tr><td>노르웨이</td><td>아동평등사회통합부</td><td>• 입양, 아동복지, 아동 및 청소년 가족, 인종차별, 양성평등, 소수자 및 이민자, 장애인 등</td><td>• 교육연구부 : 교육·연구, 양성평등 등</td></tr>
<tr><td>영국</td><td>교육부</td><td>• 교육, 아동복지, 청소년, 가족</td><td>• 법무부 : 법률, 인권, 성인지
• 노동연금부 : 연금, 노동, 복지</td><td>가족 중심 통합수행</td></tr>
</table>

자료 : 여성가족부(2011)에서 재구성. 여기서는 윤선영·신영진(2013: 37)에서 재인용.

5 유엔의 여성정책

인간의 존엄과 세계 평화를 이루기 위한 제도적 장치로 1945년 탄생한 유엔은 그 발족 이래 유엔헌장, 세계인권선언에서부터 그 후 각종 협약과 선언들을 통하여 인권의 보장과 더불어 국제적 차원에서의 성평등 실현을 위하여 꾸준히 노력해 왔다. 비록 강제성은 없을지라도 유엔을 통해 합의된 국제적 규범과 원칙은 개별 국가의 정책에 영향을 미쳐 성평등을 위한 기반을 마련하는 발판이 되었다(조희원 · 장재남, 2009: 169).

유엔은 1946년 모든 분야에서 여성의 지위를 향상시키고 여성의 권리를 증진시키기 위하여 경제사회이사회의 한 기능의원회로 유엔여성지위위원회 UN Commission on the Status of Women를 설치하였다. 유엔은 여성지위위원회를 설치한 후 동 위원회를 중심으로 여성정책을 발전시켜 왔다. 초기에는 협약, 강령 등을 통하여 법적 평등의 기반을 마련하기 시작하였으며, 점차 모든 발전에 있어서 여성의 역할을 인정하도록 하였다. 또한 여성발전을 위한 요구 중심의 정책에서 여성을 전반적인 사회발전의 근본적인 공헌자로 인식시키면서 여성발전이 여성에게만 국한되는 독립된 문제가 아니라 전체 사회발전에 중요한 요소라는 것을 인식시켜 왔다. 그동안 유엔은 사회변화를 위한 촉매자로서, 성차별 철폐를 위한 국제규범의 제정자로서, 여성문제 해결을 위한 국제적 논의의 장소로서, 그리고 세계여성의 지위에 관한 포괄적 조정자로서의 역할을 해 왔으며, 유엔 스스로의 노력과 각 국가의 지원과 그들의 연대에 힘입어 세계 각국의 여성의 지위 향상과 발전에 많은 정책적 성과를 보았다.

1975년 세계여성의 해 지정, 1975~1985년 유엔 여성 10년 선포, 1975년 멕시코시티, 1980년 코펜하겐, 1985년 나이로비에 이어 1995년 북경에서 세계여성회의 개최, 이들 회의에서 채택한 행동계획이나 선언들의 채택 및 이행을 위한 점검체계는 세계의 모든 국가들이 여성문제에 관심을 갖고 이를 해결하기 위한 노력을 국가적 차원에서 행하도록 하는 등 많은 성과를 거두었다(이혜숙, 2002b: 79).

특히 유엔여성지위위원회의 정책이 각국에 영향을 미칠 수 있었던 계기는 여성의 권리보장을 위한 기반이 되는 '여성차별철폐협약'의 채택이다. 전문 및 본문 6부 30조로 이루어진 여성차별철폐협약은 1979년 제34차 유엔 총회

결의에 따라 채택되었으며 정치, 경제, 사회, 문화 등 모든 분야에 있어서 여성의 인권과 기본적 자유를 저해하는 차별을 철폐함으로써 여성에게 남성과 동등한 권리를 부여하도록 당사국의 필요한 조치와 의무를 규정하고 있다. 이 협약은 평등이념을 바탕으로 한 여성에 대한 '권리장전'이라고 할 수 있다. 이 협약에 가입한 당사국은 동 협약 제18조 규정에 따라 협약의 이행을 위하여 국내에서 취한 입법, 사법, 행정 등 제반 조치와 진전에 대하여 유엔에 정기적으로 보고할 의무를 지고 있는데 한국은 1984년 12월 27일에 가입하였다.

유엔은 1990년대에 들어오면서 환경, 인권, 인구, 사회 개발 등 주요 주제를 다루는 국제회의에서 관련 문제를 다루면서 여성문제와 여성발전을 통합하여 다루는 결집력 있는 매개체로서의 역할을 담당하면서 이러한 활동을 통해 세계 각국에서 여성에 관한 이슈를 주류화하는 데 기여하고 있다.

1995년 북경에서 열린 제4차 세계여성회의에서 성평등이라는 궁극적인 목표를 이루기 위한 전략으로 성 주류화gender mainstreaming 개념을 공식적으로 채택하였다. 성 주류화는 성평등gender equality을 이루기 위해 젠더 관점이 모든 과정에 통합되는 것을 의미한다. 유엔에서 채택하고 있는 성 주류화 전략은 남성과 여성의 차이를 인식하고 있기는 하지만 더 나아가 남성들 내의 차이와 여성들 내의 차이도 고려하게 된다.

북경세계여성회의에서 채택한 북경여성행동강령은 평화와 여성의 권리실현 그리고 사회발전을 위한 원칙의 실행을 구체화한 약속이다. 이 행동강령은 보편적인 인권 정신에 기초하여 미래지향적이고 지속적인 발전을 가능하게 하기 위한 전제로서 성평등 실현을 강조하고 있다. 특히 북경여성행동강령은 지구화를 포함한 세기적인 사회변화를 인식할 뿐 아니라 이에 대비한 여성문제에 관한 정책을 포함하고 있다.

이 행동강령은 여성의 힘을 증진하기 위한 의제를 핵심으로 하며 가정, 직장 그리고 더 넓게는 국가와 국제사회에서 여성과 남성 간의 권한과 책임의 분배의 원칙을 수립하고자 했고, 또한 경제, 사회, 문화 및 정치적 결정에 완전하고 평등한 참여를 통하여 사적, 공적인 삶의 모든 영역에서 여성의 능동적인 참여를 저해하는 장애 요인을 제거하는 데 목적을 두었다. 이 강령에서 남녀평등은 인권의 문제로서 사회정의를 위한 조건이고, 평등 · 발전 · 평화를 위해 필요한 기본적인 선행 조건이며, 모든 여성의 모든 인권과 기본적인 자유의 완전한 실현은 여성의 힘의 증진을 위해 필수적임을 강조하고 있다. 그리고 남녀평등에 기초한 변화된 동반자 관계는 인간 중심적이고 지속가능한 개발을 위한 조건이며, 이에 대한 지속적이고 장기적인 합의는 남성과 여성이 그들 자신과 그들의 자녀 및 사회를 위하여 함께 일할 수 있도록 하는 데 필수적이라는 전제를 인식하고 있다. 북경세계여성회의에서 채택한 12개

참고자료 1-2

북경여성행동강령

1. 여성의 빈곤의 극복
2. 여성의 교육 및 훈련의 보강
3. 보건서비스의 증진
4. 여성에 대한 폭력의 철폐
5. 평화를 위한 여성의 참여증진
6. 여성의 경제적 지위향상
7. 정치, 정책 결정직에의 여성의 참여촉진
8. 여성담당기구의 강화
9. 여성의 권리 관련 조약의 이행과 여성의 법지식의 함양
10. 남녀평등을 위한 미디어의 역할증진
11. 환경보존을 위한 여성의 역할증진
12. 여자 어린이의 차별철폐 및 권리보장

자료 : 조희원 · 장재남(2009: 182).

분야에 대한 행동강령은 앞의 〈참고자료 1-2〉와 같다.

2000년 6월 5일부터 10일에는 미국 뉴욕에서 '여성2000: 21세기를 위한 성평등, 발전, 평화'라는 주제로 제23차 유엔여성특별총회가 개최되었다. 비공식적으로는 '북경 이후 5년(Beijing + 5)'이라고 불리기도 한 이 회의의 목적은 5년 전 북경세계여성회의에서 채택된 행동강령 이행의 성과를 평가하고 새롭게 대두된 도전적 요소들을 고려하여 향후 여성발전을 위한 보다 구체화된 목표를 마련하는 데 있었다. 여기에서 채택한 결과문서는 전체적으로 북경여성행동강령보다 강화된 것으로 평가된다.

이러한 배경 속에서 유엔여성UN Women은 성평등과 여성의 역량강화를 위한 국제기구로 2010년 2월 24일 공식 출범하였다. 유엔여성은 유엔 내 4개의 여성 관련 기구였던 여성지위향상국, 유엔여성개발기금, 유엔 사무총장 여성특별보좌관실, 국제여성연구훈련원이 통합되어 단일 기구로 출범하였다(김영주 · 이경하 · 태희원, 2015: 223).

그러나 여성정책 추진에 있어서 유엔은 많은 한계를 지니고 있다. 우선 여성문제전담기구의 결정이나 국제법이 국내법과는 달리 구속력이 없고 선언적 의미가 강하며 개별 국가들이 규범을 어겼을 경우 유엔이 이에 대한 제재를 가할 수 있는 권위가 미약하다는 것이다. 그리고 유엔은 각국 정부 대표들의 협의체이기 때문에 각 국가마다 국익에 기반한 정부의 공식적 입장이 강조되는 경우가 많아 여성문제가 정치화되고 국제협력보다는 국가이익의 충돌이 더 표면화될 수 있는 가능성이 있다. 이것은 유엔이 개별 국가의 성평등 정책의 증진을 위하여 많은 기여를 하고 있지만 그 성과는 아직도 제한적이라는 것을 의미한다(조희원 · 장재남, 2009: 184).

그렇지만 2014년 유엔여성은 북경세계여성대회 20주년을 맞아 성평등을 위한 남성들의 목소리를 촉구하는 캠페인 '그녀를 위한 그He for She'의 출발을 발표하면서(김영주 · 이경하 · 태희원, 2015: 223) 캠페인을 주도하고 있다.

성불평등은 인권의 문제이며 성평등의 실현은 정치, 사회, 경제 전반에 유익하다는 전제하에 전 세계 많은 여성들이 겪고 있는 불평등을 해소하고자 남성들이 지지자로 나서줄 것을 호소하는 취지로 시작된 캠페인이다(홍미영, 2015: 4).

2015년 3월 9일부터 20일까지 뉴욕 유엔본부에서 개최된 유엔 세계여성지위위원회 59차 회의는 1995년 북경세계여성대회의 정치선언 및 북경여성행동강령의 이행 성과를 총체적으로 점검하고 Post-2015 아젠다와 지속가능한 발전목표의 통합 논의에서 어떻게 젠더 관점을 포함시킬 것인가를 논의하였다는 점에서 의미가 크다(오경진, 2015; 조영숙, 2015).

2015년 9월 유엔 개발정상회의 및 제70차 총회가 뉴욕에서 열렸다. 유엔 개발정상회의에서는 2016~2030년까지 굶주림과 빈곤 해소, 건강한 삶 보장, 양질의 교육, 성평등 달성, 기후 등을 해결하기 위해 '2030 지속가능발전목표'를 채택했다(박재영, 2015).

뉴욕 유엔본부에서 열린 '성평등과 여성의 역량강화를 위한 세계 정상 총회(9월 27일)'는 1995년 제4차 북경세계여성회의에서 개최된 '북경여성행동강령' 20주년을 기념해 중국과 유엔이 공동으로 개최했으며, 중국의 시진핑 주석은 개도국 여성과 아동을 위해 건강 관리, 직업훈련 기회제공 등의 지원 의사를 밝혔다. 또 메르켈 총리는 여성의 역량강화의 중요성은 G7 정상회의에서도 강조한 것임을 제시하면서 '2030 지속가능발전목표'의 5번째 목표인 '성평등 달성 및 여성역량 강화'가 중요함을 다시 한 번 강조하고 성평등 없이는 지속가능한 발전목표가 달성될 수 없음을 언급했다.

'새천년발전목표MDGs: Millennium Development Goals'를 대체할 '지속가능발전목표SDGs : Sustainable Development Goals'는 개도국 중심의 빈곤퇴치에서 선진국과 기업, 시민사회까지 주체를 확대하고, 경제 · 환경 등을 대상으로 하는 포괄적인 목표로 구성되었다. '2030 지속가능발전목표'가 유엔을 중심으로 2012년 이후 각종 특별회의와 토론회를 거쳐 유엔 총회기간 중 'Post-2015 정상회의 개최'(2015. 9.)를 통해 채택되었으며, 17개 목표와 169개 세부 목표로 구성되었다. '2030 지속가능발전목표'에서 눈여겨 볼 부분은 더 이상 성평등과 여성의 역량강화 없이는 국제사회에서 합의한 발전목표를 성취할 수 없다는 인식을 공유했다는 점이다.

유엔 정상회의를 앞두고 열린 아시아개발은행ADB의 '저명연사포럼Eminent Speaker's Forum'에서의 연설을 통해 품질레 믈람보-응쿠카Phumzile Mlambo-Ngcuka 유엔여성 사무총장은 '지속가능발전목표'의 17개 목표 중 5번째인 '성평등 달성 및 여성역량 강화'에 대해 여성과 여아에 대한 의제 이행 시 투입되는 비용이 어느 정도인지 알아야 하며, 충분한 정보를 기반으로 선택할 필요가 있음을 강조했다. 결국 변화를 위해선 성평등에의 다양한 장애를 인식하고, 빈곤해소와 성별 권력관계를 실질적으로 변화할 수 있는 현실적인 가능성을 높이기 위해 예산의 성인지적인 집행, 다양한 주체의 적극적인 노력이 필요한 때임을 강조했다. 또 사무총장은 많은 국가의 지도자들이 2020년까지 성별 불평등 임금, 강제 조혼 등을 없애고, 괜찮은 일자리의 확대, 더 많은 분야에서 여성활동 증가는 물론이고 경제나 정치, 공적 영역에서의 여성 대표성 증가에 대한 선언이 이루어지기를 기대한다고 했다.

개별 국가들은 유엔의 의제와 권고사항 등이 비록 강제성이 없을지라도 유엔세계회의와 여성정책전담기관에 의해 제시된 정책들을 많은 부분 수용하고 있기 때문에 유엔은 국제적 규범을 정착해 가는 데 있어 중요한 장으로서의 역할을 해 왔다. 유엔이 안고 있는 여러 가지 한계에도 불구하고 그동안 유엔이 행한 여성의 권익에 관한 일련의 활동들은 여성지위 향상을 위한 주요한 자원으로서 세계 여론에 영향을 미치며 여성정책을 발전시킬 수 있으리라는 점에서 의미가 있다고 하겠다.

그림 1-1 유엔의 새천년개발목표(MDGs)와 지속가능발전목표(SDGs) 비교 : 패러다임 무엇이 달라지나

새천년발전목표(MDGs) 2000~2015년	지속가능발전목표(SDGs) 2015~2030년
• 개도국의 사회발전 중심	• 모든 국가와 영역에서의 지속가능 발전
• 극심한 빈곤 중심	• 모든 형태의 빈곤과 불평등 감소
• 개도국 중심의 개발원조	• 모든 국가에 적용되는 보편성 원칙 강화
• 국가 간 개발원조 중심	• 민관협력 파트너십 강화
• 정부 재정 중심 재원 조달	• 기업 참여 확대
• 자발적 성과 보고	• 성과 보고 책임성 강화

• 목표의제 어떻게 바뀌나

8개 목표	17개 목표(16개 세부목표) 예비 의제
• 극심한 빈곤과 기아퇴치 • 초등교육의 완전보급 • 성평등 촉진과 여권 신장 • 유아 사망률 감소 • 임산부 건강 개선 • 에이즈와 말라리아 등 질병과의 전쟁 • 발전을 위한 전 세계적 동반관계 구축	• 빈곤 근절 • 기아 근절과 지속가능한 농업 증진 • 건강한 삶 보장 • 포용적 교육과 평생학습 기회 보장 • 성평등 달성 및 여성역량 강화 • 지속가능한 사용량의 식수와 위생 보장 • 지속가능한 에너지 보장 • 지속가능한 경제성장 및 생산적 완전 고용과 양질의 일자리 증진 • 지속가능한 사회기반시설 및 산업화 구축, 혁신 장려 • 국가 내 · 국가 간 불평등 완화 • 안전하고 지속가능한 도시와 정주지 조성 • 지속가능한 소비 · 생산 패턴 보장 • 기후변화 대처하는 긴급조치 시행 • 지속가능 발전을 위한 해양자원 보존과 사용 • 지상자원 보호 및 생물다양성 손실 중단 • 접근가능한 사법제도 포용적 제도 구축 • 지속가능 발전을 위한 글로벌 파트너십 강화

자료 : 임원정규(2015: 12)에서 재작성함.

국가와 여성

제2장

1. 국가이론과 페미니즘
2. 국가의 자율성과 페미니즘
3. 국가페미니즘

1 국가이론과 페미니즘

현대사회에서 국가는 개인의 삶에 커다란 영향력을 미치고 있다. 국가는 여성의 삶에 깊이 작용하고 있고 그것이 미치는 영향력은 부정할 수 없이 크다. 국가에 대한 여성주의적 연구는 기존 국가론의 몰성적 성격을 비판하는 것에서 출발하였다(이재경, 1993: 13). 기존의 국가론들이 모두 국가의 총체적 성격과 국가행위가 성별에 따라 다른 영향을 미치고 있는 현상을 세밀히 분석해 내지 못했다는 것이다. 그 이후 국가에 대한 여성주의적 연구들은 여성들 삶의 다양한 영역, 즉 성, 결혼, 출산과 자녀양육, 취업, 임금 등 생산과 재생산 영역들에 대해 국가가 어떤 영향을 미치는가에 초점을 맞추었다.

국가에 대한 논쟁 초기에 여성주의자들은 국가를 남성과 자본의 이해를 대변하는 도구로 설명하면서 여성에 대한 국가의 개입을 거부하였다. 그러나 여성문제 해결을 위한 국가의 개입을 지지하는 여성주의자들의 실천 또한 이어져 왔다. 여성들의 의제를 제도정치의 장으로 끌어내어 여성친화적인 정책들을 만들어가고 여성들의 정치적 · 사회적 권리 획득과 향상을 위해 제도 개혁을 요구하는 등 구체적인 국가정책에 개입하고 국가에 대한 영향력을 증대시키고자 노력해 온 것이다. 이는 국가를 화해할 수 없는 여성들의 적이라고 보던 관점에서 벗어나 국가를 여성문제 해결을 위한 공간으로 활용하려는 여성주의자들의 인식의 전환을 의미한다(이혜숙, 2002a; 이재경 · 이은아, 2009).

실제로 여성과 국가의 관계는 매우 복잡하며 국가의 성격에 따라 쟁점도 달라진다. 미국과 같이 자유주의 성격이 강한 국가에서는 여성의 형식적 법적 평등권을 무기로 공적 진출을 활성화하고 여권 향상의 투쟁을 법의 테두리 속에서, 즉 국가라는 무대 위에서 전개하려는 정치적 관심이 주를 이루었다. 그런가 하면 스웨덴 등의 사회민주주의적 복지국가에서는 여성노동보호,

모성보호, 보육문제 등에 대한 국가의 정책적 개입이 실질적으로 여성의 삶에 어떤 효과를 낳는가를 분석하려는 관심이 대두하였다.

한국의 경우도 1980년대 후반부터 전반적인 사회변화를 겪으면서 여성운동의 과제뿐 아니라 방식에 있어서도 변화를 보여왔다. 정치적 · 사회적 변화 속에서 여성운동은 국가와의 대립적 관계에서 벗어나 국가를 여성문제 해결을 위한 수단 또는 자원으로 인식하게 된 것이다. 이러한 변화의 대표적인 양상은 국가를 대상으로 여성정책을 제안한다거나 여성관련법의 제정이나 개정을 요구하는 것으로 나타났다(윤이화, 2010). 실제로 여성운동은 국가와 정치구조를 활용하여 여성친화적인 정책을 만들어 왔고 여성운동이 제기한 부분들이 법적 · 제도적 개혁의 형태로 수용되어 왔다.

1) 자유주의 페미니즘과 국가

자유주의 페미니즘은 국가를 '중립적 조절자' 로 보는 자유주의 국가 관점을 그대로 반영하고 있다. 자유주의에서 국가는 개인의 자유와 경제적 생산을 최대한 보장해 주고, 개인 서로 간의 이해가 충돌할 때에 한해서만 최소한의 개입을 허용하는 비개입주의 국가를 가장 이상적인 모델로 삼고 있다. 그러나 페미니즘 관점에서는 자유주의 국가 관점을 비판하고 있는데, 자유주의가 내세운 중립적 조절자로서의 국가가 결국은 남성 자본가의 이해를 반영하고 있다는 것이다. 따라서 자유주의에서 말하는 개인이란 결국 근대 초 부르주아 개인이자 시민의 범주에 들지 못했던 여성을 배제한 남성들에 한정되는 것으로 이러한 사고 틀에서 여성의 이해는 자연적으로 배제된다고 주장한다. 그렇게 되면 국가는 결국 여성을 배제한 남성적 표상에만 기초해서 여러 가지 정책적 조절들을 하는 성차별적 국가가 될 것이라는 것이다. 또한 자유주의에서는 사회를 국가의 규제를 받아들이는 공적 영역과 이를 거부하는 사적 영역으로 나누는데 이러한 공·사 영역의 분리는 여성에 대한 차별을 낳는다고 본다. 한편으로 정치나 경제 등 공적인 영역을 남성의 독점적 영역으로 규정함으로써 여성의 선거권, 재산권, 교육권 등을 박탈하고 다른 한편으로 가족을 사적인 영역으로 규정해 여성은 그곳에 갇힌 채 가장의 권위에 종속되게 한다는 것이다(장미경, 1999: 218). 따라서 자유주의 페미니즘에서는 여성을 이와 같이 공적 영역에서 배제하는 것을 거부한다.

자유주의 페미니즘의 목표는 자유주의의 원칙을 남성과 여성에게 똑같이 적용하는 것이다. 자유와 평등이라는 자유주의 이념이 여성에게도 적용돼야 한다는 주장은 여성의 권리 획득을 위한 주요한 이데올로기적 기반을 제공하였다. 성차별적 국가의 성격을 바꾸기 위해서 공적 영역에서 배제된 여성을 다시 공적 영역에 복원시켜야 하며 시민권과 평등권 획득, 의사결정 지위의 확보, 동등한 교육기회의 확보 등을 통해 남성처럼 법적 · 정치적 권리를 확보해야 한다고 주장한다. 따라서 자유주의 페미니즘에서는 여성의 공직 참여율을 높이거나 여성에게 유리한 정책을 수립하는 방안을 모색한다. 여성의 권리를 인정하는 법률이나 정책을 수립하고 여성을 공적 영역에 통합시킴으로써 성차별을 해소할 수 있다고 보기 때문이다. 이들의 이러한 주장은 20세기 초 여성의 참정권 확보라는 성과로 이어졌으며 20세기 후반에도 세계 각국에서 여성들의 동등한 노동 및 교육참여를 이룩해냈고 각종 성차별 금지법이나 평등법을 제정하고 성평등적 국가정책을 펴는 데 큰 역할을 했다(남윤주, 1994: 69). 즉 그들의 동등권 요구는 여성참정권 운동, 교육기회 확대요구, 가족법 개정운동에서 커다란 역할을 하였다.

이처럼 자유주의 페미니즘은 여성도 남성과 동등한 사회적 지위를 보장받아야 한다는 전제하에 법 앞의 평등을 주장한다. 그러나 고용의 경우를 보면 많은 여성들이 고용의 기회에 접근하는 데 있어서는 평등을 부여받았지만 자신들이 가진 경력이나 가정에서의 역할 때문에 실질적으로는 평등한 기회를 얻지 못했다는 비판을 받고 있다. 교육에 있어서도 기회의 평등에 수반되는 교육 내용 및 과정에 있어서의 남녀 학생에 대한 평등한 조치가 따르지 않는 여건에서 평등이 성취되었다고 볼 수 없다. 결국 여성이 법적으로는 남성과 평등하지만 사회구조적으로는 불평등한 현실이 지속되고 있는데, 불평등한 원인을 법적인 요인으로 축소시켜 버림으로써 보다 근본적인 개혁을 달성하기 어렵다는 비판을 받고 있다. 또 자유주의가 구분하는 공·사 분리의 엄격한 이분법에 근본적인 도전을 하지 못한 채 사회 속에서의 여성들의 열악한 지위를 개인적인 차원으로 평가한다든지, 사적인 존재로 취급된 여성의 경험이나 활동을 소홀히 취급하는 경향을 보인다(장미경, 1999: 219). 또한 국가를 다양한 집단의 이해를 동일하게 반영하는 중재자로 봄으로써 국가가 사회의 지배구조를 반영하고 있다는 사실을 간과하고 있다.

2) 마르크스주의 페미니즘과 국가

매킨토시(McIntosh, 1986)와 윌슨(Wilson, 1977)은 자본주의 국가가 여성억압에 어떠한 역할을 하는지를 분석하고자 하였다. 먼저 매킨토시는 국가는 자본주의적이며 자본의 이익을 대변함으로써 여성을 억압하는 존재로 본다. 국가는 지배적인 생산양식의 외부에 존재하는 것이 아니고 자본주의의 모든 단계에서 자본축적의 조건을 생산하고 재생산하는 데 큰 역할을 담당해 왔기 때문이다. 매킨토시(McIntosh, 1986)는 가족을 매개로 국가와 여성의 관계에 대한 한층 세밀한 분석으로 나아간다. 국가는 여성억압에 일익을 담당하고 있으나 직접적으로 여성을 억압하는 것이 아니며 특정 형태의 가족, 즉 소득원인 남성과 가사종사자인 여성으로 구성된 가족형태를 지원함으로써 여성을 억압한다는 것이다. 이러한 가족제도의 유지는 노동자 가족의 재생산을 유지할 뿐 아니라 여성은 남성의 피부양자라는 사회적 인식을 심어주어 자본이 여성을 산업예비군이나 저임금노동자로서 활용할 수 있게 한다. 윌슨(Wilson, 1977)은 국가의 이데올로기적 기능에 초점을 맞추고 있다. 복지국가가 계급갈등 등 자본주의의 모든 문제를 해결했으며 복지혜택을 통해 모든 사회성원이 중산층화하였다는 이데올로기에 반박하며 국가와 국가권력은 여전히 억압적이라고 주장한다. 왜냐하면 복지국가에서조차 여성억압 기제인 가족은 유지되고 있으며 여성의 지위는 그 이전 단계에 비해 크게 변하지 않았다고 보기 때문이다.

마르크스주의 페미니즘은 자본주의 체제하에서 국가는 노동력 재생산의 장이며 이데올로기 기제인 가족을 유지시킴으로써 여성을 억압하는 동시에 자본의 이해에 봉사한다고 보고 있다. 이러한 분석을 통해 이들은 국가-가족-여성억압의 구조를 파악하고자 했으며 국가는 자본주의 생산과 재생산 체계에 의해 본질적으로 규정받는다고 보았다. 이처럼 마르크스주의 페미니즘은 여성과 남성의 생물학적인 성의 구별은 인정하지만 여성의 종속은 생물학적인 요인에서 기인하는 것이 아니라 계급이라는 사회적 불평등에서 비롯된 것이라고 보고 있다. 여성의 억압이 계급사회의 현대적 형태에 의해 결정되고 계급사회의 폐지를 통해서만 종식될 수 있다는 것이다. 따라서 여성의 억압을 해결하기 위한 방법으로 사회주의 체제로의 전환을 강조하고 있다. 이러한 마르크스주의 페미니즘은 여성억압의 체계적인 본질을 심각하게 규명하려고 하지 않으며 남성지배의 물적 토대를 모색하기 위해 의식적으로 노력하지 않는다는 비판을 받고 있다(남윤주, 1994: 181-182). 이들의 분석은 자본의 이해라는 도식에 모든 국가의 행위를 짜맞춤으로써 도구주의적 국가론에 빠져버렸다는 것이다.

3) 급진주의 페미니즘과 국가

급진주의 페미니즘에서 국가는 남성의 이해를 대변하는 남성지배의 도구이자 남성적 재배체계를 유지하기 위한 권력행사의 장으로서 남성적 정책을 펴고 있는 가부장제 국가이다. 이러한 주장은 국가가 단지 가부장적 성격을 띠고 있다는 지적에서 한 단계 더 나아가 국가를 곧 남성과 등치시키는 '남성국가' 로서의 국가를 강조하고 있는 것이다. 매키넌(Mackinnon, 1983)은 기존의 법과 국가는 남성의 시각에서 여성을 바라보고 다룸으로써 남성의 여성지배를 정당화하고 유지시키는 소극적 국가이자 남성국가라고 주장하였고 브라운(Brown, 1981)은 국가는 단지 남성의 권력에 그치지 않고 국가 자체가 남성적인 권력의 성격을 지닌다고 본다.

급진주의 페미니즘에 의하면 가부장제의 핵심고리가 현대에는 노동이나 법이라기보다는 출산, 모성, 성이라고 본다. 이곳에서의 여성억압은 가장 친밀하고 일상적인 부모-자녀관계, 침실이라는 생활과정에서 이루어지기 때문에 더욱더 심각하며 여성억압의 원인은 남성이 여성의 성에 대한 권력을 휘두르고 통제를 가하는 남성 우위의 가부장적인 제도에 있다는 것이다. '개인적인 것이 정치적인 것이다' 라는 표어 아래 사적인 것의 가치부여 및 사적인 것의 정치화를 위한 노력에 몰두했던 급진주의 페미니즘은 특히 섹슈얼리티 sexuality와 재생산 영역에서의 국가의 억압적 측면에 관심을 기울이고 있다(장미경, 1999: 222). 이들은 강간 및 낙태, 성폭력 등에 관심을 기울이면서 기존의 성 관련법들이 얼마나 남성 중심적인가를 고발한다.

매키넌(Mackinnon, 1989)은 여성의 정치적 실천을 위해서는 국가와 사회의 관계를 다루어야 한다고 주장하면서 국가와 법을 분석한다. 국가는 강제와 권위를 통해 남성의 이익을 대변하도록 사회를 구조화하지만 이러한 사실에도 불구하고 국가의 여성억압적 성격은 잘 드러나지 않는다고 본다. 왜냐하면 자유주의적 국가와 그 법률이 객관성과 합리성, 중립성을 표방하기 때문이다. 코넬(Connell, 1990)은 국가는 남성권력의 핵심에 있으며 효과적이고 구조적으로 남성의 이해를 반영하고 있다고 보고 있으며 브라운(Brown, 1981)도 국가의 가부장적 지배 메커니즘에 초점을 맞춘다. 국가권력이 노골적으로 혹은 의도적으로 가부장적인 것은 아니더라도 사회적으로 광범위하게 뿌리깊은 남성성으로 인하여 국가는 설사 그러한 의도를 갖고 있지 않더라도 모든 영역에 걸쳐 남성적 성격을 띨 수밖에 없다는 것이다.

급진주의 페미니즘은 여성억압 체계인 가부장제를 근본적으로 타파하기 위해서 자유주의 페미니즘이나 마르크스주의 페미니즘이 제시하는 해결책, 즉 자본주의 체제 내에서의 법적 평등이나 사회주의 체제로의 이행만으로는 미흡하다고 본다. 대신에 이들은 여성의 생물학적 모성, 사회적 모성역할, 성관계가 여성억압의 근본적 장이자 사회관계로 보기 때문에 이의 급진적인 재조직화에서 여성문제의 해결을 구하고 있다. 이들은 국가가 양성 간 권력관계를 반영하고 있다는 사실을 인식함으로써 그 이전에는 정치영역에서 다루지 않았던 여러 문제를 정치적 이슈로 부각시켰다. 사생활의 문제로만 다루어져 간과되었던 가족 내 폭력, 강간, 포르노, 낙태 등의 문제가 여성억압에서 차지하는 중요성을 밝히고 이를 정책과 연결시킴으로써 이런 이슈를 정치화시키는 데 성공하였다(남윤주, 1994: 172). 그러나 지나치게 여성 중심적인 이들의 사고는 사회구조를 명확히 인식하는 데 장애가 되었다. 그 결과 남성에 의한 여성의 지배방식을 상세하게 기술하고는 있으나 왜 이러한 지배가 유지되고 있는가에 대해서는 설득력 있게 설명하지 못한다. 따라서 남성의 여성에 대한 억압과 통제, 성폭력, 가정 내의 폭력 등에 대해 사회적 관심을 고취시키는 데에는 중요한 역할을 했지만 가부장제 이외에 자본주의 체계의 모순을 밝히지 못하고 있다는 비판을 받고 있다. 또 '국가=가부장'을 동일시함으로써 국가의 후원적 측면의 가능성을 전면 배제하는 한계를 남겼다.

4) 사회주의 페미니즘과 국가

사회주의 페미니즘도 급진주의 페미니즘과 마찬가지로 1960년대 이후 등장한 새로운 조류이다. 이 입장에 선 이론가로는 미첼(Mitchell, 1971), 하트만(Hartmann, 1981) 월비(Walby, 1990) 등을 들 수 있다. 사회주의 페미니즘은 급진주의 페미니즘의 문제제기를 사적 유물론의 방법론을 원용하여 이론으로 구성한다. 즉 급진주의 페미니즘이 강조한 가부장제를 인정하되, 이의 물적 기반을 여성노동력과 출산력을 통제하는 성별 분업구조에서 구한다. 그리고 급진주의 페미니즘이 강조한 사적 영역에서의 사회관계, 즉 여성의 임신, 출산과 사회적 모성, 남성지배적인 이성애 또한 성별 분업구조의 변화 속에서 역사적으로 변천해 가고 있음을 규명한다. 이처럼 사회주의 페미니즘은 여성억압의 원인을 자본주의와 가부장제의 결합에 의한 것으로 보아 경제적 생산과 사회적 재생산 간의 연관성 속에서 여성의 종속을 설명한다.

따라서 사회주의 페미니즘에서 주장하는 전략은 기본적으로 여성이 전형적인 사회적 재생산의 역할에서 벗어날 수 있도록 하는 것이며 구체적으로 이러한 노력은 사회보장 분야에서 여성에게 독립적이고도 남성과 동등한 수혜 자격을 부여하는 것, 남성과 여성, 아동으로 구성되는 전통적 가족형태를 전제로 한 복지혜택을 비전통적인 편모, 편부, 독신가정에게로 확대하는 것, 출산이나 아동, 장애인, 노인을 보살피는 것에 대한 휴가나 금전적 복지혜택을 남성에게도 확대하고 양육의 사회화를 실시하여 가족양육 부담이 여성의 신체적 특성에 연계되는 것을 방지하는 것을 들 수 있다. 그러나 사회주의 페미니즘에서는 또 다시 성과 계급 요소 중 어느 것을 우선시 하느냐를 놓고 논쟁을 벌이게 되고 이어 두 요소를 어떻게 통합시키고 있는냐와 관련하여 입장이 갈라지게 된다(장미경, 1999: 224). 계급과 성 요소가 동일하게 중요하게 작용한다고 보는 이중체계론적 입장과 계급 요소를 중심으로 성 요소를 고려해야 한다는 일원론적 입장으로 갈라지게 된 것이다.

아이젠슈타인(Eisenstein, 1989)은 가부장제를 중요 개념으로 설정하면서 가부장제가 단순히 가정 수준에서 뿐만 아니라 국가와 사회 수준에서도 작용한다고 주장한다. 그러나 가부장제 외에도 자본주의를 중요한 개념으로 포착하는데 이로써 사회를 자본주의와 가부장제가 상호 규정적인 '자본주의 가부장제 체계'가 작동하는 것으로 보면서 이에 기초하여 국가를 '자본주의 가부장제 국가Capitalist Patriarchal State'로 개념화한다. 자본주의와 가부장제, 계급과 성을 모두 중요한 요소로 보는 이중체계론적인 관점을 취하고 있는 것이다. 이에 반해 일원론적 입장을 보이는 논자들(Simm, 1988)은 자본주의와 계급을 더 중요한 요소로 설정하면서 '가부장적 자본주의 국가Patriarchal Capitalist State'로서의 국가 개념을 선호한다.

2 국가의 자율성과 페미니즘

여성주의자들은 2차대전 이후의 국가의 성격변화를 유의해 보면서 '국가가 과연 여성에게 억압적이기만 한 것인가, 여성친화적 국가는 가능한 것인가'라는 질문들을 하기 시작했다. 논쟁 초기에는 이 질문에 대해 국가가 여성에게 억압적이라는 주장이 지배적이었지만 점차 국가가 여성에게 반드시 억압적이지만은 않다는 주장이 확대되기 시작했다. 2차대전 이후 수립된 복지국가가 반드시 남성 가부장의 이해만을 반영하는 것이 아니라 여성에게 후원적 역할도 하고 있다는 인식이 확산되면서 여성주의자들은 점차 국가에 대한 다른 해석을 하게 된 것이다.

1) 가부장적 · 억압적 국가 : 공적 가부장제

이 입장은 국가의 자율성을 부정하는 입장으로 국가가 지배적 사회세력의 이해만을 반영한다는 도구주의 국가론에 입각해 있으며 따라서 국가는 가부장제의 도구로서 여성에게 억압적으로 작용한다고 보고 있다. 이들의 이러한 입장은 2차대전 이후의 복지국가를 설명할 때도 일관되게 유지된다. 바렛(Barrett, 1980)은 복지국가의 정책이 남성 부양자의 책임을 기정사실화하면서 남성에 대한 여성의 경제적 의존을 강화시켰다고 보고 있다. 영국의 여성정책을 분석한 윌슨(Wilson, 1977)도 복지국가는 여전히 여성에게 억압적이라고 주장한다. 복지국가에서 모두가 중산층이 되었고 여성억압이 없는 사회를 이룩했다고 생각하는 것은 단지 복지국가 이데올로기에 의한 환상에 불과하다는 것이다.

이러한 여성억압적 국가는 월비(Walby, 1990)나 브라운(Brown, 1981) 등에 의해 '공적 가부장제public patriarchy' 개념으로 된다. 즉 개인과 가족 내에서 행해지는 사적 가부장제와 대립적인 의미로 국가에 의한 가부장적 억압체계를 공적 가부장제 개념으로 정의하는 것이다. 어셀(Ursel, 1986)은 공적 가부장제라는 개념을 직접 사용하고 있지는 않지만, 사적 가부장제와 대립적인 의미로 '사회적 가부장제social patriarchy' 라는 개념을 언급하고 있다. 사회적 가부장제는 가족 구성원의 노동력을 통제하려는 가구주의 이해와 가장 싼 노동력을 확보하려는 고용주의 이해가 충돌하고 지배계급의 단기적인 잉여추출과 전체 사회의 장기적인 노동력 재생산 간에 모순이 생길 때 국가의 직접적인 개입과 규제가 요구되면서 나타나게 된다고 보고 있다. 이들은 2차대전 이후에 경제 및 노동시장, 기타 각종 복지제도를 통한 국가개입이 증대되었지만 이러한 국가개입은 예전에 사적으로 행해지던 사적 의존을 공적 의존으로 바꾼 데 불과하며 그럼으로써 여성억압적이고 여성의존적인 체계를 형성하는 데 기여해 왔다고 주장한다(장미경, 1999: 230-231). 결국 국가는 공적 가부장제에 다름이 아니며 여성억압적 국가였다는 것이다.

2) 이중적 · 모순적 국가 : 억압적 기능과 후원적 기능

국가를 고정화된 억압적 실체로 놓거나 국가를 사회의 지배적 사회세력의 이해만을 반영하는 도구주의 국가로만 볼 때는 국가의 다양한 역할을 제대로 포착할 수 없다. 국가에 대한 기능론적 논의를 탈피한 보다 역동적이고 실천적 함의를 가진 접근이 이루어져야 한다.

참고자료 2-1

페미니즘의 목표는 국가의 젠더에 대한 영향력 행사뿐만 아니라 여성주의적 투쟁을 통해서 국가를 이용하거나, 또는 국가를 변화시켜 나가야 한다는 점이다. 이와 같은 분석은 국가와 젠더 사이가 복합적 · 다층적이며 또한 다양한 관계로 설정되는 것을 고려하게 한다. 이들 여성주의자들은 국가가 여성에게 긍정적인 동시에 부정적이라는 점을 잘 인식하고 있으며 이에 따라 국가의 안과 밖이라는 이분법을 해체하고 있다.

자료 : Kantola(2006: 13).

국가의 이중적 · 모순적 성격을 주목하는 입장에서는 국가가 여성에게 억압적이기는 하지만 다른 한편으로 후원적이기도 하다고 주장한다. 국가는 여성에게 한편으로는 가사노동자로서의 여성의 역할을 고정화하고 노동시장에서 주변적 노동자로 간주되는 것을 정당화하며 이데올로기, 문화적 차원에서 성차별적 의식을 강화하지만 다른 한편으로 국가는 여성노동자의 지위 부상, 가족기능의 사회화, 성문제의 사회화, 독립된 여성으로서의 지위 향상 등과 같은 후원적 기능을 수행한다는 것이다. 브레너와 라마스(Brenner and Ramas, 1984)는 복지국가의 정책이 여성의 의존을 강화시키는 동시에 자녀와 다른 피부양자에 대한 사회적 책임을 대신 지는 이중적 성격을 지니고 있다고 지적한다. 이것은 2차대전 전, 후의 복지 프로그램을 비교해 보면 명확히 드러나는데 2차대전 이후의 복지 관련 법은 가족의 부양책임을 대신 지거나 편모에 대한 지원을 확대하여, 남편에 대한 여성의 의존을 현저히 감소시켰다는 것이다.

이러한 국가의 양면성에 대한 지적은 여성에 대한 복지혜택을 확대했던 사회민주주의 국가의 여성주의자들에게서 한층 더 잘 발견된다. 헤르네스(Hernes, 1987)는 복지국가의 여러 지원대책들이 여성의 공적 의존을 증대시켰다는 비판을 하면서도 복지국가의 지원이 여성의 지위를 향상시켰다고 지적한다. 나아가 '여성친화적 국가women-friendly state' 와 적극적 조치와 할당제를 통한 '국가페미니즘state feminism' 의 가능성을 고려한다. 볼코스트와 심(Borchorst & Simm, 1987)도 덴마크의 여성정책을 분석하면서 국가정책이 여성에게 양면적이었음을 강조한다.

아이젠슈타인(Eisenstein, 1984)은 국가는 특정 집단의 이해만을 절대적으로 반영하지 않으며 지배집단들 사이의 힘의 역관계에 따라 그들이 이해관계를 조절하거나 반영하는 과정 속에서, 때로 자본가집단의 이해만을 반영하거나 남성의 이해만을 반영하기도 하며 남성자본의 이해를 동시에 반영하기도 한다고 본다. 국가는 단순히 하나의 지배계급의 도구가 아니며 '상대적 자율성' 을 가지고 있다는 것이다. 복지국가의 발전은 이러한 국가의 모순적 요구로부터 나오는 것이며 실제 복지국가의 발전은 가부장적 사회 내의 가족 기능에 기반하는 사회정책의 제도화를 통해 가부장제를 새로이 재구축해 오기도 했지만 다른 한편으로 근대사회 초기에 명확한 구분이 있었던 국가/가족, 공적/사적, 정치적 생활/성적 생활의 구분선을 흐리게 함으로써 여성의 지위를 향상시키기도 했다는 것이다(Eisenstein, 1984: 331-337).

이처럼 국가가 여성억압적 정책과 후원적 정책을 모두 시행했으며 이로써 이중성을 보이고 있다고 주장하는 학자들은 모두 국가를 고정화된 것으로 보기보다는 유연적 실체로 보는 입장을 취하고 있다. 국가는 본질적으로 가부장적이나 남성적이지 않으며 구체적인 사회적 실천 속에서 그 성격이 드러난다는 것이다. 따라서 국가의 여성억압적 기능과 후원적 기능을 모두 고려하는 여성주의자들은 국가를 고정화된 실체로 환원시키기보다는 역동적인 실체이자 행위자로 볼 것을 제안한다. 이러한 입장에 의하면 '국가는 본질적으로 여성억압적이다'라는 결론을 내릴 수는 없으며 국가는 단지 특정 시기에 억압적일 수 있는 가능성을 가질 뿐이다. 여성의 이익은 국가와의 상호 작용 속에서 그리고 여타 사회세력의 힘이 각축을 벌이는 과정에서 구성된다는 것이다.

3 국가페미니즘

국가에 대한 여성주의자들의 논의는 주로 국가가 여성억압적 역할을 하느냐 또는 여성친화적 가능성을 가지느냐에 집중되어 왔다. 전통적인 국가는 여성의 불평등한 지위를 변화시키기 위한 의도적인 노력을 하지 않았다. 그러나 현대사회에서 국가는 그 역할이 증대됨과 더불어 여성친화적인 국가의 가능성을 제공해 주기도 한다. 국가의 여성억압적 역할에 대한 본질주의적 시각이나 기능론적 논의에서 벗어나야 하는 이유도 이 때문이다. 여성에 대하여 억압적이거나 가부장적이라는 국가에 대한 단선적인 인식을 넘어서 국가를 내부적으로 차별화되어 있는 구조와 과정들이 존재하는 장소로 이해해야 하는 것이다(김경희a, 2000). 국가를 이처럼 단순한 여성억압의 도구로 환원시키지 않고 변화하는 역동적 실체이자 행위자로 보는 것은 역사적 혹은 지리적 공간에 따라 또는 정권의 성격에 따라 다양한 국가형태에 대한 해석을 가능하게 한다(조형 · 이재경, 1989). 그러면 구체적으로 국가의 정책이 수행되는 과정에서 여성친화적 성격은 어떻게 나타날 수 있는가?

국가의 역할이 증대되는 현대사회에서 여성이 그들의 요구와 권리를 쟁취할 수 있는 기회는 국가와의 관련 속에서 가능할 수 있다. 여성들은 국가제도의 관행이나 시민사회 내에서 특정한 방식으로 정의되어 왔는데 이러한 정의에 대해 수동적인 행위자에 머무르는 것이 아니라 그들의 위치에 대해 주장하고 협상해 왔다. 이는 여성들의 행위 능력에 따라 여성에 대한 국가의 반응 양식과 내용을 변화시킬 수 있음을 시사한다. 따라서 여성주의자들은 여성운동이 매개될 때 국가의 여성해방적 기능을 발견할 수 있다고 주장한다. 여성운동 단체 내부에서도 자율성의 침해 혹은 개량화의 이유로 국가와의 관계를 무조건 거부하기보다는 국가의 방대한 물적 자원을 여성해방의 수단으로 활용하는 것이 더 생산적인 운동방식이 될 것 같다는 입장이 나타났다.

국가가 제공한 합법적 기회를 적극적으로 매개하려는 여성운동이 매개될 때 국가는 여성해방의 도구로 사용될 수 있으며 여성운동은 국가를 여성의 권리확대를 위한 타협의 대상으로 쟁점화시켜 왔다. 특히 한국과 같이 사회에 대한 국가의 영향력이 강한 곳에서는 법이나 제도 개혁을 통해 여성의 삶에 대한 국가개입의 성격을 변화시키고 사회 제 분야에 걸쳐 성평등을 이룩하려는 것이 여성운동의 중요한 과제로 설정될 수밖에 없다. 따라서 국가에 대한 무조건적인 적대감보다는 국가와의 관계 속에서 여성의 위치를 확고히 할 방안을 모색하여야 한다(Piven, 1990).

또한 정책의 모순과 의도되지 않은 결과는 여성해방의 잠재적 가능성을 열어주게 된다. 실제로 선진자본주의 국가의 복지정책은 여성의 한 남성에 대한 의존 외에 다른 대안을 여성에게 제공하였다. 여성은 복지정책의 수혜자로서, 공공기업의 피고용인으로서, 복지서비스의 소비자로서, 시민으로서 국가에 의존하고 있을 뿐만 아니라 학교의 선생으로서, 공무원으로서, 보모로서, 의사로서, 간호사로서, 그리고 사회사업가로서 다른 여성 및 남성들에게 공권력을 행사하고 있는 측면도 간과할 수 없다(Piven, 1990; Dahlerup, 1987). 국가 안으로의 여성의 편입이 그들의 국가에 대한 완전한 예속만을 의미하는 것은 아니다. 국가정책에 대한 여성들의 요구 증가 및 특정 정책에 대한 여성조직의 활동은 여성을 정치세력화시키게 된다. 이는 국가가 가부장적 이해를 대변하는 여성억압의 도구만은 아니라는 점을 의미한다. 국가의 가부장성은 지역이나 사회에 따라 나타날 수 있는 상황적 특수성이지 국가 자체의 일반적 성격은 아닌 것이다(장경섭, 1998: 323).

국가에 대한 여성운동의 실천에 관한 연구들은 국가를 단순히 여성억압적인 것으로 바라볼 것이 아니라 투쟁의 장소로 이해할 것을 제시한다. 브레너와 라마스(Brenner and Ramas, 1984)는 남성에 대한 여성의 의존을 강화하는 국가정책을 지나치게 강조하는 것은 국가의 모순성을 무시하는 관점이라고 비판하면서 국가를 다양한 계급들이 각축을 벌이는 투쟁의 장소로 볼 것을 제안한다. 국가의 성격이 단일하게 고정되어 있다기보다는 그 안에서 활동하는 주체들의 행위에 의해 변화될 여지를 갖고 있다는 것이다. 코넬(Connell, 1990: 519-539)도 국가는 본질적으로 가부장적이거나 남성적이지 않으며 구체적인 사회적 실천 속에서 작용하는 역동적 실체로 보았다. 국가의 지위는 역사적으로 고정되어 있지 않고 끊임없이 변화하며 이로 인해 빚어지는 위기는 새로운 정치의 가능성을 허용한다는 것이다.

이처럼 국가개입에 관한 전략과 이론에 관한 여성주의적 논쟁에서 변화가 있었으며 여성운동은 1980년대에 여성의 대의를 관철시키는 데 효과적일 수 있는 전략을 적극적으로 채택하였고 대부분의 국가들은 성 주류화를 주된 여성정책의 방향으로 설정했다. 여성운동은 국가를 적대적인 입장에서 바라보던 관점에서 제도정치에 일정한 참여를 하는 '참가의 정치' 를 전개하였다.

여성정책 담당기구에 대하여 관심을 기울이기 시작한 학자들은 여성주의 정책목표를 실현하는 과정에서의 국가의 역량이나 활동에 관하여 새롭게 조명하기 시작하였다. 여성주의자들은 국가란 내부적으로 다양하게 구별된 구조와 절차를 갖는 영역이라고 보며 국가에 대한 포괄적인 개념화를 거부하였다. 이와 같이 여성의 필요를 충족시키는 방향으로 정부의 정책을 개발하고 집행하는 과정을 '국가페미니즘state femimism'이라 부른다.

국가페미니즘은 여성운동이 출산권, 성폭력, 육아, 기회평등과 같은 여성의 권리를 쟁점으로 하여 정당, 정부, 다양한 공적 기관 또는 여성정책 담당 국가기구에 참여하여 페미니즘을 제도화한 것이다. 국가페미니즘의 발전은 국가 차원에서 여성 관련 사회정책의 개발과 그 정책을 집행하기 위한 새로운 정부기구의 설립으로 나타난다. 달럽(Dahlerup, 1987)은 북유럽의 다양한 여성단체의 적극적인 활동과 공식 정치제도에의 실질적인 여성참여가 '국가페미니즘'의 출현을 가져오리라 전망했다. 즉 대부분의 서구사회에는 평등지위협의회, 기회평등위원회 등이 설립되었으며 이를 통하여 역사상 처음으로 성평등에 관련된 문제들이 국가기구 내에 제기되고 있다는 것이다.

서구 15개 국가의 국가페미니즘에 대한 비교 연구를 통해 스텟슨(Stetson, 2001)은 여성운동계와 여성정책 전담기구가 상호 작용하는 맥락이 국가페미니즘의 발전에 주요한 요인이 된다고 보았다.

첫째, 여성운동계가 활성화되고 보다 조직적으로 정책적 요구를 결집할 수 있는 국가들에서 국가페미니즘의 수준이 상대적으로 더 높게 나타났다. 여성운동계가 강한 국가 후원적 전통을 가지고 있는 네덜란드가 가장 높은 수준의 국가페미니즘 유형에 해당되고, 여성운동계의 조직력이 약하고 여성주의 정책의제에 대한 결집력이 약한 폴란드와 아일랜드가 상징적인 국가페미니즘의 유형이거나 여성주의관료femocrat가 존재하지 않는 경우에 해당된다.

둘째, 여성운동계의 지배적 이념이 급진적이고 좌파성향이 강한 단체보다는 자율성을 견지하면서도 다소 온건한 조직들이 여성운동계를 주도할 때 국가의 여성주의 정책결정에 보다 직접적인 영향을 미칠 수 있다. 여성운동계의 좌파지향이 강한 영국의 국가페미니즘 발전이 더디게 진행되었고, 프랑스의 사회주의적 여성주의자들이 여성주의관료femocrat로 진출했을 때 여성정책 결정과정에서 실효성 있는 정책을 추진하지 못했다는 것이다.

국가페미니즘에서 여성주의관료는 여성주의의 이념과 이론을 인지하고 실천하려는 의지가 강한 국가기구의 여성공직자로서, 여성운동으로부터 여성의 요구를 대변해야 한다는 의무감을 갖고 있는 집단인데 국가에 대한 호주 여성운동의 전략을 의미하는 것으로 호주에서 사용하기 시작한 개념이다. 여성주의관료는 전 부처에 걸쳐 있는 여성정책 담당기구에 속하는 관료를 지칭하는 의미(Watson, 1990)로부터 정부 내 어느 부처이든 여성주의적 관점을 가진 관료, 그리고 여성정책 담당기구에 속하면서 여성주의적 관점을 가진 관료(Sawer, 1990)에 이르기까지 다양하다.

여성운동 세력의 국가진입이나 개입의 수준과 관련하여 아이젠슈타인(Eisenstein, 1984)은 1980년부터 1988년까지 호주에서의 경험을 토대로 여성주의자가 국가에 대한 개입을 할 수 있는 기본 구성을 〈참고자료 2-2〉와 같이 분류했다.

국가페미니즘은 페미니즘의 이해를 국가라는 기회공간에서 기구나 정책을 활용하여 여성운동의 요구를 관철시키는 것이라 해석할 수 있다. 국가페미니즘과 관련해서는 다음과 같은 질문을 제기할 수 있다. 우선 국가페미니즘이라는 것이 존재하는가, 즉 가부장적인 남성 정치지도자들에 의해 구성된 국가구조가 여성의 사회적 지위를 개선하고 성불평등을 감소시키기 위한 정책에 어느 정도 협조할 것이며 여성운동가들은 그 같은 국가 기구와 관료에게 어느 정도 협조적 기회를 제공해 줄 것인가 하는 질문이다. 또한 만일 국가페미니즘이 존재한다면 서로 상이한 정치, 사회문화적 전통을 가진 국가들에서 페미니스트 정치의제를 발전시켜 나가는 데 있어서 국가구조의 능력에

참고자료 2-2

여성주의자의 국가에 대한 개입

1) 개인적 차원에서의 관료로 스스로를 페미니스트라 지칭하면서 국가와 정부의 정책 결정과정에 들어가는 것.
2) 구조적 차원의 관료로서 여성에게 혜택을 주기 위해 정부 내 또는 대학기구 내에 새로운 구조를 만드는 것으로 예를 들면 여성정책실, 여성연구프로그램, 여성부 같은 것.
3) 법률적 개혁으로 새로운 법안을 도입하거나 여성에게 도움을 주기 위해 현존하는 법률을 개정하는 일로써 강간, 성폭력과 관련된 법의 개정, 차별금지 법률 등을 제정하는 일.
4) 지도자의 역할로서 정치참여.
5) 대안적 조직구조로서 현재 주류를 형성하는 정치, 행정구조의 외부에 새로운 페미니스트 조직을 만드는 것(여성의 쉼터나 강간위기센터 같은 것).

자료 : Eisenstein(1990: 87).

각각 차이가 있는가 하는 데 대한 논쟁이다.

국가페미니즘은 국가권력의 변화, 초국가 거버넌스의 영향, 국가여성정책기구의 변화, 성평등정책의 변화, 국가여성정책기구와 여성운동과의 관계 속에서 살펴볼 수 있다(Kantola and Outshoom, 2007: 266-285). 국가권력의 변화는 국가페미니즘을 이해하는 데 중요하다. 진보적 국가권력일수록 적극적인 여성정책을 도입할 가능성이 높으며 유엔이나 유럽연합(EU: European Union)과 같은 초국적 거버넌스의 영향은 국가페미니즘의 발전에 영향을 미친다. 여성정책 담당기구의 변화도 국가페미니즘의 성격을 이해하는 데 중요하며 성평등정책의 변화는 국가페미니즘의 실제 작동을 보는 중요한 측면이다. 또한 여성운동과의 관계는 여성정책의 활성화와 관련하여 직접적으로 영향을 미친다(황영주, 2011a: 49).

국가페미니즘이라는 범주에서 여성정책 담당기구와 여성주의관료는 중요한 요소인데 여성주의자들의 공직임명이 여성운동의 제도화를 대변하는 것인지에 대한 논쟁이 있다. 즉 그것이 흡수와 탈정치화인지 또는 사회변화에 영향을 미칠 수 있는 여성주의관료의 탄생을 의미하는 것인지에 대한 논쟁이다. 논쟁점은 여성주의적 이슈가 국가에 의해서 적절하게 보호받을 수 있는지의 문제, 국가 내 여성정책 담당기구가 긍정적인 변화에 영향을 미칠 수 있는지의 문제, 여성주의관료들이 국가 내부에서 여성주의적 이슈를 발전시킬 수 있는지의 문제 등이다. 스텟슨(Stetson, 2001: 8-15)은 여성정책 담당기구의 역할을 네 가지 패턴으로 유형화하고 있다.

첫째, '성공적 내부자'로 여성운동계가 제기하는 정책을 국가정책결정과정에서 적극적으로 요구하고 이와 관련한 정책논쟁을 효과적으로 성별화하는 역할을 한다. 호주, 프랑스, 영국, 네덜란드, 스페인 등이 포함된다. 이에 해당되는 여성정책 담당기구는 여성운동계의 실질적인 정책 요구에 대하여 지속적이고 긍정적으로 대응했다.

둘째, '주변적 제휴자' 유형은 담당기관으로서의 정책목표를 주장하고 여성운동계와의 협력관계에도 능동적이지만 구체적인 정책논쟁에서 실효성 있는 역할을 해내지 못하는 경우이다. 미국과 캐나다, 이탈리아 등이 해당된다.

셋째, '비여성주의적 담당자'로 정책논쟁의 성별화에는 성공하기도 하지만 여성주의적 견해에 철저하지 못하여 운동계로부터의 지지를 받지 못하는 경우로 1970년대 후반의 프랑스가 해당된다.

넷째, '상징적 기구'로 사실상 여성운동계의 정책목표를 반영하지도 않고 정책결정과정에서 실질적인 역할을 하는 것도 아닌 상태이다. 벨기에와 아일랜드가 가장 낮은 수준의 상징적 행위자로서 평가되었다.

참고자료 2-3

국가페미니즘과 여성주의관료의 역할

1) 성공적 내부자(successful insider) : 여성운동계가 제기하는 정책 요구를 국가정책 결정과정상에서 적극적으로 제기하고 이와 관련한 정책논쟁을 효과적으로 성별화하는 역할.
2) 주변적 제휴자(marginal ally) : 담당기관으로서의 정책목표를 주장하고 여성운동계와의 협력관계에도 능동적이지만 구체적인 정책논쟁에서 실효성 있는 역할을 해내지 못하는 경우.
3) 비여성주의적 담당자(non-feminist) : 정책논쟁의 성별화에는 성공하기도 하지만 여성주의적 견해에 철저하지 못하여 운동계로부터의 지지를 받지 못하는 경우.
4) 상징적(symbolic) 기구 : 사실상 여성운동계의 정책목표를 반영하지도 않고 정책결정과정에서 실질적인 역할을 하는 것도 아닌 상태.

자료 : Stetson(2001: 8-15).

결국 국가페미니즘의 주된 관심은 특정한 국가가 과연 여성친화적인가를 입증하기 위해서 여성정책의 '의제설정-정책결정-정책집행 효과' 전반에 걸친 과정에서 여성의 현실 및 여성주의 요구가 적절하게 반영되었는지를 개입하고 평가하는 것이다. 이처럼 국가페미니즘 논의는 국가가 여성운동계의 정책 요구에 가장 효율적으로 반응함으로써 여성주의 정치전략을 성공적으로 달성할 수 있는 최적의 조건이 무엇인지를 탐색한다. 여성정책결정과정을 둘러싼 정책환경, 여성주의 운동계의 이념 및 정치전략, 정책결정 행위자, 여성정책 담당기구 등 요인은 개별적으로 혹은 상호 연관되어 국가페미니즘 활성화를 위한 적실성 있는 거버넌스의 틀을 모색하는 데 기여할 수 있을 것이다.

랜달(Randall, 1998)은 국가페미니즘은 두 가지 상이한 문제를 의미하는 데 사용되어졌다고 본다. 즉 국가페미니즘은 여성주의자들이 정부 내에 영향력 있는 지위(선출직이든 관료직이든)를 차지하고자 하는 태도이며 또한 여성의 지위와 기회를 어떤 방식으로든 향상시키고자 하는 국가 구조와 정책, 그리고 절차를 의미한다는 것이다(배선희, 2007: 50). 스텟슨과 마주르(Stetson and Mazur, 1995)는 국가페미니즘을 여성정책 담당기구가 여성운동과 연합을 형성하여 여성운동의 정책형성과정 참여를 위한 접근성을 높이는 정도라고 정의함으로써 여성운동의 역할과 함께 여성정책 담당기구의 여성주의 실현을 위한 적극적 역할을 국가페미니즘을 구성하는 주된 개념으로 보았다. 즉 여성운동의 자원, 정부의 지원, 정책환경적 특성뿐 아니라 여성정책 담당기구의 자원과 조직적 특성이 국가페미니즘의 유형을 구분하는 중요한 내용이다. 따라서 국가페미니즘을 정책영향력과 정책접근력을 중심으로 유형화하고 시민사회에 대한 국가의 반응성이라는 측면에서 근대 민주주의 국가의 새로운 유형의 참여를 위한 정당성을 제공하게 될 것이고 대안적 거버넌스의 틀을 제시하게 될 것으로 보았다.

복지국가와 여성정책

제3장

1. 복지국가의 발전과 유형
2. 복지국가에 대한 여성주의 비판
3. 성평등한 복지국가의 과제

1 복지국가의 발전과 유형

국가가 빈민 통제와 구제를 위해 구빈법적 개입을 시작한 14세기 이래 19세기 후반까지 국가는 효과적 빈민통제와 자본주의적 산업화의 촉진을 위해 최소한의 복지혜택을 소수의 빈민들에게만 제공하였다. 1880년대 이후 독일을 비롯한 대부분의 유럽 국가들에서는 주요 사회보험제도들이 제정되어 초기 형태의 복지국가가 탄생했는데 이 국가들은 적은 수의 선별적 복지제도를 통해 한정된 위험만 보호함으로써 '잔여적 복지국가residual welfare state'의 면모를 보여왔다고 할 수 있다. 그러나 구미 선진국에서 1차대전이 종결되고 대공황을 경험하면서, 그리고 2차대전을 겪으면서 상황은 바뀌기 시작했다. 서구 선진국들은 민주주의의 확장과 자본주의의 심화를 이루었고 이에 따라 새로운 복지제도가 확충된 것은 물론 그 적용대상도 꾸준히 확대되었다.

복지국가의 발전은 2차대전 종결 이후 1970년대 중반까지 꾸준히 지속되었으며 그 결과 포괄적이고 보편적이며 적합성이 비교적 높은 '제도적 복지국가institutional welfare state'가 등장하게 되었다. 역사적으로 살펴보면 2차대전의 종결로부터 1975년에 이르는 기간은 복지국가의 황금기, 또는 팽창기로 불리운 시기로서(성경륭 · 김태성, 1993: 112-115) 이 기간 동안 선진 각국에서는 전 국민을 대상으로 하는 보편적 복지제도가 확립되었다. 이러한 복지국가로의 전환은 복지제공기능이 중심적인 국가기능으로 정착되면서 국가의 존재양식에도 커다란 변화를 초래하였다. 복지국가의 등장은 예산이나 기구, 인력의 측면에서 국가규모의 엄청난 성장을 가져온 것이다.

그런데 2차대전 이래 서구사회에 특징적으로 나타난 복지국가에 관한 광범위한 합의는 그 이후에 상당히 약화되었다. 이른바 '복지국가의 위기' 상황을 초래하였던 것이다(성경륭 · 김태성, 1993: 247-264). 그러나 이러한 변화들을 두고 복지국가가 쇠퇴하게 되었다거나 혹은 해체되기 시작했다는 결론을 이끌어 내는 것은 성급한 해석이다. 왜냐하면 복지국가라는 실체와 내용이 어떠하든 간에 복지국가가 지니고 있는 속성이 여전히 국민의 생활에 지대한 영향을 미치는 것으로 존재하며 가까운 장래에 복지국가가 약화될 것이라는 뚜렷한 징후도 찾기 어렵기 때문이다. 더구나 소연방과 동구 사회주의권의 붕괴 이후 복지국가의 이상은 전 세계적으로 이념과 체제의 차이를 불문하고 하나의 중요한 가치로서 존재하고 있다고 하겠다.

복지국가는 국민들의 복지향상을 가장 중요한 책임과 의무로 삼는 국가로 정의할 수 있다. 즉 사회성원의 복지가 국가에 의해서 제공되는 경우 복지국가라 부르는 것이다. 그러나 이 정의는 국가가 국민들의 복지향상을 위해 개입한다고 할 때 어느 정도까지, 또 무엇을 목표로 복지를 제공할 것인가에 대한 논의를 구체적으로 포함하고 있지 않다. 그러므로 논자의 가치관, 이데올로기적인 입장, 이론적 관점에 따라 복지국가의 개념정의는 매우 다양하게 제시될 수 있으며 복지국가에도 다양한 유형이 있다.

에스핑-앤더슨(Esping-Anderson, 1990)은 복지국가체제를 대부분의 사람들이 수용할 수 있는 수준의 사회적 권리와 조건을 보장하기 위한 목적으로 형성된 국가, 시장, 가족 사이의 특정한 상호 관계로 정의하면서 세 가지 유형으로 분류했다. 즉 자유주의 유형, 보수주의 유형, 사회민주주의 유형이다.

에스핑-앤더슨에 있어서 복지국가의 성격을 규정하는 기본이 되는 개념은 '탈상품화de-commodification'이다. 즉 사회적 권리의 질은 '시장의 힘으로부터 자유로울 수 있는 정도'에 따라 결정된다. 그러나 이와 같은 유형화를 통한 복지제도의 현황은 제도 내에서 시민으로서의 여성의 위치를 명확하게 보여주지 못한다.

탈상품화의 경우 전업주부 등의 비취업 여성의 경우나 여성들의 불안정한 경제활동 형태, 재생산노동의 가치 평가 등에 관한 것들을 고려하지 못했다.

〈표 3-1〉 에스핑 앤더슨의 복지국가 유형 분류

구 분	자유주의적 복지국가	보수주의적 복지국가	사회민주주의적 복지국가
주요 프로그램	공공부조와 사회보험	사회보험	기초연금을 기본으로 하는 보편적 사회보장 제도
급여 단위	(혼인) 가족	(혼인) 가족	개인
급여 수혜조건	자산조사	취업활동 및 사회보험 가입	시민권
급여와 서비스 질	시장에서 행한 역할에 따라 차이가 남	수평적 재분배 : 사회적 지위의 차이 유지(보상원칙)	수직적 재분배
여성의 삶	무보수 보호노동, 높은 취업률(대부분 불완전 고용)	보호 및 가사노동 담당자로서의 여성(복지국가의 지원), 노동시장에서의 성차별, 낮은 취업률	높은 취업률, 공공서비스망을 통한 보호 및 가사노동 부담 경감
탈상품화 수준	최소화 : 사회적 위험 발생 시 최소한의 수준을 보장하는 사회적 연결망	중간 수준	높은 수준
주요 국가	미국, 캐나다, 영국, 오스트레일리아	오스트리아, 프랑스, 독일, 이탈리아	스웨덴, 덴마크

자료 : Esping-Anderson(1990: 26-29).

대부분 여성들은 각종 성차별과 전통적인 가부장제적인 성역할 분담에 의해 노동시장과 상품화 과정에서 배제되기 때문에 탈상품화 개념은 남성 임금노동자만의 탈상품화만을 포함하게 된다. 또한 국가의 복지제공이 젠더 위계에 미치는 영향을 간과하였다. 즉 복지국가가 각종 복지제도의 수급 자격 요건 등을 통해 기존의 젠더 위계를 강화하고 있다는 것을 파악하지 못했다. 사회보험의 경우 정규적으로 안정적인 소득활동을 하는 전일제 노동자를 대상으로 함으로써 대부분의 남성노동자가 그 주 수요층인 반면, 가사노동을 전담하거나 비정규적으로 불안정한 소득활동을 하며 시간제 노동을 하는 여성노동자는 그 수요층에서 제외된 것이다(김영화 · 권신영 · 최영진, 2013: 385).

또한 대부분의 복지국가가 가족주의적 복지국가의 입장을 지니고 있다. 즉 가정이 가족 구성원의 복지에 대해 가장 중요한 책임을 수행해야 한다는 것이다. 여성주의적 관점에서 볼 때 기존 복지국가의 한계는 다음과 같다. 첫째, 더 나은 사회 급부를 받는 데 임금수령이 유리하다는 점, 둘째 사회적으로 대가를 받지 못하는 가사노동, 그중에서도 특히 아동양육을 급부 산정 시 고려하지 않는다는 점, 셋째 사회복지 수급 권리의 차별성을 만들어 내는 불평등한 임금의 지속, 넷째 전업주부에게 특혜를 주는 가부장적 모델, 즉 미혼의 생활 형태나 취업 부부에게는 불이익을 주는 정책 등이다(김미원, 1995).

2 복지국가에 대한 여성주의 비판

개별 국가 복지제도의 다양한 형태와 젠더 체계는 여성정책의 유형에 영향을 미친다. 국가가 여성을 단순한 '재생산 담당자'로만 취급하는지, 아니면 동등한 노동의 권리를 갖지만 동시에 생물학적 출산의 부담 역시 안고 있는 여성의 특수성을 인정하는지에 따라 여성정책의 양상에 차이가 난다. 더욱이 한 사회가 계속 지탱하기 위해서는 인구규모의 적당한 유지가 필요하므로 여성의 출산기능도 국가의 조절과 통제의 대상이 된다(엄규숙, 1998: 92-93).

산업화 과정에서 등장한 복지제도는 당시 공장노동자의 대부분을 이루었던 남성노동자의 존재형태에 맞게 짜여질 수밖에 없었다. 복지정책의 제도화는 사회운동을 통해 재구성된 그 사회의 권력관계를 보여주는데, 19세기 중반 이후 정착된 유럽의 복지제도들에 그 운동의 주역이었던 조직노동자의 이해관계가 반영되었다. 이 과정에서 상대적으로 비율이 낮은 여성노동자보다는 남성노동자들이 '정상노동자'로 규정되었고 이들의 가족부양 의무 및 육체적 재생산, 그리고 노후생활의 안정이 복지제도의 주된 목표가 됨으로써 이미 복지제도의 탄생 자체에 성 특수화가 각인되었던 것이다(엄규숙, 1998: 93).

복지제도의 시작에 있어서 이러한 남성우대 현상은 산업화와 더불어 진행된 취업과 재생산 영역(또는 공·사 영역)의 분리라는 맥락에서 파악되어야 한다. 전근대적 생산방식은 생산과 재생산을 거주공동체 안에서 순환적으로 해결한 반면 자본주의적 산업화는 가정과 일터의 분리를 초래하며 이를 통해 생산과정의 효율성을 확보하였다. 이 과정에서 '남성은 생계를 위해 일하고 여성은 가사를 돌본다'는 성별 분업의 근대적 형태가 점차 정착되었다. 초기 산업화 과정이 여성과 아동 노동을 포함했던 것에 비해 산업자본주의는 일반적으로 '가족임금'을 받는 남성노동자에 기초한다.

복지제도가 남성을 '정상노동자'로 규정하고 여성을 재생산노동 담당자로 규정하는 경향이 강하면 강할수록 복지제도의 혜택 역시 '남성가장 모델'을 기본으로 이루어지기 때문에 형식적으로 평등원칙이 규범화되어 있으면서도 핵심적 복지제도의 외곽으로 여성이 밀려나는 현상이 두드러진다(엄규숙, 1998: 96). 예를 들어 가장인 남성이 '정상노동자'의 위치에서 탈락하여 실업자가 된다면 그에 딸린 가족성원 역시 각자가 독립적으로 고용구조에 편입되어 있지 않는 한 실업자의 가족에 대한 복지혜택만을 받을 수 있는 것이다. 재생산노동으로서 가사와 양육 노동이 한 사회의 유지에 필수불가결함에도 불구하고 이 노동의 담당자인 여성이 자본주의적 고용구조에 속해 있지 않을 경우 복지제도의 혜택에 한정적으로만 접근가능한 것이다. 따라서 여성주의자들은 기존의 복지국가는 남성을 주요 대상으로 조직화되어 있으며 복지국가에 대한 연구 및 이론적 시각이 남성 편향적이어서 여성의 경험을 포괄하지 못하는 이론이라고 비판하였다.

복지제도의 위기와 더불어 여성이 이 제도의 혜택에서 구조적으로 차별받고 있다는 사실이 분명해지고 이에 대한 비판이 1980년대 이후 여성주의적 관점에서 복지국가를 논의하는 주된 주제가 된다. 앞의 에스핑-앤더슨에 있어서 복지국가의 성격을 규정하는 기본이 되는 개념은 탈상품화인데 탈상품화는 노동시장에서 대부분의 시간을 보내는 남성들의 생활양식에 기초하고 있다. 복지제도가 남성을 시장으로부터 독립시킨다는 주장은 일면 타당하지만 여성의 독립은 다른 차원의 문제이다. 기혼여성의 대다수는 남편에게 경제적으로 의존하고 있으며 고용된 여성의 경우에도 상당수는 시장을 통해 재정적 독립을 확보하지 못하고 있다. 상대적으로 낮은 평균임금, 높은 시간제와 비정규직 노동, 빈번한 고용장애를 경험하고 있기 때문이다. 여성의 독립은 복지국가정책이나 노동시장 참여에 의해 조건화되는 만큼 그들의 가족 내 지위와 관계에 의해 조건화된다. 그러므로 복지국가가 남성과 여성에게 유용한 자원들의 양과 원천에 어떤 영향을 미치고 특히 남성에 대한 여성의 소득의존에 어떤 영향을 미치는지 보아야 한다. 노동자들이 시장이 아닌 곳에서 소득을 제공받고 시장에서 노동자들의 세력을 강화시킬 수 있는 탈상품화의 개념은 가사노동을 담당하면서 유급노동에 대한 접근을 제한받고 있는 여성들의 상황을 설명하지 못하고 있다(김경희b · 백진아 · 엄규숙, 2001: 218-220).

결국 탈상품화는 시장을 중심으로 대다수가 임금노동자인 남성의 생애주기를 기초로 하고 있는 개념으로 시장으로부터의 자유는 노동시장 진입조차 보장받지 못한 여성들의 요구와는 거리가 있다. 또한 탈상품화 개념은 복지혜택의 근거가 성별에 따라 차별적으로 구조화되어 있다는 것을 간과하고 있다. 실제로 여성들의 요구는 주로 가사 및 돌봄노동 등 가족이나 결혼에서 파생되는 역할에 기초하고 있는 반면 남성들의 요구는 임금노동에 기초하고 있다(유해미, 2004: 205). 이러한 탈상품화 개념에 대해서 여성주의자들은 다음과 같은 점에서 비판한다(Sainsbury, 1999).

첫째, '시장의 힘으로부터의 자유'라는 개념은 이미 임금노동을 전제로 하는 것이므로 기본적으로 임금노동자로 정의되지 않은 대다수 여성의 경험이 배제된 개념이다. 즉 여성들의 비시장노동, 무급노동으로서의 가사노동에 대해서 간과하고 있으며 많은 여성들이 자신의 노동력을 상품화할 수 없는 현실에 놓여 있다는 사실을 보지 못하고 있다

둘째, '사회적으로 용인될 만한 생활수준'을 보장한다고 하는데 이것이 '개인'에게 적용되는 것인지 '가족'에게 적용되는 것인지 불분명하다는 것이다.

에스핑-앤더슨의 탈상품화 개념에 대한 가장 직접적인 비판과 대안 제시는 올로프에 의해 이루어졌다(Orloff, 1993). 올로프는 에스핑-앤더슨의 복지국가 유형론의 세 차원에 대하여 젠더 관점을 통합시켜 '여성의 유급노동에의 접근권'과 '독립적인 가구를 구성할 수 있는 가능성'이라는 두 차원을 추가하였다.

실제로 젠더 관점을 통합하여 보면 복지국가는 기존 복지국가 유형론과 다른 결과가 나타날 수 있다. 예컨대 노르웨이는 남성노동자에 대해서 볼 때 전형적인 사회민주주의적 복지국가에 속하지만 성별 분업양식을 살펴보면 여성의 양육역할이 비교적 분명하고 가족을 단위로 하는 경제와 조세제도가 자리 잡은 국가로서 그 특성이 같은 사회민주주의적 복지국가로 분류되는 핀란드, 스웨덴 등과는 뚜렷한 차이를 나타낸다(Sainsbury, 1999).

이상과 같은 여성주의자들의 비판을 수용하여 에스핑-앤더슨은 '탈가족화de-familialization'라는 새로운 개념을 추가적으로 제시하였다. 탈가족화란 가족의 복지와 부양의무를 얼마나 완화시킬 수 있는가의 정도를 의미하는데 이것은 여성에게 자신의 노동력을 상품화시키기 위한 전제조건이 된다. 에스핑-앤더슨은 이 개념의 측정 기준으로 보육서비스 제공, 아동수당, 모성/부성휴가 수준을 제시하였다(이혜경 · 홍승아, 2003).

에스핑-앤더슨의 '탈가족화' 개념은 여성의 무급노동의 경험을 반영하는

분석틀로서 중요한 진전이라고 볼 수 있지만 탈가족화가 곧바로 여성의 경제적 독립성이나 유급노동에의 접근을 보장하는 것이 아니라는 점에서 여성의 경험을 반영하기에 충분한 개념이 아니다. 탈가족화 개념만으로는 여성의 경험을 반영하기 어려운 것이다(장지연, 2004: 188-189).

3 성평등한 복지국가의 과제

여성주의자들은 여성주의적 관점에서 시민권 개념의 확장이 필요하다고 보았고 복지국가의 새로운 유형화를 시도하였다.

1) 시민권 개념의 확장

시민권은 정치공동체의 성원 자격, 이와 결부된 시민의 권리와 의무, 그리고 시민의 이상과 관련된 특정한 덕목과 실천을 포괄하는 복잡한 개념이다(Bellamy, 2008). 여성주의자들은 젠더 중립적인 가정 속에서 정의되는 시민권들이 여성들의 특수한 경험과 사회에서의 위치 때문에 사실상 여성들을 배제해 온 방식에 관심을 기울였다(정인경, 2012). 시민권의 기준은 독립성인데 독립성의 근거는 소득활동이고 이것은 남성경험 중심적인 사고에서 나온 기준으로서 시민권 개념에서 여성을 배제하는 결과를 초래했다는 것이다(Pateman, 1989: 179-225).

자본주의 사회에서 무보수 가사노동을 하는 여성은 의존적으로 보았고 임금노동자인 남성은 독립적이라고 보았다. 여성주의자들은 기존의 시민권 개념은 '공동체의 완전한 성원'의 범주에서 여성을 배제하는 개념이므로 여성을 포함하는 시민권 개념으로 바뀌어야 한다고 본다(장지연, 2004: 187).

2) 복지국가의 새로운 유형화

여성주의자들은 기존의 복지국가가 '남성=생계부양자, 여성=가정주부'라는 성별 분업구조에 기반하고 있으며, 따라서 남성의 임금노동과 임금노동에 기반한 복지수급권, 여성의 경제적 의존성 및 남편의 권리로부터 파생된 복지수급권이라는 성에 의해 구성되는 복지체계를 전제로 하고 있음을 비판한다. 남성부양자 모델은 여성의 경제적 참여를 제한시키며 결과적으로 경제자원에 대한 접근권을 배제시킴으로써 여성들이 독립적인 경제권을 확보하기 어렵게 하는 등 일련의 과정들을 통하여 국가정책에서 여성들의 상대적 소외와 배제가 끊임없이 진행되어 왔다는 것이다(이혜경 · 홍승아, 2003: 183).

여성주의자들의 복지국가에 대한 개입은 현존하는 젠더의 경계를 허물고 공적/사적 영역의 경계를 해체하여 그동안 사적 영역으로 관심 밖에 있던 문제들을 공적인 정치의 장으로 가져와 제도화하는 작업이다(최영진, 2011: 85). 여성주의자들은 복지국가가 '가족주의적' 체제, 즉 '남성가장' 모델이라는 특정한 유형을 중심으로 이루어졌다고 보았다.

돌봄의무가 온전히 가정에 부과되는가 혹은 공적 부조를 통해 국가가 부담하는가 하는 문제는 국가별로 양상이 다르다. 올로프(Orloff, 1993)는 에스핑-앤더슨의 복지국가 유형론에 젠더 관점을 통합시켜 세 차원을 구성하고 두 차원을 추가하여 다섯 개의 복지국가의 성별화된 차원gendered dimensions of the welfare state을 제시한다. 다섯 개 차원을 구체적으로 살펴보면 다음과 같다.

첫째, '국가와 시장'의 관계는 가족과 여성의 부불노동을 고려해서 '국가-시장-가족'의 관계 차원으로 재구성한다.

둘째, 계층화 차원 역시 노동시장 내 계급 위계에만 주목하고 있어서 노동시장 바깥의 유급노동을 하지 않는 사람이나 돌봄노동을 하는 사람의 문제는 방치되고 있어서 성별 위계를 고려한다.

셋째, 시민권/탈상품화 차원은 돌봄노동과 가사노동의 성별 분업을 전제하고 탈상품화 결과가 남녀에게 달리 적용되는 결과를 간과한 문제에 대한 여성주의적 비판을 수용해야 한다.

넷째, 여성들의 유급노동에의 접근권 보장 및 향상이 필요하다.

다섯째, 가구를 구성하고 유지할 수 있도록 해야 한다.

〈표 3-2〉 에스핑 앤더슨의 유형론과 올로프의 비판 비교

	Esping-Anderson(1990)	Orloff(1993)
분석대상	국가-시장의 관계	국가-시장-가족의 관계
계층화	노동시장 내 계급 위계를 중심으로	노동시장뿐 아니라 노동시장 바깥에서 하는 무급, 돌봄 노동을 고려한 성별 위계까지 포괄되어야 한다.
시민권/탈상품화	(남성)임금노동자를 중심으로	임금노동자와 가정에서 무급노동을 하는 여성을 포함
그 외		여성들의 유급노동에의 접근권 보장 및 향상
		독립적인 가구를 구성하고 유지할 수 있는 능력

자료 : 이혜경 · 홍승아(2003: 172).

세인즈베리는 가족 이데올로기의 유형과 가족 이데올로기가 사회정책에 미친 영향, 복지혜택과 기여의 단위, 권리의 본질, 가족 내 성별 노동분업을 강화하는 다른 정책의 영향, 공·사적 영역 간의 경계, 그리고 여성이 행하는 돌봄노동의 유급 또는 무급 정도에 따라 사회정책 모델을 '부양자 모델'과 '개인적 모델'로 구분하였다.

부양자 모델은 결혼관계 내 부부의 엄격한 역할분담, 가정주부로서의 아내역할을 강조하고 수급 자격을 부양자로서의 지위에 기반하는 것이다. 따라

서 자연적으로 아내의 권리는 파생적인 권리가 된다. 반면 개인적 모델에서는 배우자가 각각 자신의 생계유지를 책임지며 자녀양육에 대한 경제적 책임이나 돌봄책임을 공유하며 수급 단위, 기여 단위, 납세 단위를 개별적으로 유지하며 따라서 피부양자에 대한 세액공제 제도는 없다. 또한 재생산노동의 많은 부분이 공공영역에서 수행되며 돌봄노동에 대한 사회보험혜택이 수급권으로 주어진다.

〈표 3-3〉 사회정책의 부양자 모델과 개인적 모델

차원	부양자 모델	개인적 모델
가족 이데올로기	엄격한 성별 노동분업 남편=소득, 아내=돌봄책임	역할 공유
수급권	부부간 상이함	부부간 동일
수급권의 근거	부양자	기타
복지혜택의 수여자	가장	개인
복지기여의 단위	가구 또는 가족	개인
조세	부부 공동조세 (피부양자 공제)	부부 분리조세 (동일한 조세 감면)
취업 및 임금정책	남성 우선	양성에게 동일
돌봄영역	사적 책임	강력한 국가 개입
돌봄노동	무급	유급

자료 : Sainsbury(1994: 153).

따라서 세인즈베리는 젠더 정책체제gender policy regime를 통해 국가별 분류를 시도하였다. 즉 남성생계부양자 유형, 성역할 분리 유형, 개별 부양자-양육자 유형으로 나누었다. 세인즈베리의 이러한 구분은 "첫째, 권리가 개인에게 있는지 가족단위로 있는지, 즉 권리가 혼인상태에 영향을 받는지, 둘째 수급권이 전통적인 성별 분업에 근거하는 정도, 즉 여성이 양육자로서 사회적 권리를 갖는 것인지, 아니면 소득자로서 권리를 갖는 것인지, 셋째 양육을 비롯한 보살핌요구에 대하여 국가 책임의 범위는 어떻게 설정되었는지, 넷째 여성의 유급노동에 대한 접근권은 어느 정도인지"(장지연, 2004: 190)에 따른 분류라고 할 수 있다.

〈표 3-4〉 세인즈베리의 젠더 정책체제의 유형 분류

	남성생계부양자	성역할 분리	부양자-양육자
이 념	엄격한 성별 노동분업 남편=부양자 아내=양육자	엄격한 성별 노동분업 남편=부양자 아내=양육자	공동부담 아버지=부양자=양육자 어머니=부양자=양육자
자 격	부부간 불평등하게 부여함	성역할의 차이에 의해 부여함	평등하게 부여함
자격기준	생계유지원칙	가족책임	시민 거주자
복지수혜자	가장 의존자의 부양자	가족부양자로서 남성 양육자로서 여성	개인별
세 금	부부합산과세 피부양자 공제	부부합산과세 피부양자 공제	분리과세 평등한 세금감면
고용과 임금 정책	남성 우선	남성 우선	양성을 목표로 함
돌봄영역	사적 책임	사적 책임	강한 국가 개입
돌봄노동	무보수	가정 내의 양육자에 게 비용 지불	가정의 안과 밖에서 양육자에게 비용 지불

자료 : Sainsbury(1999: 78).

남성생계부양자 유형에서 성별 분업은 분명하다. 결혼상태는 여성의 사회적 권리에 중요한 영향을 미친다. 남성은 부양자로 직접적인 복지수급 자격을 가지나 여성은 피부양자의 자격으로 복지수혜의 대상이 된다. 즉 사회보장은 임금노동자의 가족부양능력 단절에 대한 보호를 중심으로 이루어진다. 성역할 분리 유형은 남성은 가족부양자로서 여성은 양육자로서 혜택을 각각 받는다. 노동시장은 남성 중심으로 이루어지고 여성은 결혼 여부와 관련없이

돌봄노동에 대해서 양육수당 등의 형태로 국가로부터 보상을 받는데, 개인별 부양자–양육자 유형에서는 성역할이 공유된다. 사회적 권리와 납세의무가 가족이 아닌 개인 단위로 이루어지며 사회적 권리에 결혼 여부가 영향을 미치지 않는다. 자녀양육에 들어가는 비용은 공공서비스와 수당으로 공유된다.

이와 같이 복지국가의 사회정책을 '부양자 대 개인적 모델'로 유형화함으로써 소위 '이중복지체계dual welfare system'의 실체가 밝혀지기 시작하였다. 세인즈베리에 의하면 사회보험은 개인적 권리(노동)에 의해 수급권을 갖는 남성적 체계이며 반면에 공공부조는 자산조사에 근거해 남성보다는 다수의 여성들이 수혜를 받는 여성적 체계로 분류된다. 또한 남성이 가진 권리에 의해 사회보험혜택을 받는 것은 여성의 완전한 자주성을 대변하는 것이 아니라 단지 부양자인 남편의 권리로부터 이양받은 권리행사에 불과하다는 것이다(김영화 · 권신영 · 최영진, 2013: 387).

루이스(Lewis, 1992)는 복지정책에 내재된 여성의 역할에 대한 가정들에 주목하고 여성을 유일한 돌봄제공자인 어머니/주부로서 간주하는지 아니면 노동자로 간주하는지에 따라 유럽 국가들을 비교하였다. 그리하여 그들은 유럽 국가들을 남성생계부양자 이데올로기 강도에 따라 '강한 부양자 모델', '온건한 부양자 모델', '약한 부양자 모델'이라는 세 가지 틀로 구분하고 있다. 이 분류에 따르면 영국, 독일, 네덜란드는 여성을 의존적 존재인 어머니로서 인식했다는 점에서 '강한 남성부양자 국가'에 해당되며 프랑스는 여성을 어머니인 동시에 노동자로 인식했다는 점에서 '온건한 남성부양자 국가'에 속한다. 1970년대 이후의 스웨덴과 덴마크는 '약한 남성부양자 국가'에 해당되는데 이들 국가는 두 명의 부양자가 이끈 가족을 지지하기 때문에 여성을 노동자로 간주하며 노동자들이 자신의 노동에 대해 정당하게 보상을 받는 것처럼 여성들도 어머니로서 돌봄노동에 대한 보상을 받을 수 있다.

각각의 젠더 정책체제는 여성에게 영향을 끼치지 않을 수 없다. 남성과 여성이 함께 노동의 의무와 양육의 의무를 공유하는 '개별 부양자–양육자 유형' 만이 남성과 여성 사이에 사회적 권리의 일반적 평등을 전제한다. 그러나 이 유형에서도 평등과 차이 사이에서 긴장이 존재한다.

첫째, 어머니/양육자로서의 시민과 노동자/임금생활자로서의 시민에게 발생하는 권리 사이의 긴장이다. 실질적으로 돌봄이라는 일은 사적인 영역에서 주로 발생하고 여성에게 할당된다. 그렇다면 여기에 대해서 어떤 인식과 대우가 이루어져야 할 것인가? 만약 사회 내에서 여성의 돌봄역할이 그 가치를 인정받고 우대된다면 이로 인해 오히려 돌봄은 남성의 일이 아니라 여성의 일이라는 관념을 더욱 고착화시키지는 않을까? 아니면 정책의 목표는 공동체적인(정부에 의한) 돌봄의 제공이나 혹은 남성들이 돌봄에 있어서 보다 평등하게 참여할 수 있도록 함으로써 여성을 돌봄의 의무에서 해방시켜야 하는 쪽으로 형성되어야 할까?(스티븐스, 2010: 64-65).

둘째, 여성들이 시민으로서 마땅히 누려야 할 사회적 권리의 지분을 갖기 위해 남성들과 같이 유급고용에 나서야 하는가 하는 문제이다. 그런데 "적절한 보육지원 등 사회적인 혜택이 없다면 여성이 육아에 주된 책임을 지는 상황에서 여성은 시장이건 정치조직이건 공적인 영역에 진출할 수 있는 동등한 자격을 갖출 수는 없다"(Einhorn, 2005. 여기서는 스티븐스, 2010: 68에서 재인용)는 것이다.

셋째, 최저소득에 관한 권리는 각 개인별로 보장되어야 하는가? 아니면 가구별로 보장되어야 하는가? 사회적 권리는 가정 밖에서의 노동의 참여에 기반하여야 하는가? 아니면 이들의 권리는 시민권의 지위로서 반영해야 하는가? 이에 대해 안숙영은 여성이 '노동자로서의 지위' 에 기초해 사회권을 보장받는 방향으로 나가야 한다고 본다. 오랫동안 여성은 일차적으로 어머니로 위치 지어지는 가운데 양육의 일차적 책임자로 전제되어 왔다. 이를 넘어서기 위해서는 여성이 노동자라는 사실에 기초하여 노동자의 지위를 바탕으로 복지를 제공받는 방향으로 나가야 하고 일과 가족의 양립을 여성의 일로 이해하는 한계를 벗어나야 한다는 것이다(안숙영, 2012: 127).

지금까지 살펴본 것처럼 복지국가를 성인지적 관점에서 살펴보기 위해서는 정책의 구체적인 방식들을 결정하는 데 영향을 미치는 성역할과 가족의 책임에 대한 이데올로기, 복지혜택의 자격 요건이 되는 권리의 성격, 정책과정으로서 국가와 가족 간 돌봄의 책임 분화 양상과 돌봄제공자에 대한 혜택의 정도, 임금노동과 돌봄노동에 대한 접근성 등을 고려해야 한다(유해미, 2004: 183-184). 복지의 개념은 더 이상 여성의 종속 또는 성별 분업을 지지하지 않고 남성가장 중심의 핵가족에 특권을 부여하지 않도록 재구성되어야 한다. 복지의 사회적 관계 역시 변화되어야 한다. 여성이 단순히 복지수혜자로서 뿐만 아니라 정책결정자, 서비스 제공자로서 주체적으로 고려되어야 한다. 공적 영역으로의 여성 참여가 개별 남성에 대한 여성 의존에서 공적 영역으로의 의존이라는 단순한 차원의 이전이 아니라 보다 실질적인 참여를 통해 여성의 자립가능성을 보장해 줄 수 있어야 한다.

제 2 부

여성정책의 흐름과 젠더 정치

제 4 장

한국 여성정책의 역사와 전개

1. '부녀복지'의 시기
2. 한국 여성정책의 흐름
3. 양성평등기본법
4. 여성정책의 방향과 과제

1 '부녀복지'의 시기

한국 최초의 여성행정기구는 1946년 미군정 법령 제107호 '부녀국 설치령'에 의해 신설된 보건후생부 내 부녀국이었다(황정미, 2002). 이후 1950년대는 전쟁으로 인한 요보호 여성과 고아, 기아 등이 대규모로 발생했던 시기였다. 이러한 특수한 시대상황을 반영하여 어려움에 처한 여성에 대한 행정적 개입이 시작되었고 여성을 대상으로 하는 소녀직업보호소, 부녀사업관 등이 설치되었으며 1953년 〈근로기준법〉을 제정하여 여성에 대한 보호 또한 규정하게 되었다(정현주, 2009).

1960년대는 여성담당 행정조직이 승격되는 시기라고 볼 수 있는데 보건사회부 부녀국을 부녀아동국으로(1963), 지방의 부녀계가 부녀아동과(1966~1971)로 개편되었다. 한편으로 업무의 영역과 대상을 확대할 수 있는 기반이 되었다고 할 수 있으나 다른 한편으로는 '부녀'와 '아동'이 하나의 단위로 묶이면서 여성업무가 가정이라는 틀 내에서 이루어지고 부녀에 대한 이미지를 모성과 동일한 것으로 보게 되었다.

이 시기의 부녀행정은 〈윤락행위등방지법〉 제정(1961)을 통해 '윤락여성'(현재의 '성매매여성') 수용보호 등 요보호 여성의 선도사업에 집중하였다. 정부수립 후부터 1960년대까지 정부의 여성 관련 정책은 과거의 악습을 개선하는 생활개선과 문맹퇴치 등 부녀계몽사업과 미혼모와 모자가정 등 요보호 여성의 복지사업이 중심이었던 '부녀복지'의 성격을 지니고 있었다.

1970년대는 부녀아동과 체제가 정착하면서 가정복지로의 전환이 이루어지며 여성업무는 가정복지라는 틀 내에서 이루어졌다. 〈모자보건법〉을 제정하여(1973) 한편으로 요보호 여성에 대한 시설구제가 지속되고 다른 한편으로는 모성을 중심으로 한 가정 내 여성과 아동에 대한 개입이 시작되었는데 이를 통해 가정 내 여성에 대한 지원과 가정에 속하지 못하는 여성에 대한 보호라는 기본 관점이 완성되었다(김소연, 1999). 또한 1970년대 가족계획정책을 중심으로 한 출산억제와 모자보건 관련 사업, 건전가정 육성사업이 중점사업으로 추진되었다(공선영 외, 2008: 11-12). 1970년대부터 경제성장에 의한 여성노동의 수요가 증가함에 따라 여성고용 복지에 관심을 가지게 되었으나 여성문제의 본질적인 문제에 대한 대응은 미흡하였다.

2 한국 여성정책의 흐름

1980년대에는 보편적인 여성을 대상으로 하는 여성정책이 시작되었던 시기이다. '부녀복지' 에서 '여성정책' 으로 전환되면서 이후 성차별문제의 해결과 여성의 권익 증진을 위한 법과 정책들이 도입되고 시행되기 시작하였다. 1990년대부터는 다양한 영역에서의 여성문제가 본격적으로 논의되고 정책으로 추진되기 시작한 시기라고 할 수 있다. 2000년대 이후부터는 성 주류화 전략이 여성정책에 본격적으로 도입되면서 여성정책이 여성만을 대상으로 하는 것이 아니라 모든 정책에 젠더 관점을 투영하는 방식으로 되었다. 한국 여성정책의 역사적 배경과 전개과정을 마경희(2015)의 글을 참조하여 보면[1] 네 개의 시기로 구분할 수 있다. 첫 번째 시기는 여성정책이 잔여적 복지정책으로부터 분화되기 시작한 1980년대 초반부터 1980년대 후반까지의 형식적 분화기이다. 두 번째 시기는 고용상의 성차별 금지를 비롯해 여성의 경제활동 참여를 지원하기 위한 각종 법률과 제도가 대량으로 도입되는 1980년대 후반부터 1990년대 중후반까지의 형성기이다. 세 번째 시기는 성 주류화 접

1) 여성정책의 시기별 성격변화 흐름은 마경희(2015)의 시기 구분을 참조하였고 내용은 공선영 외(2008: 11-16); 마경희(2015: 470-481)를 참조하여 정리함.

근을 비롯해 가족, 가정폭력, 성매매 등으로 여성정책의 범위가 확장되는 1990년대 후반부터 2000년대 중반까지의 외연 확장기이다. 네 번째 시기는 저출산, 고령화 등을 배경으로 하는 위기 담론과 여성정책에 대한 반격에 대응해 주류 정치와 협상하면서 성평등의 의미 변화를 경험하게 되는 2000년대 중반부터 현재까지의 타협기이다.

그림 4-1 여성정책의 연혁

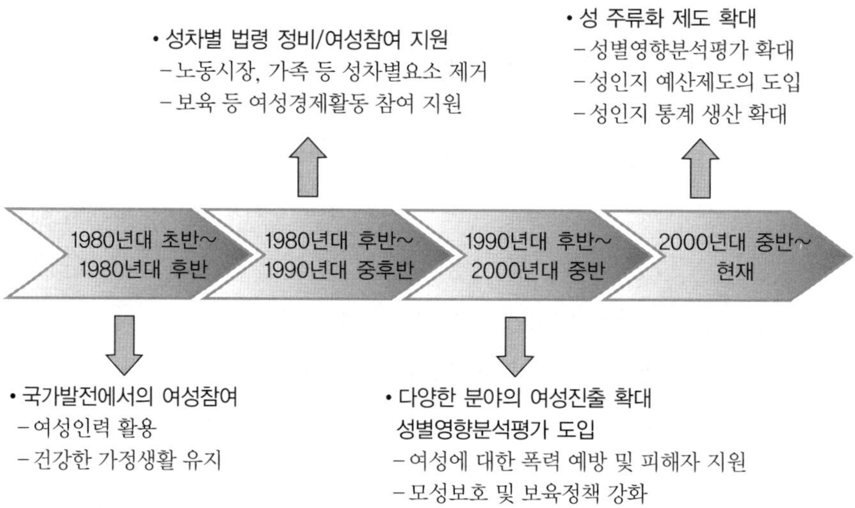

자료 : 여성가족부(2015a: 10).

1) 형식적 분화기(1980년대 초반~1980년대 후반)

한국에서 근대적 의미의 여성정책이 자리 잡기 시작한 것은 1975년 '유엔 세계여성의 해' 제정 이후이다. 유엔의 강력한 촉구와 세계 각국의 상황변화에 따라 한국에서도 여성정책이 국가정책의 한 분야로서 대두되었다. 1983년에 국무총리 산하에 여성 관련 정책 심의기구로서 여성정책심의위원회가 신설되었으며 각 정부부처가 여성과 관련된 정책을 시행할 경우 이 위원회의

심의를 거치도록 함으로써 처음으로 국가정책적 차원에서 여성문제에 접근하기 시작했다. 1985년에 채택한 '여성발전기본계획'과 '남녀차별개선지침'은 여성정책이 국가정책으로 통합되는 중요한 계기라 할 수 있는데 이 계획이 유엔의 여성정책의 틀 내에서 만들어졌다.

본격적인 의미에서 여성정책을 추진하기 시작한 것은 1980년대 중반부터로 1987년 '제6차 경제사회발전 5개년계획'(1987~1991)에 처음으로 여성부문이 국가정책의 한 영역으로 포함되었다. 그 이전까지 여성정책은 요보호여성을 대상으로 한 '부녀복지' 차원에 한정되었는데 1980년대에 와서 일반여성에 대한 업무를 포함하게 되었다.

2) 형성기(1980년대 후반~1990년대 중후반)

집행기능 없이 정책 심의기능만을 갖는 여성정책심의위원회가 여성정책을 구현하기에는 한계가 있었기 때문에, 1988년에 국무총리 산하 정무장관(제2)실이라는 행정기구를 출범시키게 되면서 중앙 차원의 여성정책이 본격화되기 시작하였다. 신설될 당시 정무장관(제2)실은 여성 관련 업무 이외에도 청소년, 노인, 문화 관련 업무를 함께 담당하였으며 1990년에 들어와서야 여성분야만을 전담하는 행정기구로 되었다.

이 시기 여성의 권익향상을 위한 법제정의 출발점은 1987년 12월에 제정된 〈남녀고용평등법〉이라고 할 수 있다. 여성들의 경제활동 참여가 활발해지면서 노동시장에서의 평등고용을 보장하기 위한 법률로 〈남녀고용평등법〉이 제정되었으며 1990년 1월에는 소위 가족법이라고 불리는 〈민법〉의 제4편(친족)과 제5편(상속)의 여성차별 조항이 대부분 개정되었다. 또한 1991년 1월에는 〈영유아보육법〉이 제정되어 일하는 여성들의 보육문제에 대한 사회제도적 지원이 이루어지기 시작하였으며, 1994년 1월에는 〈성폭력 범죄의 처벌 및 피해자보호 등에 관한 법률〉이 제정되어 여성들이 성폭력으로부터 보호받을 수 있게 되었다.

1995년 김영삼 정부는 여성과 관련된 제반 종합적인 정책의 방향을 제시하는 〈여성발전기본법〉(현재의 〈양성평등기본법〉)을 공포하였다. 〈여성발전기본법〉에는 여성정책의 구체적 내용이 잘 나타나 있는데 크게는 남녀평등 지향정책, 사회참여 확대정책, 여성복지 증진정책 등으로 나누어 볼 수 있다. 1996년 7월 1일 최초로 시행된 〈여성발전기본법〉 시행령을 기념하여 매년 7월 1일부터 7일까지를 '여성주간'으로 지정하여 기념해 오고 있다. 이러한 법적 근거를 바탕으로 중앙의 여성정책 전담부서에서는 '제1차 여성정책기본계획'(1998~2002)을 수립하였고, 이를 기점으로 하여 정책의 기틀이 잡히기 시작하였다고 할 수 있다.

한편 1990년대 중반부터 사회적 관심을 끌기 시작한 것은 여성이 주로 피해자인 성폭력, 가정폭력으로부터 여성을 보호하는 정책들이다. 그동안 여성을 위한 정책은 '전쟁미망인'이나 '윤락여성'(현재의 '성매매여성') 등 일부 요보호 여성에 대한 지원정책이 거의 전부였다. 그러나 1994년의 〈성폭력특별법〉과 1997년의 〈가정폭력방지법〉의 제정을 계기로 개별 가족의 문제를 사적인 문제이기보다는 국가가 개입해야 하는 심각한 사회문제로 보기 시작하였으며, 이들 가정폭력의 피해자들을 보호하기 위한 보호시설과 상담시설에 국가의 재정적 지원이 이루어졌다. 1999년에는 사회에 만연되어 있는 남녀차별을 금지시키고 남녀 차별사항을 접수받아 조사를 통해 밝혀내고 이를 시정권고할 수 있도록 한 〈남녀차별금지 및 구제에 관한 법률〉이 제정됨으로써 사회적 성차별을 줄이고 성평등을 구현하기 위한 법제도는 거의 이루어졌다. 한국은 1991년 유엔에 가입하였고 1993년 여성지위위원회의 위원국이 되었는데 한국의 여성정책은 유엔여성 10년의 결과에 따라 그 토대를 마련하기 시작하였다.

3) 외연확장기(1990년대 후반~2000년대 중반)

이 시기는 모든 정책들이 성인지적 관점에서 효율적으로 기획, 입안, 시행되도록 정책추진체계를 마련한 시기로 볼 수 있다. 우선 여성정책의 내용상 범위가 확대되었다. 이전 시기 정책의 주요 초점이 취업여성과 관련된 고용과 보육에 맞추어져 있었다면 이 시기에 들어서는 가정폭력, 성매매를 비롯한 여성에 대한 폭력문제, 여성기업인, 여성농어업인, 여성과학기술인, 여교수, 여대생 등 남성에 비해 불평등한 지위에 있는 특정 범주의 여성을 위한 지원정책이 도입되었다. 여성의 공직 진출 확대를 위한 여성채용목표제(1996~2002), 여성의 정치적 대표성 확보를 위한 여성공천할당제(2000) 등도 이 시기에 도입되었다. 또한 저출산 · 고령화 위기, 가족 위기 등 각종 위기 담론이 2000년대 초반부터 부상하면서 보육정책이 국가의 핵심과제로 주목받고 가족정책도 도입되어 독자적 정책영역을 형성하게 되었다(마경희, 2015: 474).

1980년대 초반 여성정책의 입안과 추진 기구의 역할을 하였던 여성정책심의위원회는 1988년 정무장관(제2)실로 발전되었는데 1998년 김대중 정부는 정무장관(제2)실 체제가 각 부처에서 집행하고 있는 여성 관련 업무를 총괄 · 조정하기에는 한계가 있다고 보아 여성전담기구의 위상을 더 강화하고자 대통령 직속으로 '여성특별위원회'를 설치하였다. 이후 여성특별위원회에서는 법, 제도 및 관행의 개혁과 여성의 대표성 제고, 여성고용의 촉진 및 안정을 위한 지원 강화, 여성의 경쟁력 제고를 위한 교육체계 확립, 다양한 여성 · 가정복지서비스의 확충, 여성의 문화 · 사회활동 활성화를 위한 기반 구축, 국제협력과 통일에의 여성역할 증대 등 여성정책을 기본전략으로 하여 20대 정책과제를 선정하였다(공선영 외, 2008: 13).

1995년 북경세계여성회의 이후 여성정책의 방향이 전환되면서 채택한 성

주류화 전략은 한국의 여성 관련 국가정책의 방향을 설정하고 추진하는 데에도 중요한 역할을 하였다. 2001년 1월에 공식적인 행정부처로서 '여성부'(현재의 '여성가족부')가 출범함으로써 여성의 역량을 결집하고 성평등의 실현을 위한 여성정책의 방향이 모색되었다. 여성정책 기구는 여성운동의 요구와 쟁점을 의제화하고 이를 통해 성평등에 기여하는 역할을 함으로써 여성운동과 국가를 연결시키는 매개체 역할을 한다. 여성부는 이후 몇 번의 기능과 조직 개편을 거쳐 현재 여성가족부로 존속하고 있다. 기존 여성 관련 기구가 정부 정책의 조정이나 성차별 시정권고권 등만 갖고 있고 준사법권이나 여성 관련 규칙제정권 등 실질적인 권한이 없었던 데 비해 여성부는 각 부처의 여성정책을 총괄, 조정하는 기능은 물론 전국적인 차원의 남녀차별 실태조사와 시정까지 할 수 있는 권한을 갖고 있다.

여성부의 설립은 비로소 성평등문제가 국가정책의 주요 과제로 설정되었고 성 주류화 정책을 본격적으로 추진할 수 있는 조직 체계와 위상, 인적 자원을 갖추었음을 의미한다(강남식, 2005: 300). 그리고 2002년 3월에 국회 여성특별위원회를 폐지하고 여성부를 소관으로 하는 상임위원회로서 '여성위원회'가 신설되었다. 2003년부터 국무총리 산하에 '여성정책조정회의'를 두고 중앙행정기관에 '여성정책책임관' 제도를 도입하였다. 법무부, 행정자치부, 교육부, 보건복지부, 농림부 등 5개 부처에 여성정책담당관을 신설하여 각 부처의 여성 관련 정책에 성인지적 관점을 반영하고 업무를 조정토록 한 것이다. 성인지 통계 구축, 공무원 성인지 교육, 성별영향평가 등 정책형성과 집행과정의 개혁을 위한 기구와 제도들이 도입되었다. 2003년에는 공무원 성평등 교육을 담당하는 한국양성평등교육진흥원도 설립되었다

그리고 여성을 대상으로 한 정책만이 아니라 모든 정책에 젠더 관점을 통합하기 위한 제도적 장치들이 새로이 추가되었다. 이 시기 '제2차 여성정책 기본계획'(2003~2007)의 수립 및 실행으로 여성정책의 수립과 실행이 도약

단계로 접어들었다.

지방정부에서는 부녀국 설치 이래 담당 부서의 지위향상과 발전이 있었으나 지방자치가 실시되기 전까지는 거의 각 시·도가 중앙정부의 정책지침에 따르는 면이 많았다. 그러나 1990년대 이후 정부의 적극적인 여성정책 추진과 본격적인 지방자치제의 실시, 지역여성운동의 전개 등이 지방정부의 자율적인 여성정책 추진의 계기가 되었다(이혜숙, 2012a). 이에 여성정책 추진부서가 지방관료조직 내부에 새롭게 신설되는 등 변화가 나타나고 있으며 각 지방정부에서는 여성정책 추진을 위한 체제의 정비와 함께 각 지역별로 특색있는 정책들을 실시하고자 노력하고 있다.

4) 타협기(2000년대 중반~현재)

2000년대 중반부터 현재까지는 일-가족 양립정책이 전면에 부상하고 성별영향평가나 성인지 예산 등 성 주류화 정책 도구의 적용이 활성화되었다. 그러나 이 시기는 여성정책이 지향해 온 성평등의 위상과 의미가 변화하는 시기이기도 하는데 이것은 두 가지 측면에서 나타나고 있다. 하나는 1990년대 후반 이후 외환 위기, 가족 위기, 저출산 · 고령화 등 인구학적 위기, 금융위기 등 각종 위기 담론이 부상하고 국가정책의 우선 순위가 변화하면서 여성정책이 이러한 긴박한 사회적 요구에 대응하기 위한 수단으로 위치 지워지는 "성평등 의미의 '왜곡' 현상"(마경희, 2015: 477)이다. 성평등을 목표로 하기보다는 저출산 · 고령화 등 인구 위기 대책의 성격을 보다 강하게 띠게 되며 가족의제가 강조되는 "가족정치"(김경희a, 2009: 21)가 나타난 것이다.

또한 성별영향평가와 성인지 예산제도 등 성 주류화의 도구 적용이 활성화되면서 이전 시기에 나타나기 시작했던 "젠더의 '탈정치화' 현상"(마경희, 2015: 479)이 나타나고 있다. 성별영향평가와 성인지 예산이 제도화되는 과정에서 성평등이 무엇인지 충분히 이해되지 못하여 공무원들이 형식적인 보고서를 작성하거나 성 주류화가 단순 수치로 도구화되는 현상이 나타난 것이다.

〈표 4-1〉 한국 여성정책의 변화과정

시기 구분	여성정책 관련법 제정 및 개정 현황과 관련 계획	여성정책기구 및 환경 변화	주요 정책방향 및 의제
형식적 분화기 (1980년대 초반~ 1980년대 후반)	• 여성발전기본계획(1985) • 남녀차별개선지침(1985) • 경제사회발전 5개년계획에 여성발전이 독립된 부문으로 포함(1987)	• (국무총리실)여성정책심의위원회 설치(1983) • 한국여성개발원 설립(1983) • 유엔여성차별철폐협약 비준(1984)	• 국가 발전에의 여성 참여 확대 • 여성 인력 활용 • 여성 능력 개발 • 건강한 가정 설계
형성기 (1980년대 후반~ 1990년대 중후반)	• 〈남녀고용평등법〉 (1987) • 〈모자복지법〉(1989) • 공무원 임용시험령 개정(1989) (성별 구분 모집제도 폐지) • 〈영유아보육법〉 (1991) • 보육사업 확충 3개년 계획(1995~1997) • 〈가족법〉개정(1990) • 〈성폭력범죄의 처벌 및 피해자보호 등에 관한 법률〉(1994) • 〈성폭력범죄의 처벌 등에 관한 특례법〉 (1994) • 〈여성발전기본법〉 (1995) • 세계화추진위원회, 여성정책 10대 과제 발표(1995)	• 정무장관(제2)실(1988~1997) • 정부 내 각종 위원회 여성위원 참여 확대 결정(1989)	• 여성의 사회 참여를 제약하는 차별적 요인의 제거와 자녀 양육 지원 • 노동시장, 공직 진출에서의 성차별 금지 • 보육 등 여성 사회활동 참여 지원 • 여성의 공직 참여 확대

외연확장기 (1990년대 후반~ 2000년대 중반)	• 여성공무원 채용목표제 (1996~2002) • 〈가정폭력범죄의 처벌 등에 관한 특례법〉(1997) • 제1차 여성정책기본계획 (1998~2002) 시작 • 〈가정폭력방지 및 피해자 보호 등에 관한 법률〉 (1998) • 〈남녀차별 금지 및 구제에 관한 법률〉(1999) • 〈여성기업지원에 관한 법률〉(1999) • 군가산점제 폐지(1999)(〈제대군인지원에 관한 법률〉 위헌 판결) • 여성공천할당제 도입 (2000)(정당법 개정) • 〈근로기준법〉 등 모성보호 3법 개정(2001) • 성인지 통계, 성별영향평가 근거 규정 마련(2002) (〈여성발전기본법〉 개정) • 〈모·부자복지법〉(2002) • 〈여성농어업인 육성법〉 (2002) • 양성평등채용목표제 (2003~2007) • 여교수임용목표제(2003) (〈교육공무원법〉 개정) • 호주제 폐지(2005) (민법 개정) • 〈건강가정기본법〉(2004) • 보육예산 대폭 확대(2004) • 〈성매매방지 및 피해자보호 등에 관한 법률〉(2004) 〈성매매 알선 등 행위의 처벌에 관한 법률〉(2004)	• 대통령 직속 여성특별위원회 (1998~2000) • 여성부(2001) → 여성가족부 (2005)	• 가정폭력, 성매매 등 여성에 대한 폭력 • 여성의 정치 · 공직 대표성 확대 • 여성기업인, 농어업인, 과학기술인, 여교수, 여대생 등 지원 • 군가산점제 · 호주제 폐지와 역차별 논쟁 • 가족정책 도입 • 보육예산 확대 • 산전 · 산후 휴가, 육아휴직 등 임신 · 출산 · 육아 관련 제도의 확대 • 성 주류화의 도입

타협기 (2000년대 중반~ 현재)	• 남녀차별개선위원회 폐지 (2005) • 새싹플랜(2006~2010) • 저출산고령사회위원회, 새로마지 플랜(2010) • 〈가족친화 사회환경의 조성 촉진에 관한 법률〉 (2007) • 〈남녀고용평등과 일 가정 양립 지원에 관한 법률〉 (2008) • 국민연금 출산크레딧 제도 (2007) • 적극적 고용개선 조치 (2006) • 〈경력단절여성 등의 경제활동 촉진법〉(2008) • 중앙정부 성인지 예산 근거 조항 마련(2006) 〈국가재정법〉 및 성인지 예산제도 시행(2009) • 지방정부 성인지 예산 근거 조항 마련(2009) 〈지방재정법〉 및 성인지 예산제도 시행(2011) • 〈성별영향분석평가법〉 (2011) • 〈아이돌봄지원법〉(2012)	• 여성부(2008)→ 여성가족부 (2010)	• 일-가족 양립정책의 정교화 • 가족 친화 사회 환경 조성 • 경력단절여성 경제활동 참여 • 성 주류화 도구 적용의 활성화

자료 : 마경희(2015: 468-469); 김영주 · 이경하 · 태희원(2014: 225) 참조하여 작성함.

3 양성평등기본법

한국은 1995년 〈여성발전기본법〉을 제정해 헌법의 성평등 이념을 구현하고 국가와 지방자치단체의 책무 등에 관한 기본적인 사항을 규정하여 성평등과 여성의 사회참여 확대와 권익 증진에 많은 영향을 미쳤다. 그러나 제정한 지 20년이 된 현재 여성정책을 둘러싼 사회 환경과 관련 법제도가 크게 변화하고 여성정책의 패러다임이 '여성발전' 에서 '실질적 양성평등 실현' 으로 전환되고 있어 법제정 당시의 기본적인 내용과 구성으로 그 기능을 다하지 못하는 한계를 노출하게 되었다. 성평등과 관련한 권리보장과 정부의 책임성 강화, 성평등정책 추진체계의 내실화, 성평등 촉진을 위한 시책 강화, 정책의 성평등 효과를 강화하기 위한 성 주류화 조치의 체계화 등을 통해 여성과 남성이 동등한 참여와 대우를 받고 모든 영역에서 평등한 책임과 권리를 공유하는 실질적 성평등 실현을 위해 2014년 5월 28일 〈여성발전기본법〉을 〈양성평등기본법〉으로 개정하였다(홍미영, 2015: 5).

이 개정은 2015년 7월 1일부터 시행되었는데 여성정책의 패러다임이 '여성발전' 에서 '실질적 양성평등 실현' 으로 전환되고 있음에 따라 성평등 이념 실현을 명확히 하기 위하여 법제명을 변경한 것이다. 성평등과 관련된 권리

〈표 4-2〉 여성정책과 양성평등정책의 관계

구분	여성정책	양성평등정책
접근 방식	여성특화적 접근 • 남성보다 취약한 지위에 있는 여성의 상황을 우선 개선하여 양성평등 실현 • 여성에 대한 차별문제에 중점	남녀 모두를 고려한 접근 • 성불평등 구조 개선을 통해 양성평등 실현 • 남녀 모두의 문제(남성문제 포괄)
주요 정책	여성 지원을 위한 정책 · 제도 • 경력단절여성 지원, 여성 폭력 예방 등	양성평등 촉진을 위한 정책 · 제도 • 성별영향분석평가, 성인지 교육 · 통계 등
참여	• 여성의 주도적 참여	• 여성뿐만 아니라 남성의 참여 강조

자료 : 여성가족부(2015a: 21).

보장과 정부의 책임성을 강화하였으며 성별영향평가, 성인지예산, 성인지통계, 성인지교육 등 정부가 직무를 수행하는 과정에서 정책의 성평등 효과를 강화시킬 수 있는 각종 조치들을 신설하였다. 앞의 〈표 4-2〉는 여성정책과 양성평등정책의 접근방식과 주요 정책을 비교한 것인데 여성정책이 여성 지원을 중심으로 여성특화적 접근을 강조한다면 양성평등정책은 남녀 모두를 고려한 접근이라고 할 수 있다.

〈양성평등기본법〉은 정책추진 체계강화, 실질적 양성평등, 정책의 양성평등 효과 제고를 중심으로 하고 있다.

〈표 4-3〉 〈양성평등기본법〉의 주요 내용

구분	주요 내용
정책추진 체계 강화	• 여성정책조정회의를 양성평등위원회로 개편하고 분과위원회 신설 • 5년 단위 양성평등정책 기본계획 수립, 양성평등 실태조사 근거 마련 • 여성정책책임관(중앙) → 양성평등정책책임관(중앙, 시·도)
실질적 양성평등	• 정책결정과정, 정치, 경제 등 모든 분야에 있어서 양성의 평등한 참여 시책 마련(적극적 조치, 공직 · 공공기관 관리직 목표제 근거 마련) • 모성보호 → 모·부성권 보장 • 성차별 금지 시책 마련 노력
정책의 양성평등 효과 제고	• 성별영향분석평가, 성인지 예산, 성인지 통계, 성인지 교육 명시 • 국가와 지자체는 법령의 제·개정, 정책의 기획, 예산의 편성 · 집행 등에서 양성평등 관점이 통합되도록 노력 • 국가 · 지역 성평등 지수 측정 · 발표 근거 마련

자료 : 여성가족부(2015a: 9).

구체적으로 양성평등정책의 기본계획과 정책과제를 살펴보면 '성별 격차 해소', '일과 가정의 조화', '차이와 인권 존중'의 3대 목표 아래 7개 대과제, 21개 중과제 및 66개 소과제로 구성되어 있으며 기본계획의 특징은 일-가정 양립제도의 실효성 제고, 우월적 지위를 이용한 성폭력 근절 등 사회적 이슈가 되는 분야의 중과제 신설, 양성평등 문화 확산에 남성의 적극적 참여, 남

그림 4-2 제1차 양성평등정책 기본계획 추진방향

비전

여성 · 남성이 함께 만드는 양성평등 사회

목표

성별 격차 해소

일과 가정의 조화

차이와 인권 존중

정책과제

대과제(7개)	중과제(21개)
1. 양성평등 문화 확산	• 교육에서 양성평등 강화 • 미디어와 문화 · 예술 분야 양성평등 환경 조성 • 생활 속 양성평등 실천
2. 일-가정 양립 확산	• 일-가정 양립 지원 강화 • 일-가정 양립제도의 실효성 제고 • 자녀돌봄에 대한 지원 강화
3. 고용 격차 해소	• 다양한 분야의 일자리 확대 • 일자리에서 성차별 개선 • 생애주기별 고용 활성화
4. 공공 · 국제분야 여성 참여 확대	• 공공부문 여성 대표성 제고 • 통일과 평화 · 안보를 위한 여성 참여 활성화 • 국제사회의 양성평등 실현 노력에 주도적 참여
5. 폭력근절과 인권보호	• 우월적 지위를 이용한 성폭력 근절 • 성폭력 · 가정폭력 · 성매매 피해자 지원 내실화 • 가해자 처벌과 재범방지의 실효성 제고 • 안전한 사회환경 조성
6. 건강과 복지 증진	• 양성평등한 건강권 보장 • 맞춤형 복지 지원 강화
7. 양성평등정책 추진기반 강화	• 양성평등정책 추진체계 장비 • 양성평등정책 추진역량 강화 • 성별영향분석평가와 성인지 예산제도 내실화

자료 : 여성가족부(2015a: 22).

성의 일-가정 양립 지원, 남성 한부모가족 지원 강화 등 남성을 위한 정책과제를 포함하고 있다.

4 여성정책의 방향과 과제

여성정책은 범위가 넓으며 경제, 사회, 문화, 가족, 교육 등 타 정책과 밀접한 관련성을 갖는다. 과거에는 '부녀복지' 나 '여성복지' 란 개념을 사용하여 여성 개인의 문제보다는 여성이 어머니로서 갖는 특수한 위치와 관계된 정책이나 빈곤 여성 같은 요보호 여성을 대상으로 한 정책을 여성 관련 정책으로 구분해 왔다. 반면에 1980년대 이후에는 정의상 다소간의 차이는 있지만 여성정책이란 개념이 일반적인 용어로 사용되기 시작했으며, 이렇게 시작된 여성정책 범주의 외연은 크게 확대되었다.

1990년부터는 성, 교육, 복지, 노동, 정치 등 여성 삶의 다양한 영역에 걸친 정책대안들을 제시하고 정책의 변화를 요구하게 되면서 정책의 영역으로 들어오지 않던 부분들이 새로이 정책의 대상으로 포괄되는 결과를 가져왔다. 여성의 지위향상을 위한 국가의 정책적인 차원에서의 노력이 가시화되면서 여성정책담당 국가기구가 설치되고 국가발전계획에 여성발전계획이 포함되는 등 특히 법과 제도 면에서는 그 성과가 컸다고 할 수 있다. 그러나 대부분의 여성정책과 법안들이 급박하게 입안되거나 여성계의 요구에 대한 임시적 방편의 성격을 띠는 경우가 많았다. 여성정책은 현실의 문제를 제대로 포괄하지 못하며 실질적인 효력이 미흡했던 부분이 있다. 여성정책의 지향과 현실과의 괴리가 큰 것이다.

이는 '풍성한 정책, 빈곤한 현실' 이라는 말에서 잘 표현되듯이 정책 자체에 실행 방법이 명확하게 제시되지 않았거나 실제적인 효과나 결과를 기대하기 어려운 측면이 있다는 것이다. 여성 관련 법제도 간의 불일치와 정부의 여성정책이 매우 형식적이고 이중적인 성격을 갖고 있다는 점도 지적할 수 있다. 실질적인 성평등의 실현이라는 측면에서 볼 때 여성정책은 여전히 미흡한 수준에 머무르고 있다. 성평등한 법체계를 이룩하고 '법률상의 평등de jure equality'과 '사실상의 평등de facto equality' 간의 괴리를 해소하기 위한 사회구성원의 의식 변화와 적극적인 제도적 조치를 강구해야 한다.

정책이 만들어지는 과정에서 여성들의 참여율이 낮아 여성들의 의견이 적극적으로 반영되지 못한다는 점도 들 수 있다. 이에 여성의 실질적인 이해가 제대로 반영되지 못한 채 왜곡되거나 오히려 성별 분업적 사회구조를 유지, 강화시키는 역기능을 하기도 한다. 따라서 여성운동의 요구와 정부정책 간에 큰 격차가 있으며 명분과 실적 위주의 행정편의적 정책형성은 졸속을 수반하는 까닭에 형식화에 그치는 경우가 많은 것이다.

여성문제가 국가사회 구성원, 나아가 우리 인류의 총체적 삶의 질에 영향을 미친다는 점을 감안할 때 여성정책의 효과적 수행은 단지 여성뿐 아니라 인류의 미래를 위해서도 중요하다. 지금까지 한국의 여성정책으로 성평등, 사회참여, 복지증진을 위한 기반인 법제도가 마련되었다고 한다면 이제는 실제적으로 사회제도의 내실화 및 관행의 변화에서도 성과를 보여야 한다. 우선 법적 평등 및 사실상의 평등 실현을 위한 적극적 조치의 개발이 필요하다. 국가의 적극적 조치는 헌법상의 평등권 실현을 위한 보장조치로서 사실상의 평등을 실현하기 위한 국가의 여성정책의 주요 과제가 된다. 국가는 여성에 대한 법적 평등권의 보장의무는 물론 성차별적인 편견이나 관습 및 기타 모든 관행이 철폐되도록 적절한 조치를 취해야 할 의무를 진다.

여성정책은 여성들 자신의 충분한 의견수렴은 물론 관련 부처 상호 간에 충분한 논의의 과정을 거쳐야 하고 제반 사회문제와의 연관성을 고려해 일관성과 체계성을 갖추어야 한다. 그러나 정책형성과정에 여성들의 이해가 제대로 반영되지 못함으로써 실제적인 정책의 효과를 가져오지 못하는 경우가 많다. 실제로 여성가족부 자료에서도 여성정책의 한계를 다음과 같이 지적하고 있다(여성가족부, 2015a: 17).

첫째, 여성 중심 정책에서 남녀동반 성장을 위한 정책으로 전환이 절실히 필요하다. 성 격차가 존재하나 여성의 능력개발과 역량강화를 위한 여성특화적 정책 접근으로는 실질적 성평등 사회 구현에 한계가 있으며 여성정책이 '여성대상' 정책과 동일시되면서 '여성만을 위한' 정책이라는 인식이 형성되어 남성과 무관한 것이라는 오해가 확산되었다.

둘째, 성평등에 대한 국민의 인식 변화가 미흡하다. 돌봄의 사회적 분담 강화, 일-가정 양립 지원 정책확대 등 성평등 사회 구현을 위한 법과 제도들은 정비되었으나 국민들의 인식 변화를 위한 성평등 문화 확산정책은 부족하다. 가정, 직장에서의 남녀 간 역할 차이 등에 대한 고정관념이 여전하고 여성정책과 국민인식 간 괴리가 존재한다.

셋째, 성평등정책 확산을 위한 시스템은 도입되었으나 실효성이 미흡하다. 성별영향평가, 성인지 예산제도 등이 도입되어 발전하였으나 정책 입안자의 인식 변화와 성과 도출에 한계가 있다. 이들 사업의 양적 확충에도 불구하고 전문적 분석시스템과 제도 간 연계가 부족하다.

이제 여성정책은 단순히 여성에 대한 혹은 여성을 위한 정책만을 의미하는 것이 아니라 그동안 배제되어 온 여성의 경험과 목소리를 어떻게 사회 전반적인 정책에 반영할 것인가가 보다 중요하다. 그러므로 여성정책을 수립, 이행함에 있어서는 여성들이 적극적으로 참여해야 한다. 여성정책의 활성화는 여성운동의 발전과 밀접한 관련을 갖는다. 여성운동의 발전을 통해 여성들이 자신의 경험에 기반한 견해와 요구를 개발하고 이를 표현 · 전달하고 주장하여 이것이 입법화, 정책입안 및 제도화 등을 통해 사회 전반에 통용될 수 있도록 영향을 미쳐야 할 것이다. 또한 정책결정과정에서의 여성의 평등참여는 실질적인 성평등의 실현을 위한 선결과제이다. 이렇게 할 때 여성들이 제도 내에 보다 많이 진입하고 제도개혁을 통하여 성차별을 줄여나가고 평등을 확보할 수 있을 것이다. 여성정책의 전반적 방향과 과제를 다음과 같이 생각해 볼 수 있다.

첫째, 다양한 여성들의 경험을 반영하고 여성들 간의 차이를 고려하는 여성정책의 방향을 모색해야 할 것이다. 모든 여성이 동일한 처지가 아니며 다양한 위치에 놓여 있다. 여성정책은 다양한 여성들의 현실과 욕구를 반영해야 한다. 또한 그동안 여성정책의 초점이 '여성'에 맞추어졌다면 앞으로의 여성정책은 불평등한 남녀의 사회적 관계에 맞추어져야 한다. 즉 여성정책은 단순히 여성을 위한 정책이라기보다는 성평등 사회의 실현이라는 목표와 지향점을 가지고 추진되어야 한다.

둘째, 정보와 자료의 체계적 구축이다. 현재 정부는 여성통계와 백서를 발간하고 인터넷에 홈페이지를 구축하고 있으며 각종 책자를 발간하고는 있지만 그 이용이 아직은 미흡하다. 또한 여성 관련 자료를 한곳에 모아 놓는 것 뿐만이 아니라 정부의 각종 자료에 남녀구분 통계가 실려야 한다. 이렇게 함으로써 여성에 대한 인지도를 높이고 정책수립의 자료로서의 활용가치도 높일 수 있기 때문이다.

셋째, 정책대상의 확대와 홍보이다. 요보호 여성의 보호와 복지증진에서부터 시작한 여성정책이 지금은 사회참여 촉진정책에 힘입어 그 대상을 점차 확대해 나가고 있다. 그러나 많은 여성들이 자신이 어떤 정책의 수혜대상자가 될 수 있는지 잘 알지 못한다. 모든 여성들이 자신의 권리를 알고 이를 향유할 수 있게 하는 대상과 제도의 확대 및 홍보가 보다 적극적으로 시행될 필요가 있다.

넷째, 여성가족부의 설치는 과거보다 여성정책의 효율적인 집행을 가능하게 한다. 그러나 여성정책을 지속적 · 효율적으로 추진하려면 여성정책에 대한 체계적 평가가 필요하다. 여성정책을 세울 때 성평등 원칙을 반영했는지 정책을 집행하는 인력은 성평등 의식을 갖추었는지 정책집행결과 성평등 원칙이 얼마나 달성됐는지 정책수혜자인 여성들이 정책효과에 얼마나 만족하는지 등이 평가지표가 될 것이다.

다섯째, 지방화 · 지구화 시대에 맞는 여성정책의 방향을 모색해야 한다. 우선 여성정책은 중앙과 지방의 격차가 크다. 지금까지의 여성정책을 살펴보면 모든 정책이 남성 중심, 중앙정부 중심, 관 중심으로 결정되어 왔고 여성과 지방자치 단체와 민간은 정책결정과정에서 배제되어 왔다. 정책결정권을 남성들이 독점하였던 만큼 여성들의 요구가 정책적으로 반영되지 못했던 것이다. 지방의 여성정책은 중앙정부의 정책결정을 따르기에 급급했고 지역의 여성 자신들 역시 정책에 대해 무관심했던 것이다. 과거보다는 지방자치단체들의 여성정책에 대한 관심이 높아지고 있다. 그러나 아직도 지방자치단체의 여성정책 부서의 역할이 제대로 정립되지 않은 상태이다. 대부분의 여성정책 부서가 정책 개발을 하거나 성 주류화를 위한 역할을 하기보다는 제한된 범위의 요보호 여성 복지 업무나 여성계 행사 지원업무에 매달려 있는 것을 종종 본다. 지방자치제의 발전과 함께 지방행정에서도 지역의 특수성과 지역여성의 절실한 요구에 바탕을 둔 여성정책이 수행됨으로써 지역여성의 삶의 현장이 평등실현의 장이 되도록 해야 할 것이다. 또한 지구화 시대에 여성정책이 국내에만 천착하는 것을 넘어서 세계적인 현실과 여성의제를 적극적으로 반영하도록 해야 한다. 즉 국제적인 연대, 공조를 확대하면서 한국 여성정책을 국제수준화할 필요가 있다.

제 5 장

성 주류화의 현황과 방향

1. 성 주류화 개념
2. 성 주류화를 위한 주요 도구
3. 성 주류화의 방향과 과제

1 성 주류화 개념

성 주류화는 모든 정책결정과정에 젠더 차원을 통합하는 접근이라고 할 수 있다. 성 주류화는 정책결정에 관여하는 행위자들에 의하여 모든 수준, 모든 단계, 모든 정책에 성평등의 시각이 적용될 수 있도록 정책과정을 평가하고 개발, 개선하는 것이다.

성 주류화를 이해하기 위해서는 여성정책 패러다임의 변화를 이해해야 한다. 1975년 멕시코시티에서 열린 유엔 제1차 세계여성회의는 '발전에서의 여성WID: Women in Development' 접근을 채택하고 그해를 '세계여성의 해'로 선정했으며 나아가 '여성 10년(1975~1985)'을 선포한 바 있다. 그러나 '발전에서의 여성'은 경제발전의 구상에 단지 여성을 추가하려고 할 뿐 기존 제도와 정책의 변화를 추구하지 않는다는 비판에 직면했다. 그 결과 대안적 접근으로 나타난 것이 '젠더와 발전GAD: Gender and Development' 접근이었다. 1985년 나이로비 유엔 제3차 세계여성회의에서 '발전에서의 여성' 접근이 여성의 성역할을 그대로 수용하면서 여성과 남성의 차별적인 상황을 간과하는 한계점을 지니고 있다는 점을 지적하고 남성과 여성의 지위와 역할이 빚어내는 불평등한 권력관계에 주목하는 '젠더와 발전' 관점의 분석틀을 발전시켰다. '젠더와 발전' 접근에서는 여성의 불평등한 지위의 근원을, 여성들이 발전과정에 통합되지 못했거나 혹은 여성들의 사회적 비가시성, 교육 · 훈련 등의 부족과 남성우월주의 이데올로기, 남성 주도의 권력분배 및 통제 방식에 있다고 분석하고 여성과 남성의 역할 변화를 통해서 여성의 전략적 이해를 증진시키는 데에 중점을 두고 있다.

성 주류화는 1995년 유엔 제4차 북경세계여성회의에서 명시적인 행동강령으로 채택되었는데 젠더의 의미가 중요하게 부각되었으며 많은 국가들이

행동강령의 채택과 권고에 의해 성 주류화 계획을 수립하였다. 성 주류화는 집단으로서의 여성이 아니라 젠더 관계에 초점을 맞추고, 법적 · 제도적 장벽이 아니라 정책을 통해 배분되는 자원에 집중하고, 평등을 외치면서 주변화되는 것이 아니라 주류를 지향한다는 점에서 과거의 접근과 구별된다(정인경, 2012: 56).

이러한 여성정책의 전략은 종래의 대상 중심의 '여성정책'에서 관점 중심의 '성인지 정책'으로 근본적인 변화를 가져왔다. 이는 성평등은 여성에 대한 지속적인 정책만으로는 이루어질 수 없고 모든 분야에서 젠더 관점이 통합될 때 비로소 이루어질 수 있다는 패러다임의 전환을 의미한다. 과거에는 주로 여성만을 대상으로 한 개별적이고 특수한 정책의 추진에 무게가 실렸으나 여성의 사회참여가 확대되고 남녀의 역할에 대한 사회적 인식이 바뀌면서 이제는 정책형성단계에서부터 남녀의 영향을 고려하고, 이를 정책에 반영할 필요가 있다는 인식의 전환이 이루어진 것이다. 성 주류화의 특징은 과거 여성운동의 요구들이 국가 내에서 공식적으로 의제화 · 정책화된다는 데에 있다.

성 주류화 전략이 세계적으로 확산된 데에는 국제기구를 비롯한 초국적 네트워크가 큰 기여를 했다. 성평등을 추구하는 이들이 국제기구와 초국적 네크워크를 활용하여 압력을 행사함으로써 각 정부가 국제조약 등 국제규범에 따르도록 촉구한 것이다(황영주, 2011b). 성평등 달성을 위한 전략으로서 성 주류화의 채택과 그 시행 도구의 발전이 가장 명시적으로 나타난 곳은 유럽연합EU이다. 성 주류화는 암스테르담 조약(1997)을 통해서 유럽연합 내 성평등을 실현하는 공식적인 정책 접근으로 승인되었으며 유럽연합의 회원국들은 이 접근을 채택할 의무를 지니게 되었다.

성 주류화는 성평등을 이루기 위해 젠더 관점이 모든 과정에 통합되는 것을 의미한다. 이는 구체적으로 세 가지 내용을 포함하는데 첫째, 사회의 모든 분야에 여성의 질적 · 양적 참여의 확대를 의미하는 여성의 주류화

mainstreaming of gender, 둘째, 모든 정책 분야 및 이를 다루는 기관에 젠더 관점이 통합되어야 함을 의미하는 젠더 관점의 주류화mainstreaming of gender, 셋째, 기존의 남성 중심적으로 조직되어 있는 정부 및 주류 영역이 성인지적으로 재편되어야 함을 의미하는 주류의 변환transforming the mainstreaming을 포함한다.

성 주류화는 남성은 부양자, 여성은 피부양자라는 젠더 위계의 전제로부터 탈피하여 개인으로서의 여성과 남성의 평등한 지위를 추구하는 전략이라는 점에서 의미를 지니고 있다. 성 주류화 전략에는 몇 가지 중요한 요소가 있는데 다음과 같이 정리할 수 있다(Hannan, 2005: 49-50. 여기서는 김양희, 2007: 10에서 재인용함).

첫째, 정책의 목표와 수단, 자원배분 등에 영향을 미칠 수 있도록 정책 초기에서부터 성평등을 고려하는 것이다.

둘째, 해결하고자 하는 정책 이슈와 관련하여 사회에서 여성과 남성의 역할과 책임 · 현실이 어떠한지, 그리고 검토 중인 정책과 프로그램이 여성과 남성에게 어떠한 차별적 영향을 미칠 것인지 분석하는 것이다.

셋째, 여성뿐 아니라 여성과 남성의 관계에 초점을 두고 의사결정의 참여, 정책에 대한 접근권과 통제권한이 성별로 어떠한지를 본다.

넷째, 해당 분야의 전반적인 목표의 달성과 성평등 사이의 관계를 보여줌으로써 성인지적 관점에 대한 관심을 보다 분명히 표현한다.

다섯째, 단지 수적으로 여성의 참여를 늘리는 것에서 더 나아가 성인지적 관점이 정책과 계획 수립, 자원할당 등의 과정에서 중심이 되도록 한다.

여섯째, 정책의 목표와 내용, 전략, 행동뿐 아니라 구조, 과정, 문화를 포함한 제도적 변화의 필요성을 탐색한다.

성 주류화는 여성을 정책 대상으로 하는 여성정책을 뛰어넘어 일반정책까지도 성차별적인 기존 제도의 부당성을 인식하는 관점에서 정책의 성별 영향을 분석하고 그 영향이 남녀 간에 불평등하지 않도록 할 것을 목표하는 것으로 이해된다(허라금, 2009: 41). 성 주류화 전략은 사회 전 분야에서 여성들의 양적인 참여를 늘리고 주류의 조직을 변화시킨다는 것을 주요한 내용으로 담고 있으며 젠더 관점의 통합은 젠더 개념이 사회정책 전 분야에서 정책결정의 주된 근거로 사용된다는 것을 의미한다. 정책영역에서의 젠더 관점의 통합이라는 것이 성 주류화의 과제이며 정책과정에 젠더 관점이 통합된다는 것은 구호나 선언에 그치는 것이 아니라 정책행위자, 행정조직, 정책 자료와 정보, 정책도구 등 매우 구체적인 물질적인 기반 위에서 진행된다.

〈표 5-1〉 성 주류화의 구성 요소 및 활동 내용

구성 요소	활동 내용
젠더 분석	성분리 자료 및 정보 모든 정책 및 프로그램 단계별 분석 성인지적 예산 분석
내적 책임성	성 주류화 관련 인력과 젠더-전문가 간 책임 공유
젠더 훈련	성 주류화 관련 정책의 관계자를 위한 성 관련 정책의 이해 제고 관계자의 성인지성 제고 관계자의 성인지 기술의 제고 성인지성 매뉴얼 도구
정책결정 지위에 대한 여성진출의 지원 및 세력화	역량강화 및 훈련을 통한 여성 관련 정부기구의 세력화 의사결정에서 여성의 참여 촉진 성평등 제고를 위한 남성의 참여 독려
모니터링과 평가	주류화 · 세력화를 위한 효과적 체제 및 도구에 대한 평가 성인지적 지표의 개발과 실행
관련 조직과의 협력	정부, NGOs, UN, 기업 등 관련 조직의 협력으로 양성평등 제고 시민사회의 역량 제고 여성정책 기구에 대한 지원
예산	양성평등 제고를 위해 노력하는 기구 · 인력을 위한 재정적 자원 배분
지식자원	성공사례의 효과적인 전략에 대한 출판 사업 네트워킹 온라인 데이터베이스 확충

자료 : Moser(2005); Moser and Moser(2005). 여기서는 원숙연(2010: 149)에서 재인용함.

성 주류화는 모든 정책분야에서 그 정책의 내용뿐 아니라 정책이 형성되고 집행되는 과정에까지 성인지적 시각을 투사하고 성평등의 관점들이 반영될 수 있도록 하기 위해 정책과정을 평가하고 그 결과에 따라 이를 재구조화하는 것이다. 성 주류화의 구성 요소로는 〈표 5-1〉이 보여 주듯이 젠더 분석, 내적 책임성, 젠더 훈련, 정책결정 지위에 대한 여성진출의 지원 및 세력화, 모니터링과 평가, 관련 조직과의 협력, 예산, 지식자원 등을 들 수 있다.

성 주류화를 위한 젠더 분석은 남성과 여성에게 영향을 미치는 현존하는 정책, 프로그램, 법률의 효율성과 차별적인 요소들을 평가하는 방법이며 남성과 여성이 처해 있는 조건과 이해의 다양성을 고려하는 성인지적 정책 계획의 수립과 분석, 평가의 방법이다(김경희a, 2003: 35-36). 다음 〈표 5-2〉는 젠더 분석 체크리스트이다.

〈표 5-2〉 젠더 분석 체크리스트

분석 항목	지표
1. 여성 관련 문제 파악	이 정책과 관련 있는 여성문제(women's issue)의 파악은 충분히 이루어졌는가?
2. 여성의 요구 파악	이 정책과 관련된 여성의 요구는 충분히 파악되었는가?
3. 여성의 자문과 참여	이 정책과 관련하여 다양한 여성의 자문을 받았는가?
4. 여성에 대한 영향 예측	이 정책이 여성에게 가져올 결과에 대해 충분한 예측과 분석이 이루어졌는가?
5. 여성 관련 목표 설정	여성과 관련된 세부목표가 구체적으로 설정되었는가?
6. 성인지적 정책결정	정책대안의 결정에 성(gender) 관점이 충분히 고려되었는가?
7. 여성정책 대상 집단 선정	이 정책의 정책 대상 집단에 포함된 여성의 비율은 적절한가?
8. 성인지적 예산편성	여성 관련 예산은 여성 관련 목표를 달성하기에 적절한가?
9. 담당자의 성인지성	정책담당자는 이 정책과 관련하여 성평등적 의식과 태도를 가지고 있는가?
10. 여성에 대한 정책 전달	정책수혜여성들에게 정책 관련 서비스와 정보가 충분히 전달되었는가?

11. 성인지적 정책의 협조 체계	성인지적 정책의 집행을 위해 관련 기관, 부처, 단체 등과 충분한 협조 노력이 있었는가?
12. 여성 관련 목표의 달성	정책집행결과 여성과 관련된 성과목표는 충분히 달성되었는가?
13. 여성에 미친 영향 평가	이 정책은 여성의 지위향상과 성평등에 긍정적 영향을 미쳤는가?
14. 평가 결과의 성인지적 활용	정책평가결과는 해당 분야의 성인지적 정책의 확산과 발전을 위해 적절히 활용되었는가?

자료 : 김양희 외(2004: 57)에서 작성함.

2 성 주류화를 위한 주요 도구

성 주류화는 그 자체가 목적이 아니라 전략이기 때문에 이를 위한 도구와 방법이 개발되어 왔다. 성 주류화는 정책에 여성주의적 관점을 통합하는 것이므로 '성 주류화 실행'이라는 구체적인 실행방법을 가지게 되는데(주혜진, 2013: 4) 성인지 통계, 성인지 교육, 성별영향평가, 성인지 예산 등이다. 여기에서는 성별영향평가, 성인지 예산을 중심으로 살펴본다.

1) 성별영향평가

성별영향평가란 정부정책이 여성과 남성에게 미치는 차별적 효과를 평가하고 개선안을 도출하여 실행하는 성평등 실현을 위한 분석적 도구이다. 성별영향평가란 정책을 입안, 집행, 평가할 때 성별 요구와 차이를 고려하여 정책이 여성과 남성에게 고르게 혜택을 가져올 수 있도록 하는 것이다. 성별 통계 등 객관적 자료와 정책 대상의 요구에 대한 검토를 통해 실태를 정확하게 분석하고 정책의 시행 또는 폐지가 여성과 남성에게 어떠한 차별적인 영향을 미치는지 파악하며 궁극적으로는 해당 정책을 성평등한 효과를 가지는 정책으로 개선해 나가기 위한 도구이다. 성별영향평가는 2004년 시범사업을 거쳐 2005년에는 중앙행정기관과 광역자치단체, 2007년부터는 기초자치단체와 시·도 교육청의 사업까지 포괄하면서 양적으로 급속히 확대되었다. 2011년에는 〈성별영향분석평가법〉을 제정해 국가와 지방자치단체, 공공기관의 개별 사업뿐 아니라 중장기 계획이나 법률에 대해서도 성별영향평가를 실시하도록 하는 근거 규정이 마련되기도 했다.

성별영향평가는 법령, 계획, 사업으로 나누어서 진행된다. 2014년에는 17,433개의 법령과제에 대한 분석평가가 실시되었고 173개의 계획에 대한 성별영향분석평가가 추진되었다. 사업으로는 전체 284개 기관의 8,832개 과제가 성별영향분석평가에 참여하였다. 이 중 중앙행정기관은 145개, 광역자치단체는 1,340개, 기초자치단체는 7,242개, 교육청은 105개 사업에 대해

그림 5-1 성별영향분석평가 추진체계

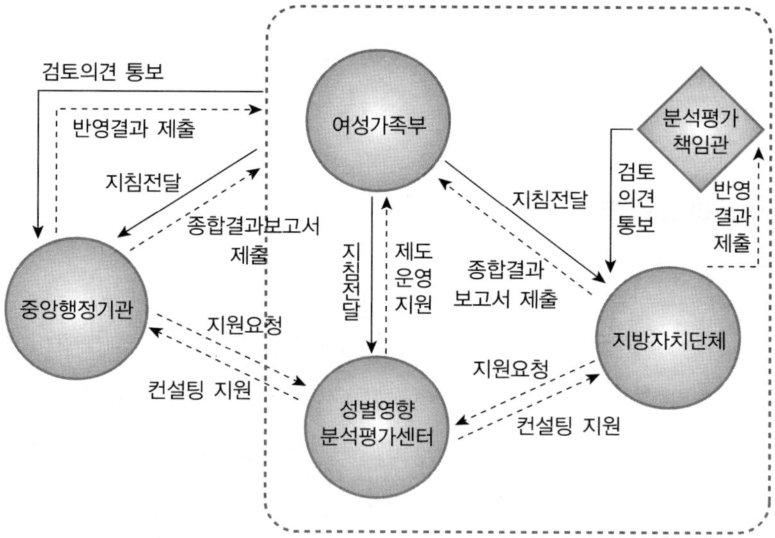

자료 : 김희경(2015: 41).

분석평가를 실시하였다(여성가족부, 2015b). 분석평가지표에 따른 성별영향평가의 평가항목은 〈표 5-3〉과 같으며 추진체계는 앞의 [그림 5-1]과 같다. 여성가족부는 제도의 운영과 지원을 담당하며 중앙행정기관 및 지방자치단체는 실제 평가수행을 담당한다.

이러한 성별영향평가의 성과는 양적 성장, 추진체계의 안정화, 공무원의

〈표 5-3〉 성별영향평가 평가항목

<table>
<tr><th></th><th colspan="2">평가항목</th><th>세부 평가항목</th></tr>
<tr><td rowspan="6">분석평가 지표(법령)</td><td colspan="2" rowspan="2">Ⅰ. 성별 구분 또는 고정관념</td><td>성별 구분 또는 고정관념 조항</td></tr>
<tr><td>성별 구분(고정관념) 개선 필요성 및 개선안</td></tr>
<tr><td colspan="2" rowspan="2">Ⅱ. 성별 특성</td><td>성별 특성 관련 조항</td></tr>
<tr><td>성별 특성 반영 필요성 및 개선안</td></tr>
<tr><td colspan="2" rowspan="2">Ⅲ. 성별 균형 참여</td><td>위원회 등 관련 조항</td></tr>
<tr><td>성별 균형 참여 필요성 및 개선안</td></tr>
<tr><td rowspan="5">분석평가 지표(계획)</td><td>Ⅰ.
비전과 목표</td><td>1. 성별 영향 발생 가능성</td><td>성별로 다른 영향 발생가능성</td></tr>
<tr><td rowspan="4">Ⅱ.
전략 및
중점 과제</td><td>2. 성별 요구도</td><td>남녀의 사회문화적 · 경제적 · 신체적 차이에 따른 성별 요구 차이</td></tr>
<tr><td>3. 성별 형평성</td><td>수혜에서의 성별 요구 반영</td></tr>
<tr><td rowspan="2">4. 성평등을 위한 조치 사항(정책 개선 및 환류)</td><td>법령 반영 계획</td></tr>
<tr><td>사업(또는 과제) 반영 계획</td></tr>
<tr><td rowspan="6">분석평가 지표(사업)</td><td rowspan="3">Ⅰ.
정책환경의
성별 특성</td><td>1. 사업의 성별 요구도</td><td>남녀의 사회문화적 · 경제적 · 신체적(생물학적) 차이에 따른 사업의 성별 요구 차이</td></tr>
<tr><td rowspan="2">2. 사업의 성별 형평성</td><td>사업수혜에서의 성별 요구 반영</td></tr>
<tr><td>예산배분에서의 성별 요구 반영</td></tr>
<tr><td rowspan="3">Ⅱ.
성평등을 위한 조치사항</td><td>3. 법령</td><td>법령 반영 계획</td></tr>
<tr><td>4. 예산</td><td>예산 반영 계획</td></tr>
<tr><td>5. 사업</td><td>사업내용, 수행방식 등 반영 계획</td></tr>
</table>

자료 : 김희경(2015: 44-45)에서 작성, 세부 평가항목에서 번호 생략함.

참여 확대, 환류의 점차적 확대로 나타났다. 그러나 구체적인 실행에서 "여성 참여와 '젠더 관련성'의 동일시 문제, 기계적 평등의 정당화 문제, 성적 차이의 고정화 문제, '젠더' 중심성의 위험, 젠더 구성에 대한 몰역사적 이해의 문제"(유정미, 2010: 124-131) 등이 나타나고 있다. 실제로 대상 과제의 적정성, 성별 통계의 생산 및 활용성, 분석의 치밀성 및 환류실적의 우수성 등 질적인 측면을 보면 그리 만족할 만한 수준이 아니며 공무원들은 성 주류화를 잘 이해하지 못하거나 어렵다고 생각하고 있다. 또한 환류과정이 비효율적이고 추진체계 거버넌스가 미흡하여 다양한 컨설팅 지원활동이 제대로 수용되고 있지 않다. 부산지역의 경우를 보아도 성별영향분석평가를 살펴보면 "중앙 중심성, 외연확대에 치중, 횡적 연대 부족"(황영주, 2014: 147)이라는 현실이 나타나고 있다.

〈표 5-4〉 성별영향분석평가의 성과와 한계(부산지역)

기준	성과	한계
과제 확장	• 양적 성장(2005년 1개 과제 → 2012년 718개 과제) • 성별영향분석평가의 추진근거 마련 (성별영향분석평가조례 제정, 여성발전조례에 성별 분리통계 구축 명시)	• 양적 성장에 비하여 질적 영역의 한계 • 형식적 평가서 제출 (서술영역의 구체성 부족)
공무원 참여	• 전문가 분석→공무원 분석 • 공무원 참여 확대 • 공무원에 대한 교육 및 정책 이해 확대	• 여전히 부족한 공무원의 이해도 • 담당공무원의 인지부족, 소극적 참여, 협조체계의 미흡, 과외업무라는 인식
추진 체계	• 부산여성가족개발원의 교육 및 컨설팅 • 법령과 계획에 대한 평가 도입 (전국 최초 성별 평가 법제업무운영 규칙 개정)	• 컨설팅과정의 형식화 • 수정사항 반영 미흡
환류 체계	• 환류의 점차적인 확대 • 지역밀착형 환류 가시화	• 환류 적절화를 위한 시기불일치 • 환류과정에서 책임성 불분명

자료 : 황영주(2014: 146).

성별영향평가에 대한 세 지역사례 분석을 통해 안경주(2013: 155)는 성별영향분석 과제의 양적 축소 및 집중, 총체적 방식의 접근, 성평등 의식 확산의 장 및 교육과정으로서의 거버넌스, 성 주류화 정책과 실천적 여성운동의 균형을 향후 과제로 제시하고 있다.

2) 성인지 예산

성 주류화는 모든 영역에서 젠더 접근을 가능하게 하는 제도적 장치와 전략에 초점을 두며 이러한 성 주류화 전략을 예산과정에 적용하고자 하는 것이 성인지 예산제도이다. 예산은 정책의 구체적 표현인 동시에 정책의 우선순위를 결정하는 의사결정결과이기 때문에 정책에 성평등 관점을 통합하기 위해서는 예산을 편성하고 지출하는 과정에 성인지 관점이 결합되어야 한다.

한국에서 성인지 예산제도는 성인지 예산운동을 통해 공론화되기 시작하였다. 1998년부터 한국여성단체연합은 매년 전체예산 대비 여성 관련 예산을 분석하고 예산요구안을 제출해 왔고 2001년부터 한국여성민우회는 기초자치단체 여성정책 예산을 분석하였다. 2002년 한국여성단체연합은 국회에 성인지적 예산정책 마련을 위한 청원을 제출하였는데(차인순, 2009: 150-151) 이를 계기로 국회여성위원회는 '성인지 예산편성 및 여성 관련 자료제출 촉구 결의안'을 채택, 동년 11월 본회의에서 의결되었다. 2006년 국회예결산위원회 내에 '성인지 관련 재정연구를 위한 TF팀'이 구성되었고 2006년 9월 〈국가재정법〉이 통과됨으로써 성인지 예산의 법적 근거가 마련되었다. 동법에 따라 2010년 회계연도부터 정부는 성인지 예산서와 결산서의 제출이 의무화되었다. 그리고 제도 시행을 위한 기초연구를 위해 한국여성정책연구원 내에 '성인지 예산센터'가 설립되어 2007년부터 '성인지 예산제도화 방안'에 대한 연구를 시작하였다.

성인지 예산제도는 예산이 여성과 남성에게 미칠 영향을 미리 분석하여 이를 예산편성에 반영 · 집행하고 여성과 남성이 동등하게 예산의 수혜를 받고 예산이 성차별을 개선하는 방향으로 집행되었는지를 평가하여 다음 연도 예산편성에 반영하는 제도이다.

성인지 예산의 대상은 예산이 편성되는 모든 사업으로 다음 해 예산편성 전에 모든 예산사업의 세부사업을 대상으로 이루어진다. 특히 정책대상자의 성별 비율 대비 사업수혜자의 성별 비율에서의 형평성 제고를 위하여 예산을 반영하는 성과목표를 제시하고 예산집행에 반영한다는 점이 핵심이다. 성인지 예산제도를 통해서 여성과 남성의 서로 다른 정책 수요를 고려하여 예산편성을 함으로써 성별 격차를 감소시키고 자원을 공정하게 배분하여 양질의 정책효과 및 성평등효과에 기여할 수 있다.

성인지 예산은 여성과 남성에게 미치는 효과를 예산과정에서 고려하여 자원이 성평등한 방식으로 사용될 수 있도록 예산의 배분 구조와 규칙을 변화시키려는 일련의 활동이므로 여성을 위한 정책이나 사업에만 한정되는 것이 아니라 모든 예산을 대상으로 하는 성인지적 정책집행과 집행효과를 검증하는 중요한 도구이다. 유럽의회는 이러한 성인지 예산제도를 정부정책의 공정성, 효율성, 투명성에 기여할 수 있는 수단으로 이해하고 있다(이형우 · 김규옥, 2011: 174).

성인지 예산은 각 국가의 사회경제적 여건, 예산제도의 특성, 정권의 속성, 시민사회의 역량 등 제도 추진 환경, 성불평등 문제에 대한 사회적 합의 수준과 그 결과물로서 성평등정책의 특성 등 다양한 요인에 따라 국가별로, 또 특정 국가 내에서도 시기별로 다양하게 나타나고 있다(마경희, 2009: 138).

해외 사례 등에서 보여지는 성인지 예산제도의 거버넌스 유형은 크게 정부주도형과 시민사회주도형, 원조기구와 정부의 파트너십으로 진행되는 유형이 있다(김영옥 외, 2007b: 130). 정부주도형은 정부가 주도하여 정책을 집행하는 것으로, 성인지 예산제도를 최초 도입한 호주를 비롯하여 스웨덴, 벨기에, 오스트리아, 프랑스 등 유럽 국가에서 많이 볼 수 있다. 시민사회가 주도하는 시민사회주도형으로는 영국, 폴란드 등을 들 수 있다. 개발도상국들은 대부분 원조기구와 정부로 구성된 파트너십, 원조기구와 정부 및 NGO로 구성된 파트너십, 원조기구와 의회 및 NGO로 구성된 파트너십 등의 형태로 되어 있는데 인도, 필리핀, 파키스탄, 나이지리아 등 주로 남미, 아프리카, 동아시아에 분포해 있다.

한국은 〈국가재정법〉을 제정하여 추진하기 때문에 정부주도형이라고 볼 수 있으며 이러한 정부주도형은 안정적인 제도화를 통해 시행에 강제성을 부여할 수 있으므로 추진력이 높은 장점도 있지만 시민사회주도형과 같은 자율적 예산분석이 어려우며 정권의 변화에 민감하게 반응할 수 있다는 단점이 있다(배준식 외, 2009: 25).

〈표 5-5〉 성인지 예산제도의 유형별 시행주체

<table>
<tr><th colspan="3">유 형</th><th>시행국가</th></tr>
<tr><td rowspan="2">선진국</td><td colspan="2">정부주도형</td><td>호주, 스웨덴, 벨기에, 오스트리아, 프랑스,
한국, 미국 샌프란시스코</td></tr>
<tr><td colspan="2">시민사회주도형</td><td>영국, 폴란드</td></tr>
<tr><td rowspan="4">개발도상국</td><td rowspan="2">원조기구–정부
파트너십</td><td>재정부</td><td>파키스탄, 나이지리아, 모로코, 네팔 등</td></tr>
<tr><td>여성부</td><td>필리핀, 말레이시아, 칠레</td></tr>
<tr><td colspan="2">원조기구–정부–NGO</td><td>인도(여성부), 멕시코(복지부), 탄자니아(재정부)</td></tr>
<tr><td colspan="2">원조기구–의회–NGO</td><td>브라질, 남아프리카공화국, 우간다</td></tr>
</table>

자료 : 김영옥 외(2007b: 130).

2007년 말부터 성인지 예산서를 작성할 주체인 공무원들에 대한 교육을 위해 '성인지 예산 교육과정'이 한국양성평등교육진흥원에 신설 · 운영되었고 2009년도 성인지 예산서 작성 시범사업이 실시되었다. 〈국가재정법〉에

〈표 5-6〉 한국 성인지 예산의 제도화 과정

주체	내용
여성단체	• 여성단체, 전체예산 대비 여성 관련 예산분석과 정부와 정당에 예산 요구안 제출(1998) • 한국여성민우회, '지방자치단체 여성정책 예산분석' 활동 전개(2001) • 한국여성단체연합, '성인지적 예산정책 마련을 위한 청원서' 국회에 제출(2002) • 한국여성민우회, '젠더 · 예산 · 여성운동' 발간(2003) • 한국여성의전화연합, '지역 중심의 여성정책 예산분석 활동' 전개(2003) • 성인지예산네트워크, 지역의 여성단체를 중심으로 성인지 예산 활동(2005) • '성인지예산 전국네트워크' 명칭 합의 및 사업활동 전개(2007)
보건복지부	• '성인지적 보건복지 예산분석 및 편성 · 집행의 방향' 연구보고서 작성(2001)
의회	• 여성위원회, '성인지적 예산편성 및 자료제출 촉구 결의안' 본회의 의결(2002) • 국회예산결산특별위원회 '성인지 관련 재정연구를 위한 TF팀' 구성(2006) • 〈국가재정법〉 안에 성인지 예산 관련 조항 포함, 국회 본회의 통과(2006)
여성가족부	• 제2차 여성정책기본계획에 성인지 예산 관련 조항 포함(2003) • 기획예산처에 성인지적 예산편성을 촉구하는 의견제시(2003) • '성인지적 예산분석 지침 수립방안 연구' 실시(2003) • "4개 부처 '성인지 예산' 시범분석" 실시(2004) • '양성평등정책 예산제도화 방안 연구' 및 '공무원 성인지 교육프로그램 개발' 실시(2006)
기획예산처	• 2003년도 예산안편성지침에 '능력개발, 보육 등 여성의 사회참여 확대' 명시 • 2004년도 예산안편성지침에 '보육 등 여성의 사회참여 확대' 명시 • 2005년도 예산안편성지침에 '삶의 질 향상을 위한 보육 지원' 명시 • 2006년도 예산안편성지침에 '성별 영향이 중요하다고 판단되는 사업은 성별영향평가결과를 감안하여 예산 요구'를 명시 • 2007년도 예산안편성지침에 '사업의 성격상 성별 영향에 대한 고려가 필요한 사업은 성별 영향을 감안하여 예산을 요구' 하도록 명시 • 2008년도 예산안편성지침에 '성인지 예산안 작성지침'을 명시

자료 : 황창연(2009: 15).

따라 2010년 회계연도부터 성인지 예·결산서가 제출되도록 규정되었으며 〈국가재정법〉에 근거한 성인지 예산서가 처음으로 국회에 제출되었다.

성인지 예산은 예산의 편성, 심의, 집행, 평가 등 모든 예산과정에서 젠더 관점을 통합하고자 하는 것으로 예산의 배분이 여성과 남성의 경제적 · 사회적 기회에 어떠한 영향을 미치는지를 분석하여 사회의 가치 있는 자원이 성평등하게 배분될 수 있도록 국가의 예산배분 구조와 규칙을 변화시키는 것이다(김영옥 외, 2007a: 3). 성인지 예산은 여성에게 영향을 미치는 예산사업과 정책에 대한 시스템적인 분석을 통해서 성차별을 감소시키기 위한 핵심 수단이다. 정부의 예산이 남성과 여성에게 미치는 영향을 평가하고 이를 예산이 수반되는 정책에 반영함으로써 정책의 성별 형평성과 공정성을 높이려는 것

그림 5-2 『2016년도 성인지 예산서』 작성 추진체계

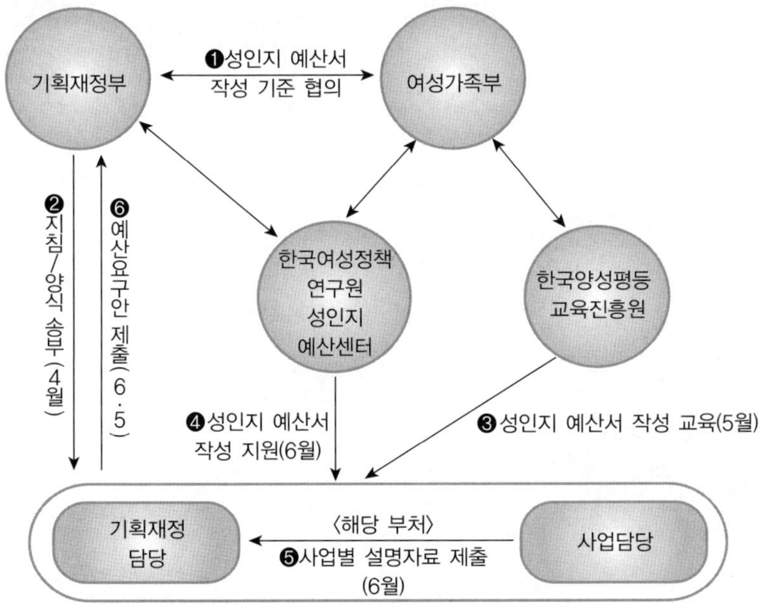

자료 : 기획재정부 · 여성가족부 · 한국여성정책연구원 성인지예산센터(2015: 16).

이다(홍미영 · 류춘호 · 고강인, 2014: 63-65). 성인지 예산의 작성 추진체계는 앞의 [그림 5-2]와 같다.

한국은 2006년 〈국가재정법〉에 성인지 예산서, 성인지 결산서 제출 조항이 마련되면서 중앙부처에서 성인지 예산이 도입되었고 2010년에는 〈지방재정법〉이 개정되면서 지방자치단체까지 확대, 시행되고 있다. 지방에서 성인지 예산은 예산편성-예산심의-예산집행-결산 및 심사-다음 연도 예산 반영이라는 단계와 절차에 따라 이루어진다.

그림 5-3 지방자치단체 성인지 예산서 작성 절차

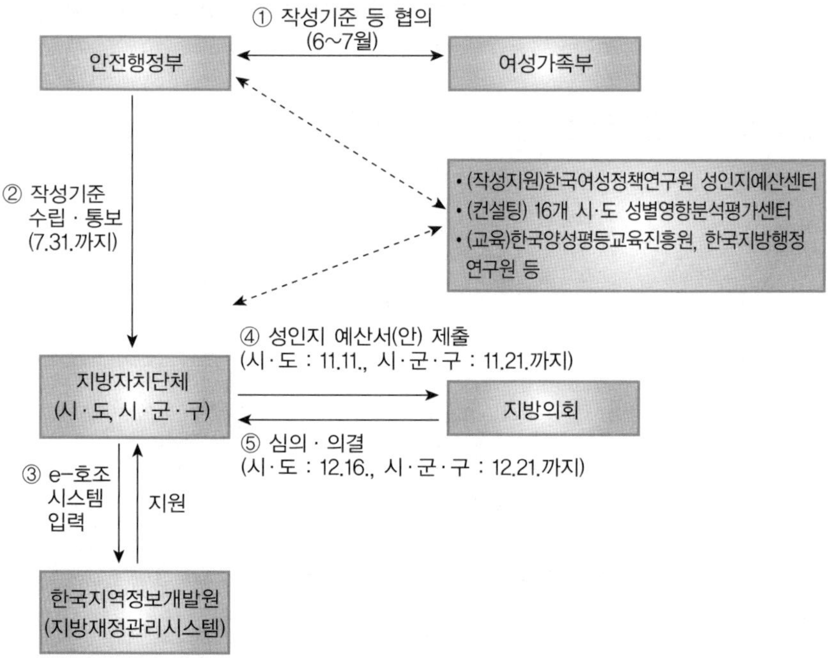

자료 : 장윤선(2014: 6).

그림 5-4 지방재정의 성인지 예산 집행단계와 절차, 고려사항

단계	절차	고려사항
예산심의	- 지방의회에서 성평등 목표를 구체적으로 실현하기 위한 성과지표, 성별 예산배분 적절성 등 검토 및 예산안 의결	성별 예산배분
↓		
예산집행	- 편성된 예산을 지방자치단체를 당사자로 하는 계약에 관한 법령, 지방자치단체 재무회계규칙 및 세출 예산 집행 기준 등에 따라 집행하되, 성인지적 관점(性認知的 觀點)에서 성평등 목표 달성을 위해 노력	성평등 목표 달성 노력
↓		
결산 및 심사	- 성인지 예산 집행실적, 예산집행 결과 성평등 효과분석 및 성평등 평가결과를 작성 - 자치단체 예산결산서와 동시 작성 의회에 부속서류로 제출 - 지방의회에서 결산 심사 및 결산서 승인	성평등 효과 분석
↓		
다음 연도 예산 반영	- 성인지 결산서상 성평등 효과, 성평등 평가결과 등을 다음 연도 계획 및 예산에 반영	다음 연도 예산 반영

자료 : 안전행정부(2012), 지방자치단체 성인지예산 담당공무원 워크숍. 여기서는 홍미영 · 류춘호 · 고강인(2014: 68)에서 재인용.

그러나 성인지 예산서 분석을 평가한 연구에 의하면 이와 같은 성인지 예산은 몇 가지 한계를 지니고 있는데 "성인지 예산 적용의 한계, 적용해야 할 대상사업의 누락, 성별 수혜분석의 오류, 안전행정부 가이드라인 모호성, 행정통계 수집 관리 미흡, 성과지표에 대한 이해수준 제고, 성별영향분석평가와 연계 결여로 대상사업 선정의 한계"(홍미영 · 류춘호 · 고강인, 2014: 80-84) 등이다. 따라서 "정책 대상 집단의 개념 정리 시급, 사업별 행정통계 확보와 성별 통계 생산, 성과예산서에 성인지 예산사업 표기 필요, 안전행정부 'e-호조시스템' 지방자치단체 실정 고려 개선, 성인지 예산과 성별영향분석평가제도 간 연계성 강화, 성인지 예산 이해와 의식향상 위한 교육 강화"(홍미영 · 류

춘호 · 고강인, 2014: 85-89) 등이 앞으로의 과제라 하겠다.

현재 한국은 성인지 예산의 필요성과 의의에 대한 추상적 수준의 합의와 강력한 제도적 장치는 갖추고 있지만 제도가 효과적이고 성공적으로 추진되기 위해서는 보다 구체적인 정책 수단과 제도적 기제에 대한 이해와 많은 토론이 필요한 시점이 있다. 성인지 예산제도 정착을 위한 향후 과제는 기존 연구들을(김영옥 외, 2007b: 154; 김영옥, 2009: 217-219; 마경희, 2009: 19-21) 참조하여 다음과 같이 정리해 볼 수 있다.

첫째, 성인지 예산제도의 본질에 대한 보다 깊이 있는 이해와 공감대가 확산될 필요가 있다. 즉 성차별 문제를 함축하지 않는 것처럼 보이는 주류 예산사업에 젠더 이슈를 발굴할 수 있는 역량이 축적되어야 하고 제안된 개선 방안에 대한 사회적 합의와 공감대가 형성되어야 한다. 성인지 예산은 특정한 역사적 · 사회적 맥락 내의 다양한 주체들 간의 토론과 협력을 통해 새로운 자원배분 방식에 대한 합의를 도출해 가는 하나의 지속적이고 장기적인 과정이라는 인식이 확산되어야 한다. 예산분석의 질적 수준과 실효성 제고가 필요하며 이를 위해서는 공무원을 비롯한 다양한 행위 주체들을 대상으로 한 체계적인 교육과 훈련이 요구된다. 또한 성인지적 예산분석을 지속적으로 확대하면서 예산분석의 필요성과 의의에 대한 공감대를 폭넓게 확산해 나가야 한다.

둘째, 개념화와 방법론 개발이다. 현재 성인지 예산서에 초점이 맞추어져 있는 성인지 예산제도의 지평이 확대되어야 하고 이를 위해서는 다양한 분석 방법과 도구가 개발되어야 한다. 향후의 성인지 예산서는 성별에 따른 불균등한 수혜가 성불평등에 미치는 효과와 개선방안에 대한 의지와 책무성을 보다 적극적으로 담아낼 수 있어야 한다. 각 부처에서 취합한 사업별 분석보고서를 취합한 자료로서의 가치를 넘어서서 다양한 기관들의 성평등에 대한 책임과 의지를 견인하기 위한 정부의 포괄적인 성평등 정책 목표와 방향, 이를 위한 사업수단과 재원배분 방향에 대한 의지와 노력 역시 성인지 예산서를 통해 읽어낼 수 있어야 한다.

셋째, 제도적 조직화를 통해 당면한 과제로서 성인지 예산제도를 주도하고 강력하게 추진할 수 있는 추진기구가 만들어져야 한다. 성인지적 예산시스템의 구축이 필요한데 성인지적 예산시스템이란 예산분석의 질적 수준 및 실효성 제고를 위한 인프라에 해당되는 것으로 조직적 · 인적 차원의 정부자원의 재배분을 의미한다. 성인지적 예산분석이 모든 공무원들의 일상 업무로 정착될 수 있는 예산 교육, 컨설팅, 성인지 예산안 작성, 제출, 검토, 심의, 집행, 결산, 평가, 관리시스템, 그리고 이를 위한 적절한 조직적 · 인적 자원의 배치가 예산시스템 개혁의 주된 내용이 될 것이다. 그동안 성인지 예산제도 추진을 위해 기획재정부, 여성가족부, 한국여성정책연구원이 협력해 왔지만 현재 공식화된 성인지 예산 추진기구는 기획재정부이다. 기획재정부, 여성가족부, 그리고 전문가 집단으로 구성된 추진기구가 구성되고 추진기구에 포함된 각 기관들의 역할과 책임, 권한이 적절하게 주어져야 향후 안정적인 실행이 가능해질 것이다. 이처럼 안정적인 추진체계의 구축이 필요한데 제도를 효과적으로 추진하기 위해서는 소관부서의 리더십을 가능케 하는 전담부서의 설치와 함께 부처 간 원활한 협력관계를 보장할 수 있는 안정적인 추진체계가 구축되어야 한다.

넷째, 다양한 파트너십 구축이다. 성인지 예산제도 활성화를 위해서는 시민사회의 참여와 개입이 수반되어야 한다. 법적 근거의 마련, 단체의 조직화 지역사회운동으로 확산하는 활동, 입법, 행정, 미디어 및 전문가와의 협의체 구축, 체계적인 교육프로그램 개발과 실시, 해외 시민사회와의 교류 및 글로벌 파트너십 형성, 다양한 참여방법론 개발 등을 들 수 있다. 이처럼 행위 주체와의 파트너십 형성과 예산과정에 참여 방안으로 대중적 공감대를 형성하고 인식 확산, 전문성 향상, 시민참여의 법제화, 예산의 성인지적 향상의 검증 활동 등의 성과를 기대할 수 있다(김진 외, 2009: 100).

3 성 주류화의 방향과 과제

성 주류화 전략의 핵심인 젠더 관점의 반영은 정책형성과정에서 조직과 정책네트워크, 그리고 정책도구 등 매우 구체적인 물질적인 기반 속에서 이루어진다. 정책과정에서 평등과 젠더 개념이 제도화되는 동학을 살펴보면 정책행위자들, 행위자들 간의 상호작용, 행위자들의 신념체계, 정책을 만드는데 사용된 정책도구, 경합하는 정책담론 등이 중요하다. 즉 정치적 기회구조, 정책실행의 근거가 되는 관련 법률의 성격, 정책추진 정부 부처와 부서, 정책네크워크를 포함하는 정책행위자와 그들 간의 동학, 정책이 형성되는 과정에서 나타나는 이들 요소의 상이성이 제도화의 다른 결과를 보인다(김경희a · 신현옥, 2004: 197).

그러나 성 주류화는 실제로 여러 가지 문제점을 안고 있다는 지적이 있는데 우선 성 주류화라는 개념의 혼란이다. 성 주류화는 상당히 포괄적인 개념임에도 불구하고 주로 여성 관련 정책의 시행으로 실제화되거나 축소되는 경향으로 나타난다. 성 주류화에 대한 전체적인 평가 대신 세부적인 개별 정책도구의 시행과 가시적인 성과에만 집중함으로써 성 주류화의 영향력과 의미를 제한시키고 있으며(조영희, 2008: 312) 성 주류화는 상징적인 수사와 정책적 현실, 훌륭한 이론과 복잡한 실제라는 화해하기 힘든 간격이 있다는 것이다(황영주, 2011b: 19). 마경희는 행정기구 내 성 주류화의 위험들로 기술관료화, 젠더의 탈정치화, 성평등 목표의 상실을 지적한 바 있다. 즉 행정기구 내에 제한된 성 주류화는 기술관료적 절차로 전락할 우려가 있으며 젠더를 권력 관계가 아니라 단순히 남성과 여성의 양적 불균형 문제로 축소 또는 왜곡시킬 우려가 있고 성평등 목표가 상실되어 다른 정책을 시행하기 위한 수단으로 변질된다는 것이다(마경희, 2009: 90-95).

그러므로 성 주류화 개념과 관련하여 그것이 지향하는 바가 모호하며 또한 성 주류화가 단순히 몇몇 정책 도구의 실행으로 전락되고 만다는 비판이 제기되었다. 즉 성평등을 촉진하는 과정에서 기술관료적 과정들을 수용하게 되면서 권리에 기초한 성평등의 주장은 주변화하고 민주적인 참여적 접근이 더 어려워지는 문제점이 나타난 것이다. 이는 성 주류화가 정치적 과정이 아니라 기술적 과정으로 환원됨을 의미한다(Lang, 2009). 성 주류화가 '참여적-민주적' 모형이 되어야 하는데 현실은 점차 '전문가-관료적' 모형으로 되어 가고 있다는 것이다(Walby, 2008). 이러한 변화는 도구의 사용을 우선하는 데서 잘 나타난다. 성 주류화는 성별 분리통계, 성인지 예산, 성별영향평가 등의 도구 등으로 축소되어 그것들을 실행하는 원리에 대한 심도 깊은 이해나 논의는 부재한 상태에서 기계적으로 수용, 확대되고 있다는 것이다(마경희, 2009).

성 주류화는 성별 권력관계를 은폐하거나 우회하는 방식으로 활용되고 결국 여성의 지위나 상태의 개선을 부차화하는 방향으로 작동하기도 한다. 또 여성의 이익을 적극적으로 고려하는 정책을 옹호하는 과정에서 그것이 부가가치를 생산한다는 것을 증명하는 등 경제적 효율성 담론에 여성주의적 담론이 종속되는 문제를 야기한다. 즉 성 주류화가 기술관료들의 정책도구화되면서 여성의 세력화와는 무관한 방향으로 진행된다는 것이다(정인경, 2012: 68-69).

성 주류화의 시행과정에서 제기되는 문제는 첫째, 새로운 정책도구 적용에 대한 공무원들의 저항과 기술관료화의 문제와 함께 성별영향평가나 성인지 예산분석을 위한 도구들이 기술적 도구나 절차와 동일시된다는 점, 둘째 성 주류화를 위한 인적 · 조직적 · 재정적 자원의 부족문제, 성 주류화가 신자유주의 담론과 통합되면서 나타나는 여성정책 담당 기구의 폐지나 증거에 기반을 둔 정책을 강조하면서 정치적 속성을 상실한다는 점을 들 수 있다(마경희, 2015: 461-462).

한국의 경우 성 주류화 전략을 실천하는 과정에서 여성운동을 적극 참여시키지 않는 '전문가-관료적' 모형을 채택하였고 이는 성과를 중시하는 신자유주의 영향으로 결과 중심의 정책을 생산하게 되었다. 다양한 주체들로부터의 의견수렴과정보다는 행정공무원이 주도하고 전문가가 협력하는 방식의 '전문가-관료적' 모형으로 정책이 운영되는 결과가 나타나게 되었다(이재경 · 김경희, 2012: 14-15).

기존의 남성 규범에 기초한 사회질서를 변화시키고자 하는 성 주류화 전략 실행의 기본 틀은 '전문가-관료적' 모형이 아닌 젠더 거버넌스에 기초한 '참여적-민주적' 모형으로 전환되어야 할 것이다. '참여적-민주적' 모형은 시민사회로부터의 조언을 요구하며 여성운동을 참여시키는 구조이다.

성 주류화는 여성주의 연구자, 운동가 등 다양한 행위자의 정책과정 참여를 통하여 합법적인 자원 동원과 분배의 수단을 가진 국가와 공공 영역을 매개로 사회 전반의 성평등을 달성할 수 있는 잠재력을 가진 성평등 전략으로 이해되어야 한다. 성 주류화의 발전방향에 대한 전문가 조사에서도 공무원은 성인지적 정책의 기획 및 집행을, 전문가는 지표 개발과 방법론 개발, 이론적 제시의 역할을, NGO는 정책협력 및 모니터링의 역할을 수행해야 한다는 의견이 다수 나타났다(한정원, 2010: 187). 즉 행정기구의 정책담당자뿐 아니라 NGO 등 다양한 정책파트너의 참여를 본질적인 요소로 포함하여 재조직되어야 한다(마경희, 2009: 97).

〈부록 5-1〉 성별영향분석평가의 운영체계

<table>
<tr><th colspan="2">평가대상</th><th>각 기관</th><th>여성가족부</th></tr>
<tr><td rowspan="2">법령</td><td>제·개정 법령안 (중앙부처)</td><td>• 체크리스트와 분석평가서 작성 · 제출
• 반영결과 제출(개선의견인 경우)</td><td>• 분석평가 검토 및 검토의견 통보
• 정책개선 실적 관리
• 분석평가 컨설팅 · 교육 프로그램 운영</td></tr>
<tr><td>제·개정 자치법규안 (지자체)</td><td>• 체크리스트와 분석평가서 작성 · 제출
• 반영결과 제출(개선의견인 경우)
• 분석평가서 검토 및 정책개선 실적 관리는 기관별 분석평가책임관이 수행</td><td>• 분석평가 컨설팅 · 교육 프로그램 운영</td></tr>
<tr><td rowspan="2">계획</td><td>중장기 계획 (중앙부처)</td><td>• 체크리스트와 분석평가서 작성 · 제출
• 반영결과 제출(개선의견인 경우)</td><td>• 분석평가 검토 및 검토의견 통보
• 정책개선 실적 관리
• 분석평가 컨설팅 · 교육 프로그램 운영</td></tr>
<tr><td>중장기 계획 (지자체)</td><td>• 체크리스트와 분석평가서 작성 · 제출
• 반영결과 제출(개선의견인 경우)
• 분석평가서 검토 및 정책개선 실적 관리는 기관별 분석평가책임관이 수행</td><td>• 분석평가 컨설팅 · 교육 프로그램 운영</td></tr>
<tr><td rowspan="2">사업</td><td>주요 정책 · 사업 (중앙부처)</td><td>• 체크리스트와 분석평가서 작성 · 제출
• 반영결과 제출(개선의견인 경우)</td><td>• 분석평가 검토 및 검토의견 통보
• 정책개선 실적 관리
• 분석평가 컨설팅 · 교육 프로그램 운영</td></tr>
<tr><td>세출예산 사업 (지자체)</td><td>• 체크리스트와 분석평가서 작성 · 제출
• 반영결과 제출(개선의견인 경우)
• 분석평가서 검토 및 정책개선 실적 관리는 기관별 분석평가책임관이 수행</td><td>• 분석평가 컨설팅 · 교육 프로그램 운영</td></tr>
<tr><td colspan="2">특정 성별영향 분석평가</td><td>• 대상 정책에 대한 자료 협조
• 개선대책 수립 · 시행 및 반영결과 통보</td><td>• 특정 성별영향분석평가 실시
• 정책개선 권고 및 반영결과 점검</td></tr>
<tr><td colspan="2">분석평가결과 종합</td><td>• 기관별 종합결과보고 제출 (다음 연도 2월 말)</td><td>• 종합분석보고서 작성 및 제출 –국무회의 보고 후 국회 제출
• 종합분석보고서 공표</td></tr>
</table>

자료 : 여성가족부(2015c: 5).

여성정책과 여성운동

제 6 장

1. 한국 여성운동의 흐름
2. 여성정책의 형성과정과 젠더 정치
3. 여성운동의 차이와 제도화

1 한국 여성운동의 흐름

일반적으로 정책형성과정에는 다양한 행위자가 참여하며 자원배분은 이들 참여자 간의 상대적 영향력의 크기에 따라 결정된다. 성별 중립적으로 보이는 정치구조 이면에는 다양한 행위 주체들이 개입하여 여성정책에 대한 서로 다른 이해와 전략을 표출하게 된다.

여성정책에는 여성과 여성문제를 인식하는 다양한 관점들이 반영되며 어떠한 관점이 정당성을 확보하는가는 정치적인 과정을 통해 이루어진다. 정책과정에서 평등과 젠더 개념이 제도화되는 동학을 살펴보면 정책행위자들, 행위자들 간의 상호 작용, 행위자들의 신념체계, 정책을 만드는 데 사용된 정책도구, 경합하는 정책담론 등이 중요하다. 즉 정치적 기회구조, 정책실행의 근거가 되는 관련 법률의 성격, 정책추진 정부 부처와 부서, 정책네크워크를 포함하는 정책행위자와 그들 간의 동학, 정책이 형성되는 과정에서 나타나는 이들 요소의 상이성이 제도화의 다른 결과를 보인다(김경희a · 신현옥, 2004: 197).

그러므로 여성정책의 형성과 변화는 '젠더 정치'의 관점에서 살펴볼 수 있다(Connell, 1987: 125-132). 여성정책을 둘러싼 '젠더 정치'의 관점이란 여성정책이 추구하는 여성 세력화의 목표를 개인 혹은 조직적 차원에서 성별 간 권력갈등의 지속적인 전개과정으로 보는 관점을 말한다. 여성정책의 최종 의사결정자, 여성정책의 수행자들, 또 아래로부터의 성별 요구의 충족을 주장하는 여성운동세력이나 그와 연계되는 사회세력들이 개입하여 여성정책의 효과나 산출에 영향을 주는 것이다.

여성정책의 발전은 여성문제를 정책의 의제로 제기하는 것 자체가 여성운동이 성장하는 정치사회적 상황과 맞물려 있기 때문에 대체로 정부의 성격이나 여성운동의 발전과 밀접한 관련을 갖는다(권수현, 2011, 2015). 여성운동이 약한 사회나 시기에 여성정책은 주변화되고 여성운동이 발전한 국가에서는 여성정책이 활성화되는 경향을 보인다(강남식, 2005: 278). 그러므로 여성운동은 정부로 하여금 여성정책을 입안하고 실행하도록 압력을 가할 수 있다는 점에서 여성정책의 동학에 영향을 미치는 가장 중요한 행위자라고 할 수 있다.

여성운동은 정치, 경제, 사회, 문화 전반에서의 여성 차별과 억압을 철폐하고 성평등을 성취하기 위한 지속적이고 조직적인 활동이다. 여성운동은 남성지배적, 여성억압적인 가부장적 관습, 인식, 제도의 문제점과 모순에 대한 문제제기와 그 개혁을 위한 다양한 시도를 한다. 여성운동은 한 성에 의해 다른 성이 일방적으로 억압되어 온 것에 대한 저항과 해방을 지향하는 운동으로서 가부장제의 철폐와 성별 분업폐지, 성차별적 조건의 개선, 섹슈얼리티 부문에서의 성적 자율권과 주체성 확보 등을 핵심 과제로 삼고 있다. 여성운동은 여성정책에 대한 적극적인 참여를 시도해 왔으며 그 과정에서 여성들은 성차별적인 현실을 개선하고자 하는 의지와 의제를 정책에 반영하고자 노력해 왔다. 한국의 여성운동은 국가와 정치구조를 활용해 여성친화적인 정책을 만들어 왔고 여성운동이 제기한 부분들이 법적 · 제도적 개혁의 형태로 수용되어 왔다(김영미, 2011: 12). 특히 여성의 전략적인 연대는 정책의 최고결정자에게 압력을 가하거나 그들을 설득하는 데 효과적이다(Mazur, 2002).

한국에서 여성운동의 출발은 19세기 말에서 20세기 초에 일어난 이른바 근대화 사회로의 격동기와 때를 같이 한다. 당시 여성운동은 양반가의 여성이 중심이 되어 여성들을 속박하던 봉건적 관습과 법에서 벗어나고자 여성교육과 여성의 경제적 자립, 사회활동의 참여를 목표로 하였다. 때문에 초창기 여성운동은 선구적인 남성 개화파 명망가들의 적극적인 지지와 후원하에 여성들의 근대 교육의 필요성이 강조되고 여성의 사회적 자각에서 비롯하였다.

당시 여성운동의 주류는 여성교육에 기초한 구국운동과 여성해방운동으로 나누어 볼 수 있으며, 이는 이후 한국 여성운동의 일정한 틀을 제공하게 된다.

신여성운동은 이전의 여성운동을 계승 · 발전시켜 조혼 · 축첩제 반대는 물론 자유연애 · 자유결혼에 의한 봉건적 가족제도의 개선, 여성교양과 의식계몽, 문맹퇴치를 위한 여성교육운동, 그리고 여성의 사회적 진출에 따르는 여성의 지위향상 내지는 여권운동 등으로 나타났다. 동시에 이상의 당면 과제를 해결하기 위한 전제 조건으로 일제 식민지로부터의 민족 해방이 강조되었다.

이처럼 한국의 여성운동은 참정권 운동을 중심으로 본격화된 서구 여성운동과 달리 일제시대 민족운동과 함께 여성의식과 교육운동이 중심이 되었다. 1927년 창립된 근우회는 여성들의 항일구국운동과 여성의 지위 향상을 위한 운동단체로 여성해방을 표방하였다. 근우회는 식민지하 민족해방운동의 일대 통합조직인 신간회의 창립에 자극받고 '공고한 여성의 단결과 지위향상'을 표방하였다. 근우회는 기존의 여러 민족주의와 자유주의계 여성단체를 통합함으로써 여성운동의 통일 전선을 수립하고자 하였다. 근우회의 선언과 강령은 당시 여성억압의 요인을 봉건적 모순과 현대적 모순이라고 명시한 후, 그 같은 가부장제의 폐습과 식민지 자본주의 사회구조의 불합리함을 극복, 해결하기 위한 방향을 적극 제시하였다(이혜숙, 2015c: 245-246).

일제하에서부터 조직적 연계를 맺고 활동했던 여성운동가들은 1945년 8월 16일 건국부녀동맹결성준비위원회를 결성함으로써 여성운동의 막을 열었다. 그러나 건국부녀동맹은 결성된 지 한 달도 되지 못해 이데올로기적 차이를 극복하지 못하고 분열되었고 미군정기 여성운동은 일반 사회운동과 마찬가지로 좌우익 여성운동 진영으로 나뉘어 전개되었다. 양자의 대립은 식민지 시기 이래 존재해 왔던 여성운동 간의 대립이 해방이라는 구체적인 정세변화 속에서 재현된 것으로 운동이념상의 차이를 보이고 각각 조직을 정비하면서 대립하게 되었다(이혜숙, 2004).

따라서 1948년 남한 단독정부가 수립된 후 여성운동은 상류층 중심의 전쟁 복구, 가난 해소, 대중계몽 활동을 주로 전개하였다. 전문직 여성의 권익옹호 성격을 갖는 대한여학사협회(1950년 창립), 여성문제연구회(1952년 창립), 중앙부인회(1953년 창립), 대한약사회여약사위원회(1954년 창립), 가정법률상담소(1956년 창립), 대한어머니회(1958년 창립) 등이 발족하였으며(신영숙, 1999: 403-405) 가정법률상담소와 YWCA연합회는 1953년 이래 가족법 개정운동을 지속적으로 전개하였다.

한편 서구의 여성해방론과 여성운동이 수입되면서 학계와 지식인 사회에서도 여성문제에 대한 집단적 인식이 새롭게 형성되었다. 이 과정에서 여성의 전화(1983년 창립), 또 하나의 문화(1984년 창립), 여성사연구회(1987년 창립), 한국여성노동자회(1987년 창립), 한국여성단체연합(1987년 창립) 등이 속속 탄생하였다. 이후에 결혼퇴직, 고용불안정, 차별임금, 모성보호 등 일하는 여성들의 문제와 성매매, 성폭력, 자녀양육 문제, 가사노동의 가치 문제 등이 활발하게 연구되고 중요한 사회적 관심사로 부각되었다.

이처럼 한국에서 여성들이 여성으로서의 정체성을 드러내고 집단으로서 목소리를 내기 시작한 것은 1980년대 중반부터이다. 여성정책 관련 법이 거의 없었던 시기에 여성단체들은 〈영유아보육법〉, 〈성매매방지법〉, 〈남녀고용평등법〉 등의 제정과 개정을 위한 청원서를 국회에 제출하였고 여성정책의 근간이 되는 법의 제정 및 개정 운동을 펼쳐왔다. 여성운동을 이끄는 여성단체들은 1980년대 후반 이후에 활성화되었고 새롭게 결성된 많은 단체들이 국가를 향해 여성의 지위향상과 처우개선을 요구하면서 여성정책과 여성운동은 상호 밀접한 관계를 맺게 되었다. 여성운동은 국가를 협상의 대상으로 보고 여성의 평등권 실현을 위한 법제도 개선운동을 전개함으로써 젠더 거버넌스를 구축하였다. 젠더 거버넌스란 "젠더 관점을 공유하는 민관협력체제로 다양한 행위 주체들 간의 상호 협력적인 조정양식"(이재경 · 김경희, 2012: 10)을 의미한다.

1990년대 국내외 정치사회 구조의 변화와 새로운 사상의 유입은 여성운동계에도 많은 변화를 가져다주었다. 사회주의권의 붕괴, 군사정권에서 문민정부로의 이행 등 국내외 정치구조의 변화와 더불어 가족 및 사회구조의 변화, 포스트모더니즘의 유입 같은 변화가 여성운동에 영향을 미친 것이다. 따라서 1980년대까지 주목받지 못하던 영역, 즉 몸의 권리나 섹슈얼리티 영역을 비롯하여 정치, 환경, 평화, 문화, 소비 등 다양한 영역이 발견되고 각 영역에서 실천활동이 활발히 이루어졌다.

1990년대 여성운동이 활성화되었는데, 그것은 그동안 여성운동의 현장에서 경험을 쌓은 운동가들이 배출되고, 여성문제에 관한 전문가들이 등장하게 되었던 것이 큰 요인이었다. 특히 여성단체들은 중간 간부의 양성을 통해 전문적인 운동가들을 배출하였는데 사실상 운동의 구체적인 활동들이 이들에 의해 이루어졌다. 이는 운동의 지속성과 전문성을 가져다주어 운동이 단발적으로 끝나지 않고 또 시간이 갈수록 깊이 있게 전개될 수 있도록 하였다.[1]

1990년대에는 많은 전문적 여성단체가 설립되었다. 1990년 한국정신대문제 대책협의회가 결성되어 이듬해 최초의 '일본군 위안부' 피해자 증언을 바탕으로 그 실상을 폭로하고 문제 해결을 위한 활동을 벌였다. 또한 1991년 성폭력상담소가 개설되어 성폭력의 문제를 들추어내고 입법화할 수 있는 바탕을 마련하였다. 운동의 방법과 내용도 다변화하였다. 먼저 방법 면에서 보면 소규모의 조직을 단위로 하는 운동방식이 등장하여 많은 효과를 거두었다. 한국여성민우회는 주부운동에서 성과를 거두었는데, 특히 지방자치제 실시와 함께 지역정치에 대한 여성들의 관심을 끌어내고 정치에 직접 참여하는 수준으로 세력화하였다. 각 지역의 여성단체들도 이 방법을 통해 주부회원들

---

1) 이하 한국 여성운동의 흐름은 이송희(2011)의 글을 참조하여 정리함.

을 끌어들이고 운동을 전개해 나갔다. 대중적 기반의 획득을 위해 이러한 생활 속에서의 소규모 조직이 운동의 기틀이 되어야 한다는 판단에 따른 것이다.

내용 면에서는 문화운동과 지역에서의 생활운동이 큰 비중을 차지했으며 이때 문화운동이 여성운동의 큰 이슈로 등장하였다. 영화나 연극 같은 문화적 영역을 통해 여성의 일상에 파고 들어 영향을 미치는 운동이 필요하다는 공감대가 형성됨에 따라 여성영화제를 개최하고 연극을 상연하여 많은 호응을 얻고 있다. 여성문화예술 계획이 설립되고 여성문화 전용극장인 '마녀' 가 등장하고 문화운동가를 중심으로 '이프' 지가 탄생하기도 하였다.

이러한 운동방법의 다변화는 여성운동의 공간을 확대시켜 주어 많은 저변층을 확보할 수 있었고 운동의 대중성을 얻을 수 있는 여건을 마련하여 주었으며 또한 전문화를 이끌어 내었다. 특히 1980년대 후반 치열한 민주화운동 속에서 여성운동도 한 부문으로서 발전하면서 많은 전문적 여성단체의 출현을 가져다주었다. 특히 주목되는 것은 지역여성운동이 활성화되기 시작하였고, 전문적인 단체의 출현으로 그 내용이 채워지기 시작하였다. 여성단체들은 운동하는 단체에 머무르지 않고 실제 여성 관련 문제들을 고민하고 이를 정책연구로까지 연결하고 있으며 정책제안을 제시했다. 여성 관련 법 제정과 개정을 위한 사업을 끊임없이 전개했으며 여성의식화 사업을 자체적으로 또는 연대활동을 통하여 전개하였다.

이에 따라 1993년 문민정부의 출범 이후 〈사회단체등록에 관한 법률〉이 개정되었으며 성 주류화라는 의제의 실행을 정부가 주도적으로 표방하게 되는 상황이 마련됨에 따라 여성운동계 입장에서도 운동의 제도화를 적극적으로 추진하였다. 이처럼 한국 여성운동은 반독재, 민주화투쟁에서 시작하여 이슈파이팅, 거리시위, 여성 이슈의 제도화 그리고 제도권의 개입 또는 진입에 이르기까지 그 활동의 범위가 다양했다. 여성운동단체들은 독자적인 여성주의 정책의제를 중심으로 광범위한 연대활동을 전개하였고 이는 여성정책의 수립과 내용에 영향을 미쳤다.

현재 여성운동은 다양한 활동을 하고 있다. '일본군 위안부'와 관련한 사업을 하고 있고 평화통일운동을 연대활동으로 하고 있다. 특히 전쟁반대와 군사문화 불식 등의 운동에 여성단체들이 앞장서고 있다. 남북여성평화통일대회에 적극 참여하였으며, 이라크 파병 시에는 이에 반대하는 연대활동을 전개하면서 전쟁이 얼마나 여성들에게 직접적인 피해로 오는가 하는 것을 홍보하는 활동을 하였다. 결혼이주여성들이 증가하면서 이들을 위한 활동도 하고 있으며 다문화 가정을 위한 다양한 프로그램을 운영하고 있다.

2 여성정책의 형성과정과 젠더 정치

여성정책으로 나타나는 국가의 정책변화는 여성운동과 밀접한 관련을 갖는다. 여기에서는 몇 가지 사례를 통해 여성정책이 형성되는 과정에서의 여성운동의 구체적 역할과 활동을 살펴보기로 한다.

1) 성폭력특별법 제정과정

1990년대 초 성폭력 관련 법 또는 정책 내용 및 담론에 변화가 일어났다(심영희, 2006: 97). 1990년대 이전에는 성폭력 문제 및 피해에 대해서 고유의 문제로 인식되지 못하고 있었다. 그러던 중 김부남 사건을 계기로 성폭력 문제 및 피해의 심각성에 대한 사회적 관심과 인식이 확대되었고 성폭력특별법의 필요성에 대한 사회적 공감대 마련을 위한 여성단체들의 활동이 본격적으로 전개되었다. 관련 여성단체들은 '성폭력 입법을 위한 연대회의'를 구성하고, 성폭력 관련 법의 제정 방향을 논의하게 된다. 이때 여성단체들은 기존 형법의 성폭력 관련 조항 개정이 아닌, 특별법 제정을 주장하는 것으로 의견을 모았다. 1991년부터 성폭력특별법의 제정을 목표로 삼는 입법운동이 개시되어 여성들의 호응을 얻으면서 전국적으로 확산될 수 있었던 것은 1980년의 운동공간에서 여성운동의 연대구조 및 현장조직의 기반이 형성되었기 때문이다(신상숙, 2008: 98).

1992년 3월 19일 '성폭력특별법제정추진특별위원회' (이하 '성특위' 라 함)로 이름을 바꾼 후 성폭력특별법 제정을 위한 본격적인 작업에 돌입하였다. 여성단체들은 특별법 시안 마련 및 입법청원, 성폭력특별법 제정 관련 공개토론회, 정당초청 공개토론회, 공동결의대회 개최, 각 정당대표 및 정부 각 부처 그리고 정무장관(제2)실에 성폭력 예방 및 대책에 관한 공개질의서 송부, 서명운동, 홍보물 출판 및 판매, 관계인사 면담, 기자회견 등의 활동을 전개했다. 이러한 활동들을 통해 성폭력 근절을 위한 정책대안과 구체적 방침, 실천 지침을 제시, 성폭력 추방에 대한 대중의 요구를 사회적으로 증폭시키고자 한 것이다. 이와 더불어 성특위에서는 1992년 7월 성폭력을 '성적자기결정 침해의 죄' 로 규정하고, 그동안 흩어져 있던 법령을 통합, 일원화시켜 '성폭력 대책에 관한 특별법(안)' 을 제출하였다(윤이화, 2014: 258).

김영삼 정부 출범 이후 여성단체들은 김영삼 대통령이 대선 당시 공약으로 내세웠던 성폭력특별법 제정에 대한 약속을 이행하도록 촉구했다. 이러한 과정에 힘입어 성특위와 전국의 여성운동단체는 1993년에도 성폭력특별법 제정과 성폭력추방운동을 지속적으로 전개하였다. 이와 더불어 한국 정부는 1993년도 유엔여성지위위원회 회의에서 경제발전에 비해 여성차별현상이 남아 있음을 지적받게 되며 성폭력특별법 제정에 대한 부담을 받게 되었다. 이와 함께 1992년 윤금이 씨 사건과 1993년 2월 도곡동 청소년성폭력사건이 발생하게 되면서, 성폭력특별법의 제정에 대한 여론을 다시 한 번 환기시키게 하는 사건적 계기를 제공하게 되었다.

이후 여성운동단체들과 정부 및 관계담당자들과의 논의 끝에 1993년 12월 〈성폭력범죄에 대한 처벌 및 피해자보호에 관한 법률〉이 국회 심의를 통과 · 제정되게 된다. 〈성폭력특별법〉의 제정은 그동안 성폭력의 문제를 사회적 의제로 만들어내고 성폭력 피해여성의 권리 보호에 대한 반성폭력운동의 주장과 이슈가 법제화를 통해 받아들여지게 된 것이라 볼 수 있다(신상숙, 2008; 서동희, 2009: 60).

법이 제정된 후 여성단체들은 〈성폭력특별법〉에 근거한 92개의 성폭력상담소, 8개의 성폭력피해자 보호시설을 설치하고 성폭력사건처리 불만센터와 보건복지부에 개통한 상담전화 '여성 1366'을 운영, 성폭력사건 발생 시 성폭력피해자를 위한 구명운동을 실시하였다. 또한 성폭력예방교육의 기본계획을 수립, 점검하며 〈성폭력특별법〉의 집행에 대한 모니터링 활동을 강화하였다.

성폭력 근절을 위한 최초의 종합 대책인 〈성폭력특별법〉의 제정은 한국사회에서 성폭력에 대한 사회적 인식과 관행의 변화를 주장하던 반성폭력운동에 있어 중요한 성과라 할 수 있다. 〈성폭력특별법〉이 제정됨으로써 일반인들의 성폭력에 대한 인식을 변화시키고 성폭력이 사회적 범죄라는 인식을 확산시켰다. 여성의 이해를 반영하는 여성운동이 국가의 정책방향에 영향력을 미친 것이다.

그러나 이러한 성과에도 불구하고 성특위는 법이 제정되자마자 성명서를 내고 문제점을 지적하였다. 첫째, 개념규정에 있어 여전히 '정조에 관한 죄'를 적용하고 있고 둘째, 친고죄의 전면 폐지가 이루어지지 않았으며 셋째, 성폭력의 범죄 구성요건에 있어서 여전히 피해자의 행동 여부에 초점을 맞추고 있고 넷째, 범죄 유형에서 다양한 유형의 성폭력이 배제되어 있고 다섯째, 수사나 재판과정에서 피해자 보호조치가 미흡하며 여섯째, 법의 집행과정에서 성폭력상담소와 보호시설 설치 및 운영, 국가의 책무이행 여부에 대해 감시 · 감독을 하는 '성폭력특별위원회' 와 같은 책임자적인 기관이 설치되지 않았다는 것이다(민경자, 1999: 61-62). 이처럼 〈성폭력특별법〉 제정 당시 내용에 대한 것뿐만 아니라 특별법 형식 자체에 대해서도 비판이 있었지만 이 법은 국가가 여성운동의 요구를 인정 · 지원한 최초의 법으로 여성운동의 발전에 기여하였고 다른 젠더 관련 법의 제정에도 동인이 되었다고 평가된다(정현미, 2015: 56).

2) 정치에서의 여성할당제와 여성의 정치세력화 운동

1980년대 중반 이후 민주화 운동이 진행되면서 여성운동의 정치력도 강화되었다. 1987년 민주화 대투쟁 과정에서 여성들도 하나의 정치세력으로 형성되기 시작한 것이다. 여성운동단체들은 여성이해의 정치쟁점화, 여성의 의회진출을 위한 여성후보 발굴과 지원, 여성할당제 실현을 위한 연대, 성차별 해소를 위한 각종 법 제정과 집행을 위해 활동하였다. 여성의 정치세력화는 민주화 과정 속에서 성장한 여성운동단체들이 중심이 되었으며 '영향의 정치' 와 함께 직접적인 '참가의 정치' 라는 이중전략을 실천해 왔다(오유석, 2008: 3). 실질적 성평등 사회의 구현을 위해서는 명목적인 여성 관련 법의 제·개정 수준에 그칠 것이 아니라 여성이 직접 정치적 의사결정과정에 참여하는 것이 중요하며 여성대표에 의한 여성의 목소리와 권익이 반영되어야 하기 때문이다.

선거제도의 할당제 도입을 촉구했던 '할당제 도입을 위한 여성연대' (이하 '할당제여성연대' 라 함)는 여성운동단체에서 이룩한 최초의 연대활동이라 할 수 있다. 할당제여성연대는 1994년 8월에 결성되어 제15대, 16대 총선과 1995년, 1998년, 2002년 지방선거에서 할당제 도입을 주장하였다. 1987년부터 사회 각 분야의 여성 비율을 높이기 위해 할당제를 도입하자는 논의들이 진행되기 시작했는데 이 단체는 이런 여성계의 요구를 '할당제여성연대'를 통해 이루려 한 것이다.

'할당제여성연대'는 1990년대 이후 정책참여 활동을 활발하게 벌여온 대표적 여성단체인 한국여성단체연합과 한국여성단체협의회 등 여성단체가 여성의 정치참여 확대를 위해 할당제가 도입되어야 한다는 데 인식을 같이한 여성단체의 연대활동을 통한 참여확대 노력이었다. 이들 여성연대 활동이 주로 사용한 방법은 각 정당에 성명서를 송부하거나 정당 총재를 방문하는 등 국회의원을 직접 만나는 식이었다.

특히 1990년대 지방자치가 실시되어 민선 지방선거가 시작되면서 생활정치에 대한 아래로부터의 욕구가 대두되었고 여성들의 정치참여에 대한 욕구도 강하게 분출되었다. 여성운동 역시 지방자치 부활을 계기로 지방의회에 여성참여를 제도화하는 운동과 함께 선거 시기에는 '참여정치' 차원의 개입을 시도했다. 여성운동의 이러한 노력은 지방의회에 여성이 참여하는 생활정치를 통한 풀뿌리 민주주의라는 측면에서의 접근이기도 했다(김은희, 2014: 7) 또한 '지방정치는 생활정치'라는 맥락에서 지방정치의 주체로서 여성이 주목받기 시작했다. 이에 따라 여성계의 활동은 여성의 정치참여 확대를 위한 제도 개선과 여성후보 발굴 및 인력풀 구축, 선거 지원 등에 주력할 수 있는 여건이 마련되었다.

이후 '할당제여성연대'에서 1995년 지방선거에서 광역의회의 비례대표의원의 10% 후보추천 등을 각 정당에 요구하였고 1996년 제15대 총선에서는 지역구 30% 이상, 전국구 50% 여성할당을 촉구하였다. 이후 1998년 지방선거와 2000년 총선에서 비례대표 30%를 꾸준히 요구하여 결국 2000년 2월 제16대 총선 직전에 이루어진 정당법 개정으로 국회의원 비례대표 후보의 30% 여성할당 조항의 신설과 2002년 지방선거 전에 광역 비례대표 후보의

50% 여성할당 조항의 신설을 위한 정당법 개정 요구와 개정이 있었는데 이는 여성후보의 공천에 큰 도움이 되었다.

그 후 정치 관련 여성단체 및 연구소들의 연대라 할 수 있는 '여성정치네트워크'와 '17대 총선을 위한 여성연대'의 활동이 있었는데 '여성정치네트워크'는 1998년 6월 지방선거를 맞이하여 1997년 12월에 결성된 것으로 '할당제여성연대'와 동일한 목표를 가지고 있다. 이 단체는 후보자 발굴과 교육에 좀 더 중점을 두었고 특히 지방정치에 관심이 있는 여성들에게 실질적이고 효율적인 도움을 주고자 정치교육의 장을 마련하였다.

2000년 16대 총선을 맞아 시민운동세력은 '총선연대'를 만들어 낙천 · 낙선운동을 효과적으로 전개하였으며 국민들의 지지를 받아 상당한 성과를 거두었다. 2004년 17대 총선에서도 시민운동세력은 정치운동을 전개하였다. 하나는 낙천낙선운동을 추진한 참여연대를 비롯한 시민단체들의 연대운동과 당선운동이며 다른 하나는 여성의 정치적 대표성을 신장하기 위해 여성후보자 지원활동 및 정당법 개정운동이다. 17대 총선을 앞두고 2003년 8월에 결성된 '총선여성연대'는 제17대 총선을 대비하여 한국여연과 여성정치세력민주연대 등 321개 여성단체들이 연대하여 정치개혁과 획기적인 여성의 정치참여 확대를 달성하기 위한 것을 목적으로 하고 있다.

'총선여성연대'는 '할당제여성연대'와 '여성정치네트워크'의 활동을 계승한 것으로 정치개혁과 선거제도 관련 개선안을 제안하고 아울러 여성의 참여가 전반적인 정치개혁과 함께 진행되어야 함을 강조하였다. 이들은 국회의원 비례대표직에 여성할당 50%, 지역구에 30% 할당을 요구하며 제도개선운동과 유권자운동, 정보공개운동 등에 주력하였고 집회를 통해 정치관계법 개악시도를 저지하고 규탄하였으며 2004년 국회 내 정치개혁특별위원회에서 정당법과 선거법개정 등이 논의되었을 때 국회 정치개혁특별위원회에 대한 방청활동을 통해 압력을 행사했으며 특위 위원들을 직접 만나서 설득하는 방식으로 할당제의 법제화에 총력을 기울였다.

지방자치의 실시와 함께 여성운동은 지방선거와 총선 등 매 선거 때마다 여성참여 확대를 위한 제도개선운동을 전개하였고 여성운동에 있어서 '여성의 정치참여 확대'는 항상 최우선 과제의 하나였다. 17대 총선에서 여성계의 주목받는 활동은 여성후보 발굴 작업인 '맑은정치여성네트워크'를 결성한 것이다. '맑은정치여성네트워크'는 여성의 정치세력화에 동의하는 개인회원으로 구성된 모임이다. 구체적으로 여성후보 추천위원회를 구성하여 102인의 여성후보 명단을 발표하였고 각 정당에 이 여성후보들에 대한 공천을 요구하고 이들의 당선운동을 펼쳤으며 현역의원을 제외하고 신인 여성후보들을 각당에 추천하고 지원하는 작업을 하였다. 이들 조직의 여성후보 지원활동은 성명서 발표 및 언론과 방송매체에 대한 논평, 기자회견 등을 통해 일반 유권자에게 알려졌다. 또한 이들은 다양한 분야의 학자, 연구자, 시민단체 활동가들이 참여한 여성정책포럼, 토론회 등을 통해서 17대 총선과 여성정치참여 확대 방안에 관해 적극적으로 논의했다. 이들은 직접 정당을 방문해서 각 정당 대표들의 여성후보 할당제 법제화 지지를 호소했고 대외적으로 집회 등을 통해 제도개선운동과 유권자운동을 전개했다(김은희 · 김민정 · 오유석, 2013: 93-94).

이외에 유권자운동, 기금 모으기 운동 등 다양한 참여운동이 활발하게 전개되었으며 이에 힘입어 2004년 총선에서는 여성의원이 39명 진출하는 성과를 이루었다. 이는 이제까지 여성들의 정치권 진입이 개인적인 활동에 기반했던 것에 비해 17대에는 여성계의 지원으로 이루어졌다는 점에서 여성의 정치세력화를 보여주었으며 여성의 정치분야에의 참여와 여성의 대표성 제고에 여성운동의 역할이 중요함을 보여준 것이었다.

17대 총선에 출마한 여성후보는 전체 157명이었고 이 중 '맑은정치여성네트워크'의 추천명단에 있던 후보는 46명(29.3%)이었다. 이 중 공천이 되어

당선된 후보는 지역구 15명 중 3명, 비례대표 31명 중 19명으로 총 22명이 당선되었다. 17대 총선에서 여성 당선자의 수는 39명으로 16대 총선 시 15명보다 두 배 이상 증가되었고 전체 비율에 있어서도 13%라는 기록을 세웠

〈표 6-1〉 할당제 제도화에 대한 여성단체 연대활동 과정

시기	중심 단체	주요 활동
1990년대 이전	한국여성단체협의회 등	• 여성할당제 건의
1994년	할당제 도입을 위한 여성연대 (54개 여성단체 참여)	• 국회여성특별위원회 초청 간담회 • 1995년 지방선거에 여성공천 20%, 광역의회 비례대표의원 10% 도입 및 여성 50% 공천 촉구 • 15대, 16대 총선에서 비례대표직 여성 30% 할당 촉구
1998년	여성정치네트워크 (여성유권자연맹, 여성정치문화연구소 등)	• 정치관계법에 여성대표성 확보를 위한 공청회 개최 및 정당에 공천할당제 도입 촉구
2000년	한국여성유권자연맹, 여성정치세력민주연대	• 여성후보 추천운동 • 정치관계법 개정 건의
2002년	여성정치연대 (여성정치세력민주연대, 한국여성유권자연맹, 한국여성정치연맹)	• 각 당 정치개혁특위위원장과 토론회 개최 및 원칙합의 도출 • 비례직 50%, 지역선출직 30% 할당 등 정치관계법안 국회정개특위에 제출 및 위원장 면담
2004년	총선여성연대 (여성단체연합, 여성단체협의회 등 전국 321개 여성단체 연대체)	• 정치관계법 개정안 범개혁에 제출 • 비례대표 의석 감소에 대한 반대활동 및 증가운동
2006년	여성단체연합, 여성단체협의회 등 8개 단체	• 정치개혁협의회에 의견서 제출 • 기초의회에 남녀동반선출제 요구 등
2010년	남녀동수연대 (여성단체연합, 여성단체협의회, 여성정치세력민주연대 등 400여 개 단체 참여)	• 지방선거에서의 남녀동수 제도화 작업 • 토론회 및 정개특위위원장 면담 • 제안서 작성 및 성명서 전달

자료 : 조현옥 · 김은희(2010: 126).

다. 이들의 국회진입은 이들 개인의 성과라기보다는 여성운동의 지지와 힘이 있었기 때문에 가능했다. 그 외 여성의 정치참여를 목적으로 하여 일시적으로 형성된 네트워크로는 '2010 지방선거 남녀동수 범여성연대' 등을 들 수 있다.

이처럼 여성운동의 정치활동 내용을 보면 크게 선거제도 개혁운동과 당선운동이라 할 수 있다. 여성운동은 단체 간 연대의 형식을 통해 여성을 조직화하고 정치참여의 주체를 증가시키기 위한 방안으로 할당제를 주장하면서 당선운동을 펼쳤다. 이처럼 여성의 정치세력화는 주요 흐름을 형성하고 있으며 여성의 정치세력화를 통해 여성의 저대표성을 극복하고자 했다. 할당제 제도화에 대한 여성단체 연대활동 과정을 정리하면 앞의 〈표 6-1〉과 같다.

3) 호주제 폐지과정

1953년 가족법 초안이 완성되었으나 그 내용에 미비한 점이 많아 1956년 창설된 한국가정법률상담소 주도로 본격적인 가족법 개정운동이 시작되었다. 이 같은 1차 가족법개정운동의 결과 1958년 호주권이 비교적 약화된 신민법이 제정되어, 1960년 1월부터 시행되었다. 그 후 1973년 61개 단체로 구성된 여성가족법개정촉진회가 결성되어 가족법 개정 10대 요강을 발표하면서 활동에 들어갔으며, 이 활동의 결과는 1977년 2차 가족법 개정으로 결실을 보게 되었다. 그러나 이때 10개 항목 가운데 호주제와 동성동본 불혼제 폐지는 이루어지지 않았다.

1984년 7월 가족법 개정을 위한 여성연합회가 결성되어 토론회 개최와 서명운동 등을 지속했으며, 연합회의 활동과 1987년 개헌에 힘입어 3차 가족법 개정이 이루어졌다. 호주제와 관련해서는 호주의 권리, 의무 등 몇 가지 개정은 되었으나 여전히 호주제는 폐지되지 않았다. 3차에 걸친 가족법 개정의 결과 호주제의 실질적인 내용은 거의 삭제되었으나 호주제와 동성동본금혼 규정 등이 그대로 법에 남아 있었다. 그러나 그 이후에도 호주제 폐지운동은 계속되었고 그 결과 2000년 9월의 '호주제 폐지를 위한 시민연대'를 결성하게 되었다. 이후 시민연대를 중심으로 토론회가 열리고 위헌소송이 제기되었으며 시민연대 차원에서 뿐만 아니라 각 단체마다 다양한 활동이 이루어졌다. 다양한 행위자들의 적극적인 참여와 활발한 상호 작용을 통해 개방적이고 협력적인 정책네트워크가 형성됨으로써 해당 이슈에 대한 논의가 이루어진 것이다(조영희, 2012: 163).

한국가정법률상담소는 호주제 위헌 소송을 적극 후원하면서 헌법재판소장 및 재판관들에게 건의서를 제출하는 한편 홍보책자 출간, 비디오 제작, 거리 홍보 및 서명운동, 국회의원을 대상으로 한 설문조사 실시 등을 지속했다. 2003년에는 여성부가 '호주제 폐지를 위한 특별기획단'을 발족하였으며, 시민연대는 호주제 폐지를 담은 민법개정안을 의원입법으로 발의하였고, 법무부는 '가족법개정특별분과위원회'를 발족했다.

2003년 11월 법무부가 호주제 폐지를 내용으로 하는 민법개정안을 16대 국회에 제출하였으나, 법안심의조차 이루어지지 않은 채 폐기되었다. 2004년에 들어와서 헌법재판소에서 위헌소송이 진행되는 가운데 한국가정법률상담소를 중심으로 국회의원들을 대상으로 입장 조사, 편지 보내기, 1:1면담 등 본격적인 폐지운동이 계속되었고, 2004년 9월 호주제 폐지를 내용으로 하는 민법개정안이 다시 의원입법으로 발의되었다. 2005년 헌법재판소는 호주제에 대한 헌법불합치 결정을 내렸고 그해 3월 호주제 폐지를 주요 내용으로 하는 민법 일부 개정법률안이 국회를 통과하였다.

〈표 6-2〉 호주제 폐지운동 일지

날짜	내용
1999. 4. 26.	• '현행 호주제도의 문제점과 대안마련을 위한 토론회' (한국여성단체연합 · 한국가정법률상담소 · 대한여한의사회 · 호주제 폐지를 위한 시민의 모임 주최)
5.	• 여성연합 호주제 폐지운동본부 발족
7.~12.	• 전국 50여 단체에서 '호주제 불만 및 피해사례 신고전화' 운영
11.	• UN인권이사회, 호주제 폐지에 대한 권고사항 결의
2000. 7.	• 사이버 호주제 폐지운동 사이트(http://no-hoju.women21.or.kr) 개통
9. 22.	• '호주제 폐지를 위한 시민연대' 발족(현재 113개 단체로 구성)
9. 22.	• 호주제 폐지에 관한 청원(청원자 : 호주제 폐지를 위한 시민연대)
10. 25.	• '양성평등과 호주제 폐지, 그리고 그 대안' 토론회(호주제 폐지를 위한 시민연대 주최)
11. 28.	• 위헌소송 제기
2001. 4.	• 서울지방법원 북부 · 서부지원, 호주제 관련 조항 위헌심판제청 결정
5.	• UN경제사회문화적권리위원회, 한국 정부에 '호주제' 우려 표명
2002. 5. 15.	• 제2차 호주제 위헌소송 진행
10. 23.	• '21세기 가족의 전망과 호적제도 개선방안에 대한 토론회' (평등사랑변호사모임 · 국회인권정책연구회 · 민주사회를 위한 변호사 모임 주최)
2003. 3.	• 국가인권위원회, '호주제의 위헌성에 대한 의견' 헌법재판소 제출
4. 22.	• 호주제 폐지를 위한 의원간담회 (호주제 폐지를 위한 시민연대 · 국회인권정책연구회 주최)
5.	• 사이버 호주제 폐지운동(www.no-hoju.or.kr) 전개
5.~6.	• 호주제 폐지 범국민캠페인 및 길거리 토론회
5. 27.	• 호주제 폐지를 위한 민법 중 개정법률(안) 의원발의 추동 • 호주제 폐지 272 발족 기자회견(호주제 폐지 시민연대 주최)
5. 28.	• 호주제 폐지를 위한 법조계 & 법학계 선언
6. 11.	• 호주제 폐지를 촉구하는 지도자 선언 기자회견
6. 15.	• 호주제 폐지를 지지하는 문화예술인 선언 기자회견
8. 11.	• 법제사법위원회, 민법개정안 안건 상정
9. 25.	• 법무부 · 여성부 주최, 민법 개정안 공청회
11. 13.	• 한나라당 주최, 호주제 폐지 민법 개정안에 대한 공청회
11.~12.	• 호주제 폐지 국회 앞 1인 시위
11.~12.	• 호주제 폐지 촉구 시민사회 · 노동단체 릴레이 성명서 발표
2004. 6. 3.	• 민법 중 개정법률안(정부안) 17대 국회 제출
9. 9.	• 민법 중 개정법률안(이경숙 의원 대표 발의안) 국회제출
9. 14.	• 민법 중 개정법률안(노희찬 대표 발의안) 국회 제출
12. 3.	• 법사위 주최 민법개정안 공청회, 호주제 연내 폐지를 위한 시민사회 원로 및 대표 선언
12. 27.	• 법사위 법안심사 제1소위, 2005년 2월에 호주제 폐지 법안 처리키로 여야 합의

2005. 1. 10.	• 대법원, 새로운 신분등록 대안으로 '혼합형 1인 1적 가족부' 제시
1. 17.	• 이은영 의원실 주최, 대법원의 대안에 대한 공청회
1. 26.	• 법무부, 새로운 신분등록 대안으로 '본인을 기준으로 한 가족기록부 형태' 제시
2. 3.	• 헌법재판소, 호주제 헌법 불합치 결정
3. 2.	• 호주제 폐지를 주요 내용으로 하는 민법 일부개정 법률안 국회 통과

자료 : 여성연합 호주제 폐지운동본부 · 호주제 폐지 시민연대 · 기타 주요 사건기록.
여기서는 김영화 · 권신영 · 최영진(2013: 376-377)에서 재인용.

3 여성운동의 차이와 제도화

1) 여성운동의 차이

한국의 여성운동은 1990년대 중반까지는 여성 내부의 차이에도 불구하고 연대하는 모습을 보여주었다. 그러나 1990년대 중반을 넘어서면서 여성운동의 성장과 분화, 다양한 여성 주체들의 형성과 함께 여성 내부의 차이가 급격히 확대되어 가고 있다.

여성운동 안에서 '차이'에 대한 담론이 확산되기 시작했고 실제로 1990년대 후반부터 여성운동에서 특정 쟁점에 대해 상반된 견해를 보이거나 다양한 목소리를 내는 경향이 두드러졌다. 이처럼 여성운동 안의 서로 다른 관점과 입장이 부각되는 현상은 1990년대 중반까지 여성운동이 연대했던 모습, 즉 가부장적 사회에 대항하여 한 목소리로 여성의 지위향상과 성평등화를 주장하던 것과는 현격히 다른 모습이다. 여성운동은 1990년대 중반까지 '차이'를 드러내기보다는 '여성'이라는 이름으로 '연대'했는데 심지어 민주/반민주라는 구도 속에 대립적 지형을 형성하던 '한국여성단체협의회'와 '한국여성단체연합' 조차도 여성주의라는 이름하에 연대했다. 그러나 이러한 현상은 달라지고 있다. 특정 쟁점을 둘러싸고 여성운동 집단들 사이에 관점의 차이가 나타나기 시작했다.

여성운동 내부의 차이가 표면화되는 이유는 여성운동의 양적, 질적 확산에서 찾을 수 있다. 이는 1990년대 여성운동의 활성화와 더불어 여성운동의 관심주제와 분야, 여성운동 주체의 다양화·확대에 따라 나타난 현상으로 1980년대에는 여성운동이 독자적인 사회운동으로 인정받지 못했고 여성운동에 참여하는 사람 또한 매우 적었으며 따라서 여성운동의 실천 분야 또한 노동, 이론 등의 분야로 한정됐다. 1990년대 중반 이후에는 여성운동에 참여하는 사람들의 수가 증대했으며 여성운동이 부문운동이 아닌 독립적인 운동으로 인정되었고 운동분야도 섹슈얼리티, 문화, 가족, 환경, 평화 등의 분야로 확대되었다. 이러한 양적, 질적 확산과 함께 어떤 분야에서 어떤 목적을 가지고 여성운동을 하느냐에 따라 입장 차이가 나타나게 된 것이다.

특히 촛불집회를 통해 나타난 다양한 여성주체들은 여성운동의 가치와 의제의 생성, 운동방식의 변화, 소통방식의 변화, 운동주체의 변화가 필요하다는 문제의식을 제시하였다. 촛불집회를 통해 등장한 다양한 여성주체들은 여성운동이 집중해 왔던 제도 중심의 운동에서 생활문화운동, 생활밀착형 의제의 발굴 및 개혁운동으로의 확장을 촉구하였다(김은주, 2009: 228). 대학 내 여성주의 운동도 기존의 총여학생회만이 아니라 여성주의 매체, 자치모임, 동호회 모임, 연극활동 등의 형태로 대학 내 여성주의 네트워크를 구축하여 대학별 여성주의 운동이 처한 한계를 극복하고 있다.

또한 지구지역운동의 일환으로 창립된 페미니즘 학교는 지구지역의 틀을 넘어 자본주의, 군사주의, 제국주의 등으로 표출되는 전 지구적 가부장체제에 저항하고 새로운 지구, 대안적 지구를 만드는 운동의 거점이 되고 있다(고정갑희, 2009).

2) 여성운동의 제도화

한국의 여성운동은 그 패러다임을 '영향의 정치'에서 '참가의 정치'로 바꾸면서 제도화되어 가고 있다. 해방 이후 한국의 여성운동을 보면 제도화는 일찍부터 시작되었다고 할 수 있다. 1950, 60년대 많은 여성단체들은 제도화되어 국가와 협력, 상호 의존관계에 있거나 권위주의 국가에 종속되었다. 1959년에 발족한 한국여성단체협의회와 그 회원단체들은 직·간접적인 정부의 지원하에 정부의 정책을 선전, 교육하는 활동을 펼쳤다. 1970년대에서 1980년대 중반의 여성운동을 보면 이전 시대를 계승하면서 국가와 협력, 상호 의존관계에 있던 여성운동의 흐름과 함께 저항적, 자율적 여성운동이 출현하였다. 이들은 '진보적 여성운동'으로 불리는데 이 경우 운동은 제도화되지 않은 상태의 '저항'의 측면을 가지고 있었다.

1980년대 중반을 넘어서면서 저항적 여성운동은 단순히 여성들이 참여하는 운동이 아니라 성불평등 문제를 제기하고 저항하는 여성운동을 전개했다. 이 여성운동은 새로운 이념과 새로운 방식의 여성운동을 확대하는 것을 목표로 했기 때문에 제도화와 거리가 있었다. 이후 진보적 여성운동은 급성장하는 반면 정부와 상호 의존관계에 있었던 여성운동은 새롭게 부상한 여성운동 세력의 도전을 받게 되면서 내부적 변화를 꾀하게 되었다. 한국 여성운동의 제도화는 급격히 확대되었고 여성운동의 대중화와 세력화에 힘입어 여성친화적 법과 정책이 수립되었다.

2000년대 이후 여성운동은 여성운동으로서의 정체성 위기, 성평등에 대한 진보적 프레임의 실종, 운동가 충원과 재생산의 어려움 등 여러 위기 징후에 직면하게 되었고 여성운동이 법과 제도상의 개념, 정책 실행의 일련의 과정을 따르게 되는 경향도 보였다(강이수, 2013). 특히 성 주류화를 위해 제시하는 정책의 성별영향평가, 성인지 예산 등과 같은 도구와 절차적 기제가 성평등을 위한 정책의 정부인 양 인식되어 버리면서 여성운동은 더 이상 새로운 이슈를 점점 상실해 가고 있다. 따라서 젠더 거버넌스라는 이름으로 협력된 민·관 협력체계는 더 이상 동반자의 관계보다는 상하관계로 굳어지게 되며 여성운동가들의 정체성에도 위기가 한층 심화되고 있다는 비판이 있다(신상숙, 2011; 서두원, 2012). 또한 여성단체들이 지나치게 관료화, 정치화되면서 이들이 운동 본연의 색깔을 상실했다는 비판도 제기되고 있다.

제도화에 대해서는 상반된 입장이 있는데 제도화가 운동의 대중화와 세력화에 기여한다는 점에서 긍정적이라는 입장이 있다. 여성운동은 여성친화적 법과 정책을 마련하고 여성 관련 행정기구를 수립하는 등 제도화 과정을 통해서 여성쟁점을 빠른 시간 안에 전국적으로 대중화하고 여성운동집단을 세력화했다는 입장이다. 즉 전반적으로 여성운동의 제도화는 여성부를 만들고 국가기구 내에 여성부서나 여성정책을 만들었으며 여성주의적 법과 정책을 수립하는 데 기여했다는 것이다. 여성운동의 제도화는 정치적 기회구조의 측면이나 제도화 수준에서 볼 때 운동이 제도에 포섭되기보다는 제도 내에서 운동을 확장시키고 강화시키는 작용을 했으며 운동의 자율성을 상실하지 않고 여성운동의 목표를 달성하는 긍정적 효과를 가져왔다고 평가된다(오장미경, 2004a). 제도화에 대한 부정적 입장은 제도화가 여성운동의 급진성과 진보성을 약화시켰고 운동의 중립성과 자율성을 훼손시킨다고 본다. 그러므로 여성운동은 제도에 대한 비판과 감시활동을 게을리하지 말아야 할 것이다. 제도와 일정 정도 거리를 유지하고 제도 내부의 활동에 대해 비판적 시각을 가져야 한다.

제 3 부

여성정책의 현황과 과제

여성노동정책

제 7 장

1. 여성과 노동 : 여성의 경제활동 참여현황
2. 여성노동정책
3. 여성의 경제적 역량강화 방안과 과제

1. 여성과 노동 : 여성의 경제활동 참여현황

여성노동에 대한 관심과 노동시장에서 여성노동문제가 나타나게 된 것은 산업화 사회 이후부터이다. 노동시장에서 노동력 수요의 증가는 여성들의 경제활동 참여를 촉진시켰으며 한국 여성의 경제활동 참여율은 여성의 고학력화와 성평등 의식의 확산으로 1980년대 중반 이후부터 꾸준히 증가해 오고 있다. 그러나 여전히 여성의 경제활동 참여율이 낮으며 노동현장에서 여성들의 지위는 열악하다. 1990년대 이후 여성의 지위향상을 위한 법적 · 제도적 노력에 비추어 여성의 경제활동 참여성과는 상대적으로 미미한 수준에 불과한 것이다. 한국 여성의 경제활동 참여율은 57.0%로 OECD 국가들과 비교하면 많이 낮다.

〈표 7-1〉 OECD 주요 국가 여성의 경제활동 참여율 (단위 : %)

구 분	한국	OECD	일본	프랑스	미국	호주	캐나다	스위스
전체 여성	57.0	62.8	66.0	67.4	67.1	70.5	74.2	79.0

자료 : *OECD Employment Outlook* 2015. 여기서는 최문선(2015: 75)에서 재인용함.

여성 경제활동 인구는 2006년 천만 명 시대를 연 이후 조금씩 증가하여 2014년 현재 11,149천명으로 51.3%이다. 기혼여성의 경제활동 참여율은 52.5%이고 미혼여성은 51.0%이다. 남성 74.0%에 비하여는 22.7%p 낮다(주재선, 2014: 52). 2014년 여성의 취업자 형태 중 임금근로자는 8,118천명으로 취업자의 75.4%를 차지한다. 여성취업자를 종사상 지위별로 살펴보면 상용직이 42.0%로 가장 높고 임시직(27.4%), 무급가족종사자(9.8%), 일용직(6.0%), 고용주(3.3%) 순으로 나타나고 있다. 반면 남성취업자의 경우 임금근로자가 전체 취업자의 71.6%를 차지하며 취업자 중 상용근로자가 차지하는 비율이 51.4%이고 자영업자의 비율이 19.3%로 여성취업자에 비해 높게 나타나고 있다(주재선, 2014: 59-60).

〈표 7-2〉 종사상 지위별 취업자 (단위: 천명, %)

구분		비임금근로자				임금근로자			
		소계	고용주	자영업자	무급가족	소계	상용	임시	일용
여자	1990	3,185 (43.2)	199 (2.7)	1,183 (16.0)	1,804 (24.5)	4,190 (56.8)	1,577 (21.4)	1,659 (22.5)	954 (12.9)
	2000	3,372 (38.5)	263 (3.0)	1,421 (16.2)	1,688 (19.2)	5,397 (61.5)	1,679 (19.1)	2,496 (28.5)	1,222 (13.9)
	2010	2,683 (27.1)	325 (3.3)	1,276 (12.9)	1,083 (10.9)	7,230 (72.9)	3,421 (34.5)	2,973 (30.0)	837 (8.4)
	2014	2,642 (24.6)	359 (3.3)	1,232 (11.4)	1,051 (9.8)	8,118 (75.4)	4,525 (42.0)	2,946 (27.4)	647 (6.0)
남자	1990	3,950 (36.9)	969 (9.0)	2,717 (25.4)	263 (2.5)	6,759 (63.1)	4,361 (40.7)	1,512 (14.1)	886 (8.3)
	2000	4,423 (35.7)	1,195 (9.6)	2,986 (24.1)	243 (2.0)	7,963 (64.3)	4,716 (38.1)	2,112 (17.1)	1,135 (9.2)
	2010	4,175 (30.0)	1,174 (8.4)	2,818 (20.3)	183 (1.3)	9,740 (70.0)	6,666 (47.9)	2,095 (15.1)	979 (7.0)
	2014	4,215 (28.4)	1,191 (8.0)	2,870 (19.3)	153 (1.0)	10,624 (71.6)	7,630 (51.4)	2,086 (14.1)	908 (6.1)

자료 : 통계청, 『경제활동인구연보』. 여기서는 주재선(2014: 60)에서 재인용함.

이는 우리 사회의 성별 분업구조가 여전히 여성의 경제활동 참여를 저해하는 중대한 걸림돌로 작용하고 있음을 의미한다. 여성의 교육수준 향상과 의식구조의 변화로 전통적인 성별 분업구조가 강력히 도전을 받고 있지만 결혼과 함께 남성은 직장이라는 공적 영역을, 여성은 가정이라는 사적 영역을 대표하며 이를 주관하는 것으로 인식되는 전통적인 사회규범이 여전히 우리 사회에 존재하는 것이다. 그러므로 가사노동이나 자녀양육의 책임은 일차적으로 기혼여성이 떠맡게 되고 이러한 책임이 과중되는 시기에 여성들이 노동시장에서 이탈하는 현상이 줄어들지 않고 있다. 또한 가부장적 조직문화, 여성의 정보 접근성에서의 어려움, 네트워크로부터의 소외, 낮은 승진가능성, 가정과 병립할 수 없는 직장문화 등이 여성으로 하여금 계속적인 경제활동 참여를 어렵게 한다. 현대 한국 여성노동의 특성을 살펴보면 한국 여성들의 노동시장 참여의 부정적인 특징들을 살펴볼 수 있다.

25~29세 여성의 경제활동 참여율은 2010년 55.9%에서 2014년 73.4%로 증가했다. 반면 35~39세 여성의 경제활동 참여는 2000년 59.3%에서 2014년 56.7%로 소폭 낮아졌다. 이는 혼인연령이 높아지면서 출산과 육아로 인해 노동시장에서 퇴장하는 주 연령층이 30~34세 연령층에서 35~39세 연령층으로 이동했음을 의미한다(주재선, 2014: 54). 따라서 연령-취업률 곡선을 보면 M자형의 참가형태를 보이고 있는데 다른 국가와 비교해 보면 한국에서 특히 두드러진 현상이다.

그림 7-1 연령별 경제활동 참여율

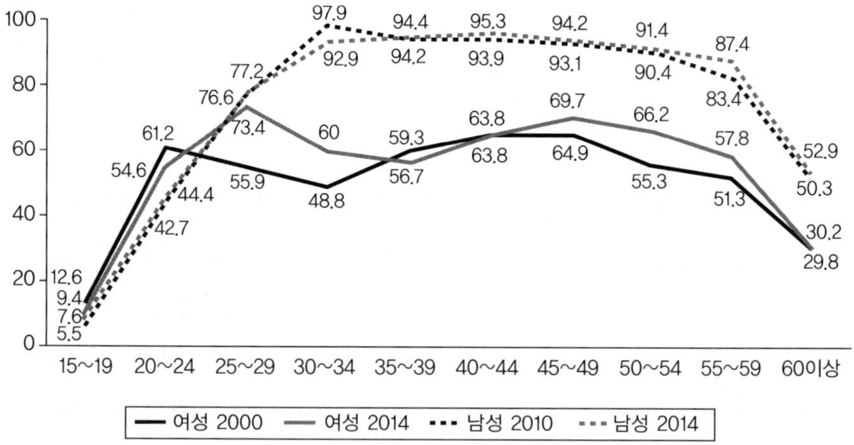

자료 : 주재선(2014: 55).

그림 7-2 연령별 경제활동 참여율

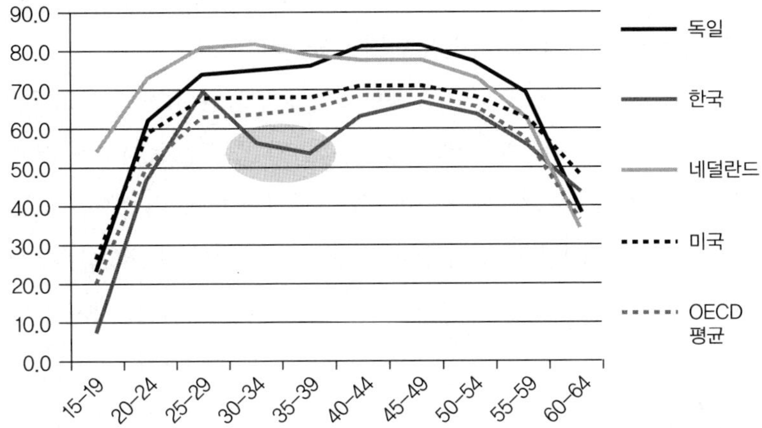

자료 : 중앙행정기관(2015: 4).

이는 결혼, 임신, 출산이 집중적으로 이루어지는 시기에 취업률이 급격히 저하하는 현상을 나타내는 것이다. 이러한 M자형 곡선에 대해서는 〈표 7-3〉

〈표 7-3〉 M자형 곡선현상 지속 원인과 대책

원인	대책	담당부처
자녀양육 및 가사부담	보육 아이돌봄 및 방과 후 학습 지원	보건복지부, 여성가족부, 교육부
청년여성이 원하는 좋은 일자리에 취업이 어려움	대졸 여성을 위한 맞춤형 직업 훈련 및 경력개발	여성가족부, 고용노동부
경력단절 후 노동시장 재진입 곤란	경력단절여성을 위한 종합 취업 지원 시스템 구축	여성가족부, 고용노동부
여성의 근로조건 및 근무환경 열악	양성평등한 인사관리	고용노동부, 여성가족부
	일-가정의 양립 지원	보건복지부, 고용노동부, 여성가족부
	여성친화적 근무환경 조성	고용노동부, 여성가족부

자료 : 여성가족부 홈페이지(http://www.mogef.go.kr)(2015).

이 보여주듯이 여성가족부에서도 "자녀양육 및 가사부담, 청년여성이 원하는 좋은 일자리에 취업이 어려움, 경력단절 후 노동시장 재진입 곤란, 여성의 근로조건 및 근무환경 열악" 등이 원인이라고 보고 있다.

한국 여성들의 노동시장 참여는 생애주기에 민감한 영향을 받고 있는 것이다. 상당수의 여성들이 결혼이나 임신, 출산과 함께 노동시장을 떠났다가 초기 양육기를 지내고 다시 돌아오고 있다. 이처럼 한국 여성들의 노동시장 참여에는 불연속성이 나타나고 있는데 노동시장 참여의 불연속성은 이후 노동시장에 재진입하는 여성들의 지위를 하향이동시키는 결과를 가져온다.

참고자료 7-1

출산과 동시에 나의 직업을 접어야 했다. 그렇게 7년이 흐르면서 '난 일을 다시 할 수 있을까?' 고민이 되었다. 가끔 구직사이트를 돌아다니며 나의 조건에 부합하는 구인정보가 있는지 찾을 때마다 실의에 빠지곤 했다. 겨우 신입을 면한 상황에서 퇴직한 터라 경력직을 하기에는 부족하고 신입이라 하기에는 나이에서 번번이 걸렸다. 결국 이전 직업에서 미련을 버려야 했다. 대학 4년, 직장 6년 동안 배우고 익혔던 전문지식과 경력을 버리고 새롭게 다시 시작해야 하는 내 처지가 불만스럽기도 했다. 그때 말로만 듣던 '경력단절'이라는 단어가 바로 나의 이야기라는 것을 느꼈다.

자료 : 김영진(2014: 40).

2015년 4월 기준 15~54세의 기혼여성(942만 명) 중 취업을 하지 않은 여성은 381만 5천 명으로 40.5%를 차지하고 있다. 15~54세 기혼여성 중 결혼, 임신 및 출산, 육아, 자녀교육(초등학생), 가족돌봄 등의 사유로 직장을 그만 둔 경력단절여성은 21.8%(205만 3천 명)로 나타났다. 2014년보다 15~54세 경력단절여성은 8만 7천 명(4.0%) 감소하였고, 비취업여성은 8만 명(2.0%) 감소하였다.

그림 7-3 여성 경력단절 규모

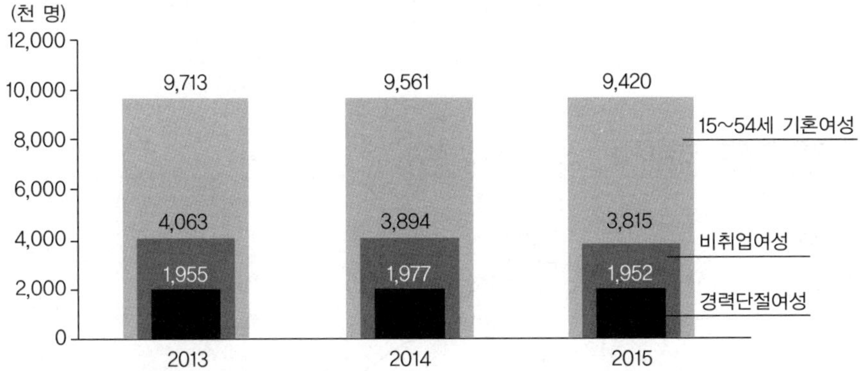

주 : '가족돌봄' 은 2014년부터 조사되어, 2014년과 2015년 그래프 수치는 2013년 자료와 비교 가능하도록 '가족돌봄' 을 제외.
자료 : 통계청 · 여성가족부(2015: 24).

〈표 7-4〉 여성 경력단절 규모 (단위 : 천 명, %, 전년 대비)

		2013.4.	2014.4.	2015.4.	증감	증감률
15~54세 기혼여성(A)		9,713	9,561	**9,420**	-141	-1.5
비취업여성[1](B)		4,063	3,894	**3,815**	-80	-2.0
	비율(B/A)	(41.8)	(40.7)	**(40.5)**	(-0.2)	
경력단절여성(C)		1,955	1,977	**1,952**	-26	-1.3
	비율(C/A)	(20.1)	(20.7)	**(20.7)**	(0.0)	
가족돌봄 포함[2](D)		-	2,139	**2,053**	-87	-4.0
	비율(D/A)	-	(22.4)	**(21.8)**	(-0.6)	

주 : 1) 비취업여성은 현재 일을 하고 있지 않은 여성으로 실업자와 비경제활동인구를 말함.
2) 2014년 조사부터 경력단절여성 범위에 '가족돌봄' 추가
자료 : 통계청, 『지역별고용조사』 각 연도. 여기서는 통계청 · 여성가족부(2015: 24)에서 재인용.

2015년 4월 기준 경력단절여성(205만 3천 명)은 30~39세가 53.1%로 가장 많고, 이어서 40~49세(29.8%), 15~29세(8.6%), 50~54세(8.5%) 순이다. 15~

54세 기혼여성 중 경력단절여성 비중이 가장 높게 나타난 연령대는 30~39세(37.5%)였으며, 그 다음으로는 15~29세가 34.7%를 차지하는 것으로 나타나고 있다.

그림 7-4 연령대별 여성 경력단절 현황

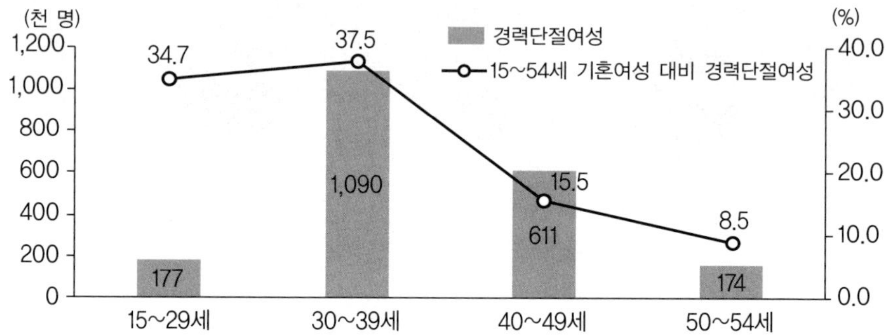

자료 : 통계청 · 여성가족부(2015: 25).

〈표 7-5〉 연령대별 여성 경력단절 현황 (단위 : 천 명, %)

연령	15~54세 기혼여성 (A)		비취업여성		경력단절여성(B)		
		구성비		구성비		구성비	비율(B/A)
합 계	9,420	100.0	3,815	100.0	2,053	100.0	21.8
15~29세	509	5.4	276	7.2	177	8.6	34.7
30~39세	2,905	30.8	1,464	38.4	1,090	53.1	37.5
40~49세	3,943	41.9	1,372	36.0	611	29.8	15.5
50~54세	2,063	21.9	703	18.4	174	8.5	8.5

자료 : 통계청, 『지역별고용조사』(2015.4.). 여기서는 통계청 · 여성가족부(2015: 25)에서 재인용.

2015년 여성의 경력단절 사유는 '결혼'이 36.9%로 가장 높고, 이어서 '육아'(29.9%), '임신 · 출산'(24.4%), '가족돌봄'(4.9%), '자녀교육'(3.9%) 순이었다. '가족돌봄' 을 제외하면, '임신 · 출산' 으로 경력이 단절되는 여성의 비율은 증가하고 있으나, '결혼' 과 '육아' 로 인한 경력단절은 감소하는 경향을 보이고 있다.

그림 7-5 여성경력단절 사유

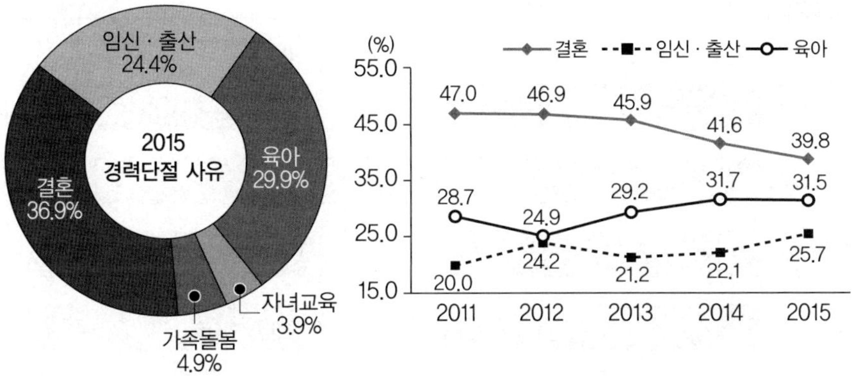

주 : '가족돌봄' 은 2014년부터 조사되어, 2014년과 2015년 그래프 수치는 2013년 이전 자료와 비교가능하도록 '가족돌봄' 을 제외.
자료 : 통계청 · 여성가족부(2015: 26).

〈표 7-6〉 여성경력단절 사유 (단위 : 천 명, %, %p)

구분	2011.6.		2012.6.		2013.4.		2014.4.		2015.4.		증감	
		구성비		구성비		구성비		구성비		구성비		증감차
합 계	1,900	100.0	1,978	100.0	1,955	100.0	2,139	100.0	**2,053**	**100.0**	-87	-
결혼	893	47.0	928	46.9	898	45.9	822	38.4	**757**	**36.9**	-65	-1.5
임신 · 출산	380	20.0	479	24.2	414	21.2	436	20.4	**501**	**24.4**	65	-4.0
육아[1]	545	28.7	493	24.9	571	29.2	627	29.3	**614**	**29.9**	-13	0.6
자녀교육[2]	81	4.3	79	4.0	72	3.7	93	4.3	**80**	**3.9**	-13	-0.4
가족돌봄[3]	-	-	-	-	-	-	162	7.6	**101**	**4.9**	-61	-2.7

주 : 1) 미취학 자녀를 돌보는 일. 2) 초등학생 자녀교육에 한함.
3) 2014년 조사부터 경력단절여성 범위에 '가족돌봄' 추가.
자료 : 통계청, 『지역별고용조사』 각 연도. 여기서는 통계청 · 여성가족부(2015: 26)에서 재인용.

2015년 여성의 경력단절 사유를 연령별로 살펴보면, '결혼'은 50~54세(47.8%), '육아'는 30~39세(35.6%), '임신 · 출산'은 15~29세(33.2%)에서 많이 나타나고 있다. '가족돌봄'은 50~54세에서 23.7%로 다른 연령대에 비해 월등히 많고, '자녀교육'은 40~49세가 상대적으로 많았다.

그림 7-6 연령대별 경력단절 사유

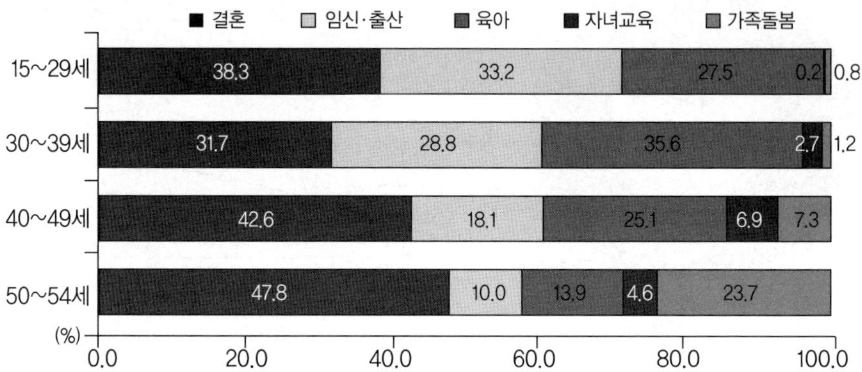

〈표 7-7〉 연령대별 경력단절 사유 (단위 : 천 명, %)

연령	경력단절사유											
	전체	비율	결혼		임신 · 출산		육아[1]		자녀교육[2]		가족돌봄	
				비율		비율		비율		비율		비율
합 계	2,053	100.0	757	36.9	501	24.4	614	29.9	80	3.9	101	4.9
15~29세	177	100.0	68	38.3	59	33.2	49	27.5	0	0.2	1	0.8
30~39세	1,090	100.0	346	31.7	314	28.8	388	35.6	30	2.7	13	1.2
40~49세	611	100.0	260	42.6	111	18.1	153	25.1	42	6.9	45	7.3
50~54세	174	100.0	83	47.8	18	10.0	24	13.9	8	4.6	41	23.7

주 : 1) 미취학 자녀를 돌보는 일.
2) 초등학생 자녀교육에 한함.
자료 : 통계청, 『지역별고용조사』(2015.4.). 여기서는 통계청 · 여성가족부(2015: 27)에서 재인용.

2015년 15~54세 기혼여성 취업자 560만 5천 명 중 직장을 그만둔 적이 있는 경험자는 45.3%인 253만 8천 명으로 나타났다. 연령별로는 40~49세가 123만 5천 명으로 경력단절경험이 가장 많고, 가장 낮은 연령대는 15~29세로 6만 9천 명이었다. 30대는 '임신 · 출산' 으로 인한 경력단절경험이 가장 많았으며, 이를 제외한 나머지 연령대에서는 상대적으로 '결혼' 으로 인한 경력단절경험이 많았다.

그림 7-7 연령대별 여성취업자의 경력단절경험 규모 및 사유

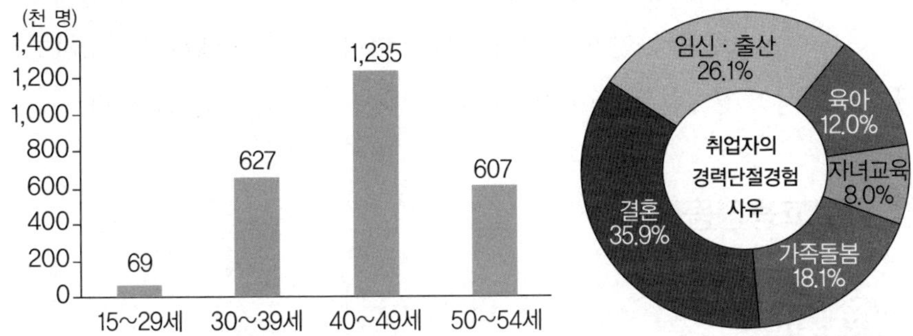

자료 : 통계청 · 여성가족부(2015: 28).

〈표 7-8〉 연령대별 여성취업자의 경력단절경험 규모 및 사유 (단위 : 천 명, %)

	15~54세 기혼여성 취업자												
		취업자의 경력단절 경험자	경력단절 사유										
				결혼		임신·출산		육아		자녀교육		가족돌봄	
					비율		비율		비율		비율		비율
합 계	5,605	2,538	100.0	910	35.9	662	26.1	304	12.0	204	8.0	458	18.1
15~29세	233	69	100.0	35	49.8	23	32.6	10	14.7	1	0.9	1	2.0
30~39세	1,441	627	100.0	213	34.1	230	36.6	112	17.9	36	5.8	35	5.7
40~49세	2,571	1,235	100.0	441	35.7	300	24.3	131	10.6	120	9.7	244	19.7
50~54세	1,360	607	100.0	221	36.5	110	18.1	51	8.4	47	7.7	178	29.3

자료 : 통계청, 『지역별고용조사』(2015.4.). 여기서는 통계청 · 여성가족부(2015: 28)에서 재인용.

2 여성노동정책

여성노동정책은 불합리한 노동현실을 개선하여 여성의 노동시장 참여를 촉진하고 여성의 경제적 지위향상에 대한 욕구를 충족시키고자 국가가 개입하는 것이라 할 수 있다. 한국의 여성노동정책은 산업화가 진행된 1980년대부터 본격적으로 시작되었다(백진아, 2006: 260). 이는 1980년대 들어서 가사노동 및 무급노동에 분포되어 있던 여성노동력이 임금노동으로 변화되어 갔고 여성노동자의 증가로 노동시장에서 여성차별의 문제가 나타났기 때문이다. 이후 여성노동을 둘러싼 환경의 변화에 따라 노동시장에서의 여성차별뿐 아니라 여성의 경제활동 참여 저조현상을 여성노동문제로 인식하였다.

1) 남녀고용평등정책

참고자료 7-2

유리천장 또는 유리벽을 느꼈던 경우

업무를 분배할 때 남성과 여성을 구분지어 남성은 주무, 여성은 보조 역할을 담당하는 것이 관례였으며 동일한 조건에서 근무평정은 항상 여성이 하위였던 기억이 있습니다. 이러한 환경 속에서도 초급관리자로 승진한 후 뜻을 가지고 본사 근무를 희망했지만 돌아오는 답은 "여자가 근무할 자리가 없다"였습니다. 기회가 너무나 불평등하다고 느꼈지만 저를 포함한 대부분이 우리 사회의 당연한 현상이라고 받아들이는 시기가 오랫동안 지속되었습니다. 적어도 수년 전까지만 해도 우리나라의 모든 여성들은 늘 유리천장을 머리에 이고, 유리벽을 등에 짊어지고 살아왔습니다(박경순, 국민건강보험공단 최초 내부승진 여성 임원(상임이사)).

자료 : 여성가족부(2014: 18).

고용평등을 위한 법 · 제도적 장치에도 불구하고 여전히 많은 여성들이 노동시장에서 차별을 경험하고 있으며 출산과 육아로 인한 여성의 경력단절은 노동시장에서 여성의 지위를 더욱 낮게 만들 뿐 아니라 성별 임금격차와 성별 직업분리를 유지 · 강화하는 결과를 초래하고 있다.

1980년대 이전까지 1953년에 제정된 〈근로기준법〉에 의하여 '남녀차별금지' 에 관한 규정이 존재하였으나 유명무실한 법률이었고 실질적인 여성노동정책은 1987년 〈남녀고용평등법〉 제정을 출발점으로 볼 수 있다. 〈남녀고용평등법〉은 1989년 1차 개정을 통하여 '동일가치노동 · 동일임금' 조항을 신설하여 남녀의 임금차 문제를 개선하고자 하였다. 그러나 노동시장에서 여성차별적 관행은 여전하였고 1995년에는 〈남녀고용평등법〉 2차 개정을 통하여 채용 시 '신체조건 요구금지, 임금 외 금품차별 금지' 조항을 추가하였다. 그 후 정부는 1995년 〈여성발전기본법〉을 제정하였는데 이 법에서 고용과 관련해서 남녀평등 촉진, 잠정적 우대조치, 육아휴직제 도입, 성희롱 예방 등 직장 내 평등한 근무환경 조성 등의 새로운 개념을 도입했다.

1990년대 후반 경제위기로 인한 비정규직 노동의 확산과 고용불안정의 영향은 여성노동에 우선적으로 나타났다. 이를 해소하기 위해 1999년 〈남녀차별금지 및 구제에 관한 법〉을 제정하여 여성해고, 비정규직 채용 등을 통한 차별을 개선하고자 하였다.

이런 과정을 거치면서 〈남녀고용평등법〉은 7차 개정을 통하여 〈남녀고용평등과 일 · 가정 양립 지원에 관한 법률〉로 법제명을 변경하고 배우자 출산휴가, 육아기 근로시간 단축, 일 · 가정 양립 지원 기반조성 조항을 신설하였다. 그리고 2008년에는 여성경제활동을 촉진하기 위해 〈경력단절여성 등의 경제활동 촉진법〉을 제정하여 여성인력의 적극적 활용을 통해 저출산 · 고령화 사회를 극복하고자 하였다. 여성노동 관련 법의 제정 및 개정 내용은 다음과 같이 정리해 볼 수 있다.

〈표 7-9〉 여성노동 관련 법령 제·개정과 주요 내용

법령 제·개정	연도	주요 내용
〈남녀고용평등법〉 제정	1987	모집 · 채용 · 임금 · 배치 · 승진 · 정년 등에서 차별 금지
〈근로기준법〉 개정	1989	여성의 청구 없이도 사용자는 유급 생리휴가 부여하도록 개정
〈남녀고용평등법〉 개정	1989	차별의 정의, 동노동임 규정, 성차별 분쟁의 입증 책임 사용자에게 부과
〈국가공무원법〉 개정	1994	남녀공무원의 육아휴직제, 가사휴직제 도입
〈남녀고용평등법〉 시행령 개정	1995	후생복지 등의 차별금지, 육아휴직제 남성에게도 확대
〈고용보험법〉 시행령 개정	1995	육아휴직 장려금 제도, 직장 보육시설 지원규정 신설
〈영유아보육법〉 시행령 개정	1995	직장 보육시설 설치 의무규정, 상시 여성근로자 300인 이상 고용 사업장으로 확대 직장 보육시설 설치 사업주의 비용 부담, 필요 비용의 50% 이상 보조로 완화
〈여성발전기본법〉 제정	1995	여성발전기금의 설치, 성차별개선위원회의 신설, 잠정적 우대조치 규정
〈남녀고용평등법〉 개정	1999	직장 내 성희롱 관련 조항 신설
〈남녀 차별금지 및 구제에 관한 법률〉	1999	사회 모든 영역에서의 차별금지 및 차별기준 고시, 성희롱의 기준과 내용 구체화, 여성특별위원회에 남녀 차별에 대한 조사와 시정조치 권한 부여
〈경력단절여성 등의 경제활동 촉진법〉	2008	임신 · 출산 · 육아와 가족구성원의 돌봄 등을 이유로 경제활동 중단한 여성들의 경제활동 촉진을 위한 조치 새로 일하기 센터 설치
〈남녀고용평등과 일-가정 양립 지원에 관한 법률〉	2008	남녀고용평등법에서 법률 명칭 수정 차별 개선, 모성보호, 일-가정 양립 관련 실태조사 실시 조항 신설
〈가족친화 사회환경의 조성 촉진에 관한 법률〉	2010	맞벌이 가구의 증가에 따른 일-가정 양립 환경 조성

자료 : 강이수 · 신경아 · 박기남(2015: 412).

다음은 여성노동 관련 법 내용의 비교인데 각 법률들의 소관부처를 보면 약간 차이를 보인다. 2001년 여성부(현 '여성가족부')가 신설되면서 〈여성발전기본법〉이 여성부의 소관사항이 되었을 뿐만 아니라 여성노동과 관련된 내용이지만 〈경력단절여성 등의 경제활동 촉진법안〉에 여성가족부가 관여하였다.

〈표 7-10〉 여성노동 관련 주요 제정법 비교

구분	정책목표	정책대상 (여성노동인구 기준)	주요 정책수단
〈남녀고용평등법〉	여성고용차별 철폐와 복지	경제활동여성 (여성근로자)	• 근로여성의 혼인 · 임신 또는 출산을 퇴직사유로 예정하는 근로계약 체결 시 250만원 이하의 벌금부과 • 무급 육아휴직제: 1년 미만의 영아를 가진 근로여성
〈여성발전기본법〉	고용상 성차별 금지 강화와 여성 사회참여 확대	경제활동여성 (여성근로자)	• 할당제 등의 잠정적 우대 조치 • 일-가정 양립 지원제도 • 성희롱 예방 등 직장 내 평등한 근무환경 조성
〈경력단절여성 등의 경제활동 촉진법〉	여성의 경제활동 촉진	비경제활동여성 (경력단절여성 등)	경력단절여성 지원센터 지정을 통한 취업상담, 직업교육훈련, 인턴취업의 ONE-STOP 지원 시스템 도입

자료 : 이지인(2014: 71).

2) 경력단절과 여성인력 개발정책

여성인력 개발 및 인적 자원 활용을 위한 범정부 차원의 정책조정을 위해 제1차 여성인력개발종합계획(2007~2010)과 제2차 여성인력개발종합계획(2011~2015)이 수립되어 진행되고 있다. 여성인력개발종합계획에서는 여성의 임신과 출산, 양육 등으로 인한 경력단절에 주목하였으며 경력단절여성을 노동력으로 활용하기 위해 다양한 사업을 추진하였다. '여성인력개발종합계획'은 '제2차 국가인적자원개발 기본계획'과 같은 시기에 추진되었는데 두 계획에서 공통적으로 드러나는 점은 국가 경제성장을 위해 이전에는 주부 혹은 전업주부로 명명되었던 여성들을 경력단절여성으로 호명하여 정책의 새로운 대상으로 부각시킨 것이다.

경력단절여성들의 취업능력을 향상시키기 위한 직장복귀 프로그램을 개발, 보급하고 취업능력 향상 프로그램을 운영하며 경력단절여성들이 노동시장에 참여 시 가질 수 있는 충격을 완화하기 위한 방안으로 인턴사업을 실시하였다. 또한 고학력 경력단절여성 능력개발 기회를 확대하기 위해 전문대학

그림 7-8 여성인력 활용을 통한 지속적인 국가성장 도모

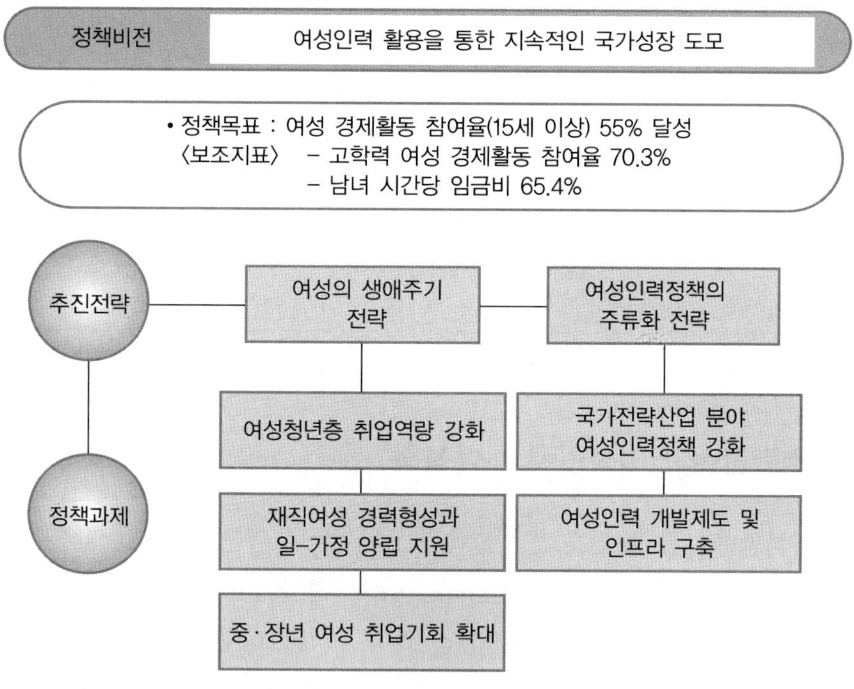

자료 : 여성가족부 홈페이지(http://www.mogef.go.kr)(2015).

에 주부의 입학기회를 확대하고 고학력 여성의 취업유망직종의 훈련과정을 개발, 인재뱅크를 운영하는 다양한 방법을 통해 경제활동 참여율을 높이고자 하였다(안인숙, 2014: 39). 따라서 여성의 경제활동 참여율 55% 달성을 목표로 여성의 생애주기 전략과 여성인력정책의 주류화 전략을 추진전략으로 하고 있다.

〈표 7-11〉 지역별 여성인력개발센터 설치 · 운영 현황

서울	인천	대전	광주	대구	부산	경기	강원
15	3	1	2	2	3	7	2
충남	충북	전북	전남	경북 · 울산	경남	제주	합계
3	1	2	3	4	3	1	52

자료 : 여성인력개발센터연합회(www.vocation.or.kr). 여기서는 안인숙(2014: 46)에서 재인용.

여성인력 개발기관은 여성회관, 여성인력개발센터, 여성새로일하기센터, 여대생 커리어개발센터 등이 있다. 여성회관은 복지기능과 교육기능을 갖는 사업을 추진하고 있는데 교육기능은 기술 · 기능교육, 취미 · 교양교육, 사회의식교육 등으로 나누어진다. 여성인력개발센터는 1993년 '일하는 여성의 집' 으로 시작하여 2001년 여성부(현재의 '여성가족부')로 업무를 이관하면서 여성인력개발센터로 그 명칭을 변경하였다. 2014년 현재에는 모두 52개의 여성인력개발센터가 운영되고 있다.

경력단절여성에 대한 관심은 저출산 · 고령화 사회에 대한 고민이 깊어가면서 여성을 사회의 새로운 동력으로 보았기 때문인 것으로 생각된다. 특히 '주부' 라는 이름의 여성을 다시 일터로 불러내기 위해 정부는 2000년대 후반부터 여러 가지 정책을 도입하게 된다.

여성의 경력단절을 해결하기 위한 정책적 시각은 경력단절이 처음부터 일어나지 않도록 예방적 기능을 강화하는 것과 경력단절이 일어난 이후에는 경

력손실을 최소화하여 노동시장에 재진입을 촉진하도록 하는 방안이라 할 수 있다. 경력단절 예방과 관련한 정책은 상당부분 모성보호와 일-가족 양립정책으로 대표된다.

그림 7-9 여성 경력단절 이유

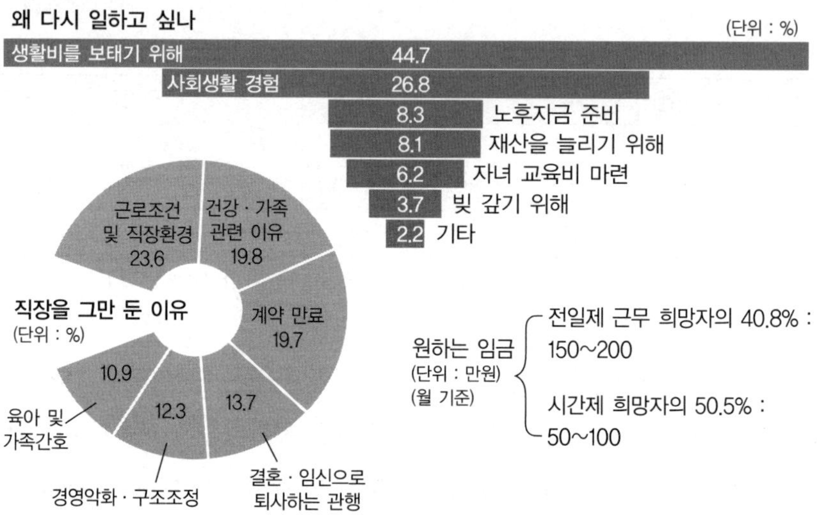

자료 : 2014년 20~65세 온라인 조사 자료(서울시). 여기서는 중앙일보(2015.4.1.)에서 재인용.

〈경력단절여성 등의 경제활동 촉진법〉은 경력단절을 경험한 여성들의 경제활동을 지원하여 여성고용을 촉진하기 위함이었다. 경력단절이란 사전적으로 여러 가지 경험한 일들이 연속되지 않는 것이지만 여성노동에 있어서 여성의 결혼, 출산, 육아로 취업단절이 되거나 불연속 취업상태라고 할 수 있다. 이렇게 경력단절이 부각되었던 이유는 여성경제활동 저조현상의 원인이 여성의 결혼, 출산, 육아로 인한 경력단절에 있다고 보았기 때문이다. 또한 그동안 근로여성만을 대상으로 했던 여성노동정책이 정책의 사각지대에 있던 비경제활동여성들을 고려하여 이들의 경제활동을 촉진시키기 위한 목적도 있었다.

이 법은 경력단절여성 등의 경제활동 촉진을 통하여 "여성의 경제적 자립과 자아실현 및 국가경제의 지속적 발전에 이바지함"을 목적으로 하고 있다. 국가와 지방자치단체는 '경력단절여성 등의 경제활동 촉진을 위한 종합시책'을 세워야 하고 사업주는 경력단절여성 등이 경제활동 촉진을 위한 근로환경 조성에 노력하여야 한다고 규정하고 있다. 또한 여성가족부 장관과 고용노동부 장관은 5년마다 '경력단절여성 등의 경제활동 촉진에 관한 기본계획'을 수립하도록 하고 있다. 그리고 경력단절여성에게 직업훈련이나 고용 지원 서비

그림 7-10 제2차 경력단절여성 등의 경제활동 촉진 기본계획(2015~2019)

비전	여성인력의 적극적 활용을 통한 지속가능한 사회	
목표	여성의 경력단절 예방 및 경제활동 참여 활성화	
정책과제	4대 영역 10개 중점과제	
	재직여성 등의 경력단절 예방	1. 청년 · 재직여성의 경력단절 예방 지원 2. 모성보호 및 육아휴직 후 복귀 지원 강화 3. 여성 근로자의 경력개발 및 관리직 진출 지원
	경력단절여성 재취업 활성화	4. 경력단절여성 맞춤형 취업 지원 강화 5. 여성 취업 지원 서비스의 전문화 · 체계화 6. 다양한 분야의 여성 일자리 확대
	보육 · 돌봄 인프라 강화	7. 자녀양육 지원 서비스 실효성 제고 8. 국공립 어린이집 등 시설 확충 및 서비스 품질개선
	일-가정 양립 환경 조성 및 협력체계 구축	9. 가족친화적 기업 · 사회환경 조성 10. 범부처 협력체계 구축

자료 : 중앙행정기관(2015: 5).

스를 제공하는 제도적 기반을 갖추게 되었다(김영옥 · 오은진 · 한지영, 2014: 6-7).

이러한 정책은 경력이 단절되어 숙련도가 약화된 30~40대 여성들을 단순히 훈련시키는 방식에서 벗어나 적극적으로 재취업을 유도하고자 하는 방향으로 전환되었다. 즉 여성취업 지원을 위한 '취업상담, 교육훈련, 직업알선, 사후관리' 과정이 함께 진행될 수 있도록 원스톱 서비스를 실시하여 경력단절여성 등의 취업을 강력히 지원하고자 하였다.

이전보다 여성취업 지원사업이 체계화되고 종합적으로 처리되도록 하였으며 경력단절여성 등의 경제활동 촉진법 제11조에서는 경력단절여성 등의 직업적응을 위하여 공공기관과 여성진출이 저조한 분야를 대상으로 인턴취업 지원사업을 실시하고 지방자치단체의 예산 지원을 받도록 규정하였다. 그리고 제13조에서는 경력단절여성 지원센터를 지정, 운영을 규정하여 상담, 정보, 취업 및 복지 지원 서비스가 종합적으로 제공될 수 있도록 하였다. 그러나 이 법률을 통한 경력단절여성 취업사업의 프로그램과 효과성에 대해서는 지속적으로 문제가 제기되었다(이지인, 2014: 122).

경력단절여성 취업촉진을 위한 정책은 '여성새로일하기센터' 사업이 대표적이다. 여성새로일하기센터는 〈경력단절 등의 경제활동 촉진법〉에 의해 2008년 여성가족부와 고용노동부가 공동으로 추진하여 운영하는 기관이다. 여성새로일하기센터의 운영목적은 임신, 출산, 육아 등으로 경력이 단절된 여성에게 취업상담, 직업교육훈련, 인턴 및 취업 후 사후관리 등 종합적인 취업 지원 서비스를 원스톱으로 제공하여 여성의 경제활동 참여율을 높이는 데에 있다.

여성새로일하기센터의 주요 업무와 역할은 경력단절여성들에게 직업인으로서의 자신감을 회복시켜 새로운 일자리로 복귀시킨다는 것에 있다. 특히 출산, 양육 등으로 장시간 직업생활을 하지 못한 여성들에게 집단상담을 통한 직업의식교육, 취업욕구를 파악한 적절한 일자리 알선, 직업훈련을 통한 직업능력의 배양 등을 한 기관에서 원스톱으로 이루어질 수 있도록 설계한 것은 기존의 고용정책을 보다 적극적인 프레임으로 바꾼 사례라 할 수 있다. 경력단절여성의 재취업 지원을 위해 여성새로일하기센터에서는 직업상담, 직업교육훈련, 취업연계, 취업 후 사후관리 등을 담당하고 있다.

그림 7-11 사업추진체계와 주요 사업

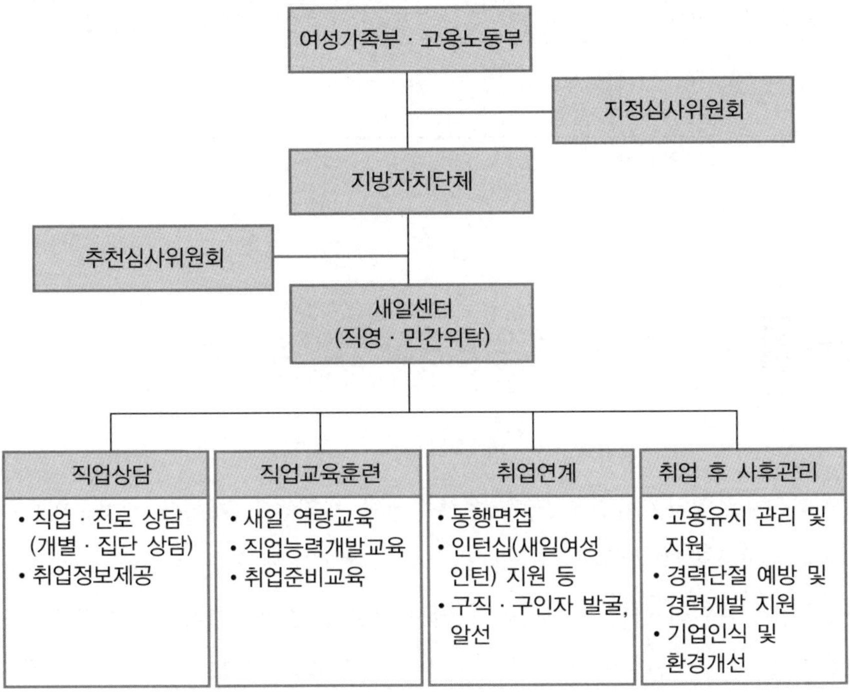

자료 : 여성가족부 홈페이지(http://www.mogef.go.kr)(2015).

프로그램의 특징을 살펴보면 단기, 저비용의 프로그램에 집중되어 있으며 자격증의 취득 여부와 수준별 분포의 측면에서 볼 때 비전문적 프로그램에 집중되어 있다. 또한 특정 직종에 집중되어 있으며 내용적 측면에서 여성의 성역할에 기반한 프로그램이 운영되고 있다는 한계가 있다(안인숙, 2014: 67).

운영방식은 지자체가 직접 운영하거나 민간에 위탁하는 방식으로 하고 있다. 여성새로일하기센터의 주된 사업은 직업상담, 직업교육훈련, 취업연계, 사후관리의 4단계로 진행된다. 여성새로일하기센터 지정 현황은 2015년 9월 말 기준 147개소이다.

〈표 7-12〉 여성새로일하기센터 지정 현황 : 총 147개소(2015년 9월 말 기준)

(단위 : 개)

시·도	계	서울	부산	대구	인천	광주	대전	울산	경기	강원	충북	충남	전북	전남	경북	경남	제주	세종
센터수	147	28	10	4	7	5	4	2	25	7	8	10	9	9	9	9	2	1

자료 : 여성가족부 홈페이지(http://www.mogef.go.kr)(2015).

3 여성의 경제적 역량강화 방안과 과제

여성새로일하기사업은 많은 여성들에게 재취업의 기회를 제공하였으며 40대 여성들의 경제활동 촉진에 일부 기여했다고 평가할 수 있다. 그럼에도 불구하고 여전히 사업의 걸림돌이 되는 부분은 경력단절여성들이 재취업으로 진출하는 일자리의 질이 낮고 희망하는 업체나 직업으로 취업하기 매우 힘든 노동시장의 구조이다(김영옥 · 오은진 · 한지영, 2014: 6-7).

그동안 여성들에게 집중되었던 단순판매, 도소매, 음식숙박 서비스의 직무에서 벗어나 동일직종이라도 이것을 고급화하고 특화하여 상품화하는 틈새일자리로 여성을 진출시킬 수 있는 다양한 방안들이 마련되어야 하며 여성의 단기직업훈련도 이와 같은 방향에서 프로그램이 기획, 진행되어야 한다.

다음 [그림 7-12]에서 보여주듯이 여성 일자리 창출 방안은 인력개발, 사업 프로그램, 조직 및 예산, 유관기관, 홍보, 환경 등을 고려하여 종합적으로 접근해야 할 것이다.

그림 7-12 여성 일자리 창출 활성화 방안

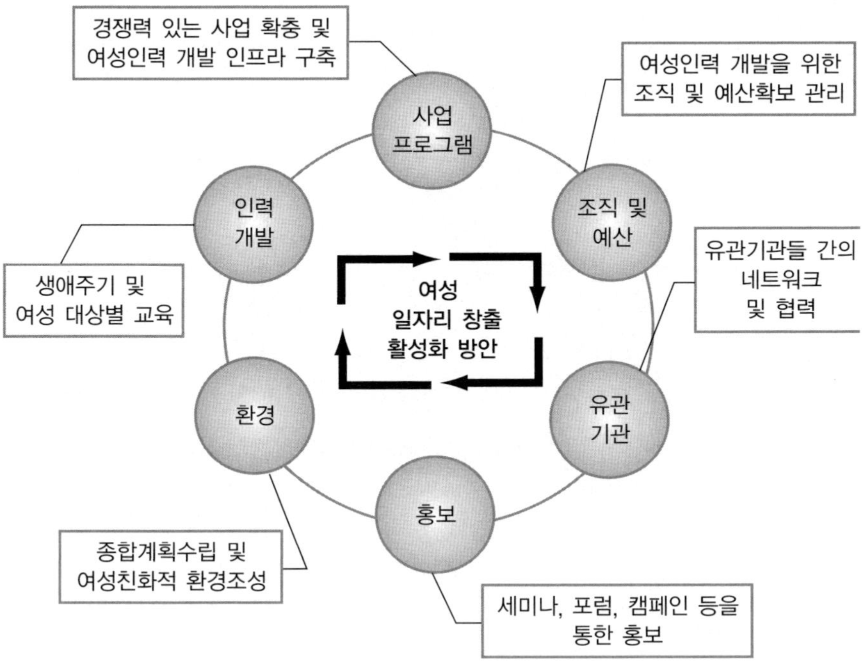

자료 : 이혜숙 · 구명숙(2011: 134)에서 재작성.

제 8 장

가족정책

1. 한국 가족의 변화와 여성
2. 가족정책의 개념
3. 한국 가족정책의 현황
4. 가족정책의 방향과 과제

1 한국 가족의 변화와 여성

사회변화의 흐름에 따라 결혼의 양상도 변하였으며 가족의 모습도 달라져 왔다(김혜경, 2014). 2014년 여성의 평균 초혼연령은 29.8세로 남성(32.4세)에 비해 2.6세 적으며 평균 재혼연령은 43.0세로 남성(47.1세)보다 4.1세 적다. 2014년 총 이혼 건수는 11만 5천 건이며 이 중 '4년 이하 함께한 부부'의 이혼 비중은 23.5%, '20년 이상 함께한 부부'의 이혼 비중은 28.7%로 나타났다.

〈표 8-1〉 초혼 및 재혼연령, 혼인지속기간[1]별 이혼 (단위 : 세, 천 건, %)

	평균 초혼연령		평균 재혼연령		이혼 건수	계[2]					
	여성	남성	여성	남성			4년 이하	5~9년	10~14년	15~19년	20년 이상
1990	24.8	27.8	34.0	38.8	45.7	100.0	39.5	29.2	18.2	7.9	5.2
2000	26.5	29.3	37.5	42.1	119.5	100.0	29.3	22.3	18.7	15.4	14.2
2005	27.7	30.9	39.6	44.1	128.0	100.0	25.9	22.3	18.4	14.8	18.6
2010	28.9	31.8	41.6	46.1	116.9	100.0	27.0	18.8	15.9	14.5	23.8
2014	**29.8**	**32.4**	**43.0**	**47.1**	**115.5**	**100.0**	**23.5**	**19.0**	**14.1**	**14.7**	**28.7**

주 : 1) 법적인 결혼 여부와 관계없이 실제 결혼생활 시작에서 이혼(별거)까지의 동거기간.
2) 미상 포함.

자료 : 통계청, 『인구동태통계연보(혼인 · 이혼편)』, 각 연도. 여기서는 통계청(2015: 14)에서 재인용.

외국인과의 혼인은 총 혼인 건수의 7.6%인데 그중 한국 남성과 외국 여성의 혼인이 69.3%를 차지한다(통계청, 2015: 14-15). 혼인의 형태별로 보면 남녀 모두 초혼인 비율이 매년 감소하는 추이를 보이는 반면 여성이 재혼이거나 남녀 모두 재혼인 혼인 형태는 점점 증가하고 있다. 또한 2014년 서울시의 초혼부부 중 여성이 연상인 커플의 비율은 15.8%였다. 만 13세 이상 여성들을 대상으로 한 설문조사에서 '결혼은 선택사항' 이라는 응답이 45.9%로 가장 많았다. 반면 남성은 '결혼은 하는 게 좋다' 는 응답이 45.4%로 가장 많았다.

그림 8-1

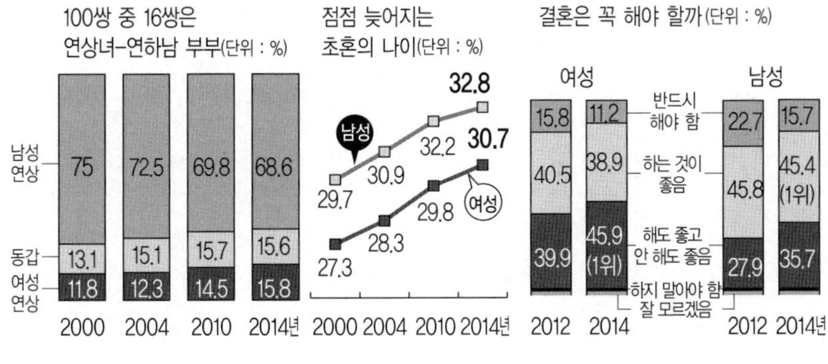

자료 : 중앙일보(2015.8.24.).

합계출산율(가임여성 1명이 낳을 것으로 예상되는 평균 출생아 수)은 1970년 4.53명에서 1985년 1.66명으로 급격히 하락하면서 이후 지속적으로 하락하여 2014년 합계출산율은 1.21명이다(주재선, 2014: 40, 통계청, 2015: 18). 연령별 출산율을 보면 만혼화 현상으로 인해 2007년 이후 30~34세 연령층에서 가장 높게 나타나고 있다. 출산율의 감소는 가장 대표적인 가족변화 모습의 하나인데 이는 만혼과 기혼여성들의 첫 출산 연기와 출산율 감소에서 기인하며 자녀양육과 관련한 경제적 비용의 상승과 육아문제, 가계경제구조의 변화 때문인 것으로 보인다.

기혼여성의 경제활동이 증가하고 있지만 가사 및 육아부담은 취업활동의 장애요인으로 대두되고 있고 맞벌이가족의 경우 직장과 가정의 양립문제, 자녀보육의 어려움이 직접적으로 자녀출산기피 현상으로까지 영향을 미치고 있는 것으로 나타나고 있다. 2013년 출생성비(여아 100명당 남아 출생자 수)는

105.3명으로 자연 출생성비와 비슷해졌다. 넷째 자녀 이상 출생성비는 109.8, 셋째 아이 자녀의 출생성비는 107.8명으로 약간 남아를 선호하는 의식은 남아 있지만 출생성비의 차이는 점차 감소 추이를 보이고 있다(주재선, 2014: 41).

가족구조 면에서 부부와 미혼자녀 중심의 핵가족이 늘고 있으며 자녀가 없는 부부만의 가족의 증가도 두드러지고 있다. 또한 '부부+자녀' 로 구성된 가족이 줄고 '1인 가구' 가 주요 가족형태로 자리 잡고 있는데 통계청은 2020년에 1인 가구가 전체의 29.6%를 차지해 가장 보편적인 가구형태가 될 것으로 전망하고 있다(중앙일보, 2014.9.22.).

따라서 가족에 대한 인식에도 큰 변화가 나타나고 있다. 실제로 최근에는 근엄하고 권위주의적인 전통적인 아버지상 대신 인간적이고 친화적인 아버지상이 등장했다. 아이와 함께 놀아주고 대화하고 필요할 때 곁에 있어 주는 친구 같은 아빠, 친구Friend와 아빠Daddy의 합성어인 '프렌디Frendy' 란 말까지 최근 등장했다.

『2015년 청소년 통계』에 의하면 노부모의 부양 책임에 대해 청소년의 45.4%는 '가족 · 정부 · 사회가 함께 져야 한다' 고 생각했다. 가족의 책임이라는 의견은 38%였다. '부모 스스로 해결해야 한다' 는 응답도 13.5%였다. 결혼과 출산에 관한 인식도 변했다. 청소년 절반 이상(56.8%)은 '남녀가 결혼하지 않고 함께 살 수 있다' 고 밝혔고 '결혼하지 않고 자녀를 낳을 수 있다' 는 의견도 26.4%였다(중앙일보, 2015.4.29.).

가구의 생계를 책임지는 여성가구주 비율도 1980년 14.7%에서 2010년 25.9%로 크게 상승했다(주재선, 2014: 42). 2015년의 경우 가구의 28.4%가 여성가구주인데, 이는 점점 증가할 것으로 전망된다(통계청, 2015: 13). 여성가구주의 경우 배우자 사망이나 부재로 인한 소득감소와 상실로 생계를 위해 일을 해야 하는 여성들이 많은데 자녀양육과 생계를 동시에 책임져야 하는 어려움으로 부담이 크다. 따라서 극빈층 여성가구주의 비율이 점점 높아져 공적 부조 대상자 중 여성비율이 높아지고 있다. 이와 더불어 노인 단독세대와 독거노인의 비율이 증가하고 있어서 노인부양문제를 드러내고 있다.

이혼율 증가는 한부모가족의 계속적인 증가를 가져오는데 전체 가구주 중 이혼으로 인한 한부모가족 형성의 비중이 지속적으로 증가하고 있다. 전체 가구에서 한부모가구가 차지하는 비율은 2005년 8.6%에서 2012년 9.3%로 증가했다(허민숙 · 신경아, 2015: 314). 이처럼 가족은 소규모화되고 핵가족화하는 경향을 보임과 동시에 비전통적인 가구의 수가 증가하고 있다. 가족의 규모, 형태상의 변화를 요약하면 다음과 같다.

첫째, 가구형태로 볼 때 부부, 자녀 중심의 핵가족이 가장 지배적인 형태를 띠고 있으며 1세대 및 단독가족이 증가하고 있는 추세라고 할 수 있다. 이처럼 1세대가족이 급증하는 원인은 결혼연령의 상승에 따른 독신자 증가, 평균수명 연장으로 노후의 노인부부와 독신가구의 증가, 취학을 위해 자녀들만으로 구성된 1세대가족의 증가 때문인 것으로 풀이된다.

둘째, 가족생활 주기 면에서 많은 변화가 일어나고 있다. 기본적으로 출산율이 낮아져 자녀수가 적고 결혼하여 부모와 함께 사는 형태보다도 부부중심 가족형태가 지배적이기 때문이다. 이로 인해 오늘날의 기혼여성들의 취업 및 사회참여 욕구가 커지고 있다.

셋째, 가족형태의 다양화 현상이 초래되어서 독신가구, 노인 단독가구, 비혈연가구의 비율이 늘어나고 있으며 전통적으로 인정받지 못하던 동거가구, 미혼모가구, 한부모가족의 수와 비율이 증가하고 있다.

넷째, 가족 내의 권위가 전통사회에서는 가장에 집중되어 있는 가부장제 가족이었다면 오늘날의 핵가족하에서는 가족 내의 인간관계가 점차 부부와 자녀들 간의 평등한 방향으로 바뀌어 가고 있다.

이처럼 오늘날의 가족은 그 어느 때보다도 변화 속에 있고 다양한 가족의 모습이 나타나고 있으므로 가족을 새롭게 파악하는 입장에서 정책적 지원이 요구된다. 현재 한국 가족은 기혼여성의 취업, 한부모가족의 증가, 고령화 사회의 부양문제 등이 복합적으로 작용함으로써 더 이상 양육이나 돌봄노동의 일차적인 책임을 가족과 여성이 전적으로 부담할 수 없다. 전형적인 가족 이데올로기에서 벗어나 가족구성원들이 누구나 인간적인 자유와 평등을 누릴 수 있으며 다양한 가족형태를 수용할 수 있는 열린 가족관을 발전시켜야 한다. 평등하고 민주적이며 동반자적인 가족관계로 변화시켜야 한다는 원칙하에 과거 자연적이고 보편적이며 도덕적인 관점에서 보아 왔던 전형적 가족의 편견에서 벗어나 한국 가족의 다양한 모습을 인정해야 할 것이다.

2 가족정책의 개념

가족정책은 가족의 문제를 공적 영역에서 해결하거나 방향을 제시하고자 마련하는 정책을 의미한다. 가족정책은 "사회환경의 변화 속에서 전통적으로 가족으로 전제되는 단위에서 수행해 왔던 역할과 기능이 이루어지는 데 한계가 부딪치면서 국가가 이를 사회적으로 분담하고 조정하는 정책적 개입"(송다영 · 정선영, 2013: 160)을 말한다.

가족정책은 현대사회 속에서 가족이 차지하는 위치와 역할의 중요성을 반영하고 있으며 가족에 대한 사회적 책임 인식에 근거하고 있다. 미혼모, 동성애자, 모자가구 등에 대한 평가나 인식, 사회적 지원망, 국가정책의 전반적 성격에 따라 가족을 이해하는 데 많은 차이점이 있으며 가족정책은 국가별로 상당한 차이를 보이고 있다. 가족정책의 실천적 차원은 다양하게 나타나는데 가족정책의 유형은 보편성과 다양성에 대한 요구에 따른 복지국가의 역할과 밀접한 관련이 있다(윤홍식, 2011).

오랫동안 가족정책은 요보호 가족만을 대상으로 하는 최소한의 선별적 지원의 방식을 취해 왔다. 기존의 가족정책은 고아, 빈민, 무의탁자 등과 같은 요부양 가족성원에게 대리적인 사회적 서비스를 제공하는 공공정책으로 인식되었고 관심 대상이 문제가족, 요보호가족 중심이었다. 그러나 가족문제의 다양화는 다양한 가족정책으로 발전하게 되었고 “선별적 관심에서 보편적 관심으로”(초의수, 2008: 17) 이행하게 되었다.

개인화와 생애주기의 탈표준화, 가족의 다양성과 비정형성 가구증가, 남성생계부양자 지위의 약화와 맞벌이가구 증가, 가족돌봄 및 재생산기능의 약화 등은 가족변화와 관련한 여성적 이슈와 가족정책이 만나게 된다. 가족정책이 여성에게 미치는 영향의 중요성을 고려할 때 가족정책은 여성정책과 통합을 이루는 구체적인 성인지적 가족정책의 비전 및 전략과 기구를 통해 실행되어야 할 것이다. 또한 가족정책은 출산 및 인구정책, 아동 및 보육정책, 교육정책, 고용정책, 주택정책, 조세정책, 복지정책 등과 연계된다(장혜경 · 김영란 · 김소영 외, 2014: 30-31). 가족정책의 영역은 가족가치 및 가족역량, 가족친화문화, 가족기능(돌봄), 다양한 가족 등으로 나눌 수 있으며 대상은 개인과 가족단위, 환경 등으로 나누어 볼 수 있다.

〈표 8-2〉 가족정책의 영역 및 대상별 가족서비스

영역 / 대상	가족가치 및 가족역량	가족친화문화	가족기능 (돌봄)	다양한 가족
개인	• 남성의 가정참여 • 개인역량 강화	• 일-가정 균형 이해	• 부모역량 강화	• 개인역량 강화
가족단위	• 가족편견 인식 개선 • 가족 함께하기	• 지역사회 참여	• 다문화가족 지원 • 한부모가족 지원	• 가족과 함께하기
환경	• 일-가정 균형 가치 확산 • 이웃과 함께하기	• 직장제도 개선 • 지역문화 개선	• 지역문화 개선 • 직장제도 개선 • 돌봄서비스 제공	• 이웃과 어울리기

자료 : 차성란 · 정영금 · 정지영 외(2015: 110).

3 한국 가족정책의 현황

가족정책이 한국사회에서 주요 이슈로 떠오른 시기는 2000년대 초반부터이다. 소득불평등, 고용불안정, 교육편중 심화, 주택불평등의 심화는 대다수의 가족들을 초과부담의 상황으로 몰아갔으며 경기불안이 가족을 직접 해체하는 주요 원인이 되기도 했다. 또 1990년대 중반 이후 나타나는 출산율 감소, 혼인율 감소, 이혼의 증가, 여성가구주 가족의 증가, 독신가구의 증가 등 가족을 둘러싼 다양한 변화와 이에 따른 돌봄의 공백과 같은 새로운 상황과 가족구조의 변화 속에서 가족에 대한 과중한 부담을 완화하고 그동안 수행해 온 역할과 기능에 대한 국가의 지원이 강화되어야 한다는 필요성이 사회적으로 확산되었으며 이에 따라 가족정책 예산이 확대되기 시작하였다(송다영 · 정선영, 2013: 169).

가족법은 가족 및 친족의 공동생활과 이에 기초한 재산의 승계관계를 규율하는 법으로 2005년 가족법 개정은 호주제 폐지라는 역사적 획을 긋게 되었다. 이는 전통적인 가부장제 가족질서 해체와 개인 존엄성이 있는 가족 관계의 토대 마련에 있다. 그리고 가부장적 가족제도들인 동성동본 간 혼인금지제도의 폐지, 여성의 재혼금지기간의 폐지, 자녀의 성과 부성추종의 원칙 완화, 친양자제도의 신설이 이루어졌다.

이에 2005년 6월 정부는 여성부를 여성가족부로 확대, 개편하면서 가족정책의 목표와 방향이 수립되었고 정책추진을 위한 예산확보와 함께 독립적인 서비스 전달체계의 토대를 마련하였다. 이는 가족의 구성과 유지 및 가족 관련 기능에 대한 사회적 책임성의 인식이 최초로 제도화되고 명문화된 것으로 평가할 수 있다. 2004년 〈건강가정기본법〉 제정에 이어 2005년 〈저출산고령화사회기본법〉이 제정되었고 〈남녀고용평등 및 일 · 가정 양립 지원에 관한 법률〉과 〈한부모가족지원법〉, 〈가족친화사회환경의 조성촉진에 관한 법률〉, 〈노인장기요양보험〉(2007), 〈다문화가족지원법>(2008), 〈아이돌봄지원법〉(2012)이 연이어 제정되었다(장혜경 · 김영란 · 김소영 외, 2014: 30).

2004년 제정되어 2005년부터 시행되고 있는 〈건강가정기본법〉은 가족정책을 위해 국가가 책임의식을 갖고 도입한 최초의 법률로서 의미가 있다. 〈건강가정기본법〉은 〈가족친화사회환경조성및촉진에관한법률〉, 〈한부모가족지원법〉, 〈다문화가족지원법〉 등에 영향을 미치는 법이자 가족정책을 이끌어가는 기본법으로서의 지위를 부여받고 있다(송다영 · 정선영, 2013: 170).

2004년 이전 가족정책은 부녀복지 지원 차원의 정책 중 하나이거나 또는 출산억제를 위한 가족계획 등 저소득 모자가정을 대상으로 하는 특정 대상 가족의 복지정책이나 인구정책의 일환으로 이루어져 왔다. 〈건강가족기본법〉 제정 이후의 가족정책은 독자적 정책으로 발달해 가고 있으며 한국 가족정책의 비전과 목표를 독자적으로 확인할 수 있는 것이 '건강가정기본법계획' 이

〈표 8-3〉 제1, 2차 건강가정기본계획의 비전과 목표

제1차 건강가정기본계획		제2차 건강가정기본계획	
정책 비전	• 가족 모두 평등하고 행복한 사회	정책 비전	• 함께 만드는 행복한 가정 • 함께 성장하는 건강한 사회
정책 목표	• 가족과 사회에서의 남녀가 세대 간 조화 실현 • 가족 및 가족 구성원의 삶의 질 증진	정책 목표	• 개인과 가정의 전 생애에 걸친 삶의 질 만족도 제고 • 가족을 위한 가족을 통한 사회적 자본 확충
정책 과제	• 가족돌봄의 사회화 • 직장 · 가정의 양립 • 다양한 가족에 대한 지원 • 가족친화적 사회환경 조성 • 새로운 가족관계 및 문화 조성 • 가족정책 인프라 확충	정책 과제	• 가족가치의 확산 • 자녀돌봄 지원 강화 • 다양한 가족의 역량 강화 • 가족친화적인 사회환경 조성 • 가족정책 인프라 강화와 전문성 제고

자료 : 차성란 · 정영금 · 정지영 외(2015: 103).

다. '건강가정기본계획'은 한국 가족정책의 비전과 방향에 대한 선언적 기본법인 〈건강가정기본법〉에 근거하여 시행되고 있다. '제1차 건강가정기본계획'의 정책과제는 가족돌봄의 사회화, 일-가족의 양립, 다양한 가족에 대한 지원, 가족친화적 사회환경 조성, 새로운 가족관계 및 문화조성, 가족정책 인프라 확충 등을 들 수 있으며 '제2차 건강가정기본계획'의 정책과제는 가족가치의 확산, 자녀돌봄 지원 강화, 다양한 가족의 역량 강화, 가족친화적인 사회환경 조성, 가족정책 인프라 강화와 전문성 제고를 들 수 있다.

이처럼 2000년대 이후 가족정책 기조는 저출산, 고령화, 가족해체에 대한 위기에 초점이 맞추어지면서 주로 출산력 제고, 이혼숙려제도 강화, 건강가정 가치의 강화와 같은 가족기능을 기반으로 한 복고주의적 가정정책 경향이 뚜렷하였다. 이에 따라 가족정책은 "한국사회가 향후 만들어 나갈 미래사회의 비전을 제공하고 이를 위한 토대를 제공하는 중심적 사회정책으로서 역할을 담당하지 못한 채 저출산정책, 결혼장려정책, 가족문화정책과 같은 부분적이고 보조적 정책으로 주변화되었다"(송다영 · 정선영, 2013: 169)고 평가된다.

사실 〈건강가정기본법〉에 대해서는 처음부터 논란이 있었다(김혜영, 2012: 65). 이 법안을 추진한 정부(보건복지부)와 가정학계 그리고 이를 반대하는 여성학계와 사회복지학계가 각기 가족과 가족정책을 보는 관점이 다르기 때문이다. 정부는 만혼과 비혼이 빠르게 증가하여 출산율이 떨어지고 이혼이 격증하여 한국의 가족이 더 이상 방치할 수 없을 정도로 위기에 빠져들고 있다고 판단했다. 이 법의 제정 이유를 현대사회에서 제기되고 있는 다양한 가족문제를 예방하고 건강한 가정을 구현하기 위하여 가정 중심의 통합적 복지서비스 체계를 확립할 수 있는 제도적 기틀을 마련하는 것이라고 보았다.

한편 이 법을 반대하는 측은 가족의 기능과 유형은 사회의 변화에 따라서 항상 바뀌고 있기 때문에 국가가 어떤 유형을 정상적이고 바람직한 것으로 설정하여 가족정책을 실시하는 것은 올바르지 않다는 입장이다. 이들은 '건강가정' 이라는 하나의 대표적 가족유형을 설정하고 여기에서 벗어나는 이혼가족과 사별가족, 소년소녀가족과 한부모가족, 무자녀가족과 독신가구, 사실혼가족과 동거가족, 공동체가족과 동성애가족 등을 '건강하지 못한 가족' 의 범주로 설정하는 것이 현실적으로나 가치관적으로 합당하지 않다고 주장한다(강희경, 2005: 156-157).

또한 〈건강가정기본법〉이 포괄하는 가족정책이 실질적 정책으로서의 위상을 가지려면 여성정책이나 사회정책과의 연계성을 견지해야 함에도 불구하고 가족을 대상으로 한, 가족을 위한 정책으로 제한되었다는 것이다. 가족정책이 나오게 된 배경에는 여성의 사회진출로 인한 돌봄의 공백에 대한 사회적 지원뿐만 아니라 여성의 사회진출을 촉진하고 이를 통해 가족의 경제적 기반을 강화시키려는 의도가 있다. 그런데 〈건강가정기본법〉은 가족정책의 방향이라고 할 수 있는 여성의 사회진출이나 경제활동 참가에 대한 방향성을 제시하고 이를 적극적으로 지원하기 위한 방안을 포함하지 않았다(송다영 · 정선영, 2013: 171).

실제로 2005년 여성가족부로 시작된 가족정책의 주무부처가 여성부에서 보건복지부로 이관되었다 다시 2011년 환원되는 등의 과정을 거치면서 체계적이고 지속적인 제도를 추진하지 못했다는 점 또한 이 시기의 가족정책 추진과정의 일관성 부족을 보여주는 것이다(차성란 · 정영금 · 정지영 외, 2015: 46).

이러한 과정을 거쳐 현재 정부의 가족정책의 기본방향은 다음의 [그림 8-2]에서 볼 수 있는 것처럼 경제위기로 약화되기 쉬운 가족기능의 역량 강화 주력, 가족돌봄을 위한 다양한 서비스 확대, 다문화가족의 사회통합을 위한 사회적응 서비스 제공, 가족에 대한 보편적 · 예방적 지원 서비스 확대, 가족으로부터 이탈된 요보호 아동 등에게 건강한 가정 마련 서비스 지원제공 등 가족기능 강화와 그 외 가족친화적 사회환경 조성, 관련 서비스 연계 및 효율화로 가족정책 체감도 향상이다.

그림 8-2 가족정책의 비전 및 정책 목표

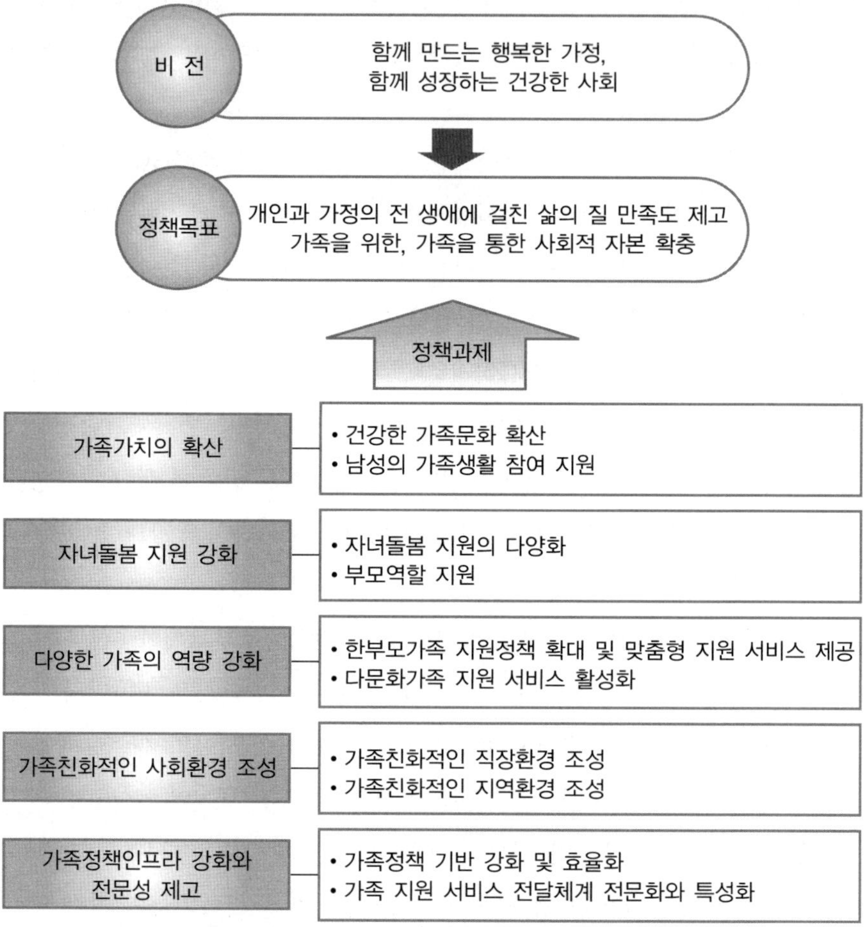

자료 : 여성가족부 홈페이지(http://www.mogef.go.kr)(2015).

가족정책 전달체계는 중앙부처인 여성가족부가 정책지침을 정하고 시·도와 시·군·구에 전달하면 시·군·구에서는 건강가정지원센터를 설치하고 센터를 통해 서비스를 제공하는 구조이다. 가족 서비스 전달체계는 건강가정지원센터를 중심으로 이루어지고 있는데 2014년 건강가정지원센터의 수는 151개소이다.

〈표 8-4〉 전국 건강가정지원센터의 설치개소 : 연도별 증가추이 (단위 : 개)

연도	2004	2005	2006	2007	2008	2009	2010	2011	2012	2013	2014
설치개소	3	16	50	66	83	98	137	138	148	151	151

자료 : 차성란 · 정영금 · 정지영 외(2015: 131).

그림 8-3 가족 서비스 전달체계

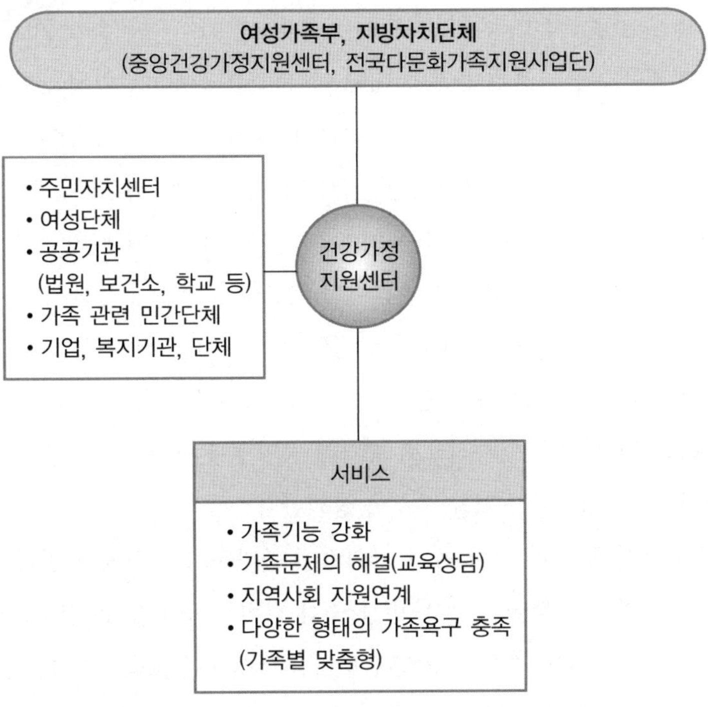

자료 : 여성가족부 홈페이지(http://www.mogef.go.kr)(2015).

이러한 구조하에서 국민대상의 직접 서비스는 시·도나 시·군·구에 기반한 센터에서 제공하고 있으며 지역센터는 여성가족부와 중앙건강가정진흥원의 사업지침이나 운영지침에 따라 운영되는 것이 사실이다. 이러한 과정에서 가족정책의 모습과 내용을 결정하는 방식이 중앙정부의 정책결정이나 의지에 따라 결정되는 경우가 많으며 공통사업을 기본으로 전체 사업의 방향이 설정되는 경우가 대부분이다. 물론 현재에도 각 지역 센터별로 지역적 특성을 반영하고 지역민의 수요를 반영한 특성화 사업을 장려하고 있지만 가족정책의 기본방향을 정하는 범위 내에서는 미약하다고 볼 수 있다. 즉 가족정책의 직접 서비스 제공 측면에서 본다면 지역단위의 특성화 사업이 다양하게 개발되어야 하며 이러한 정책기조도 중앙정부 주도에서 지방정부의 자체 역량 강화를 강조하는 방향으로 변화되어야 한다(차성란 · 정영금 · 정지영 외, 2015: 388).

가족정책은 돌봄노동의 문제에 대한 국가의 정책과도 관련되는데 이는 자녀양육 지원과 노인부양 지원 정책으로 살펴볼 수 있다. 여성들이 취업장애요인의 1순위로 꼽는 것이 육아부담이다. 여성의 육아부담을 해결하기 위한 가장 기본적인 지원정책은 일하는 여성들이 이용할 수 있는 안전한 국공립 보육시설이다. 국가는 아동보육과 관련된 예산을 늘리면서 돌봄에 대한 국가 역할을 증대했다. 초극빈층 대상에 한정되던 보육비 지원은 만 5세 이하 아동에게 보육서비스료나 양육수당을 지급하는 형태로 지원되고 있다. 보육료 지원은 참여 정부 이후 지속적으로 증가해 중앙정부 예산과 지방자치단체 예산을 합하면 OECD 국가 평균 수준을 상회한다.

그러나 돌봄에 대한 국가 예산 투입량이 증가하고는 있지만 공공보육 체계의 확충은 없기 때문에 기존의 민간 중심 서비스 구조가 유지되고 있다(송다영, 2014a: 434-435). 정부는 2013년부터 0~5세 무상보육을 위한 정책으로 보육료 또는 양육수당을 지원하는 정책을 도입했지만 여전히 여성은 믿고 맡길 시설의 부재와 야간보육의 어려움으로 경력단절이 심화되고 있는 상황이다. 보육은 실질적으로는 여성의 사회진출이라는 점에서, 자녀양육을 위한 양질의 서비스라는 측면에서 여성들과 관련되는 문제인데 이에 대한 젠더 관점에서의 논의들이 충분히 진행된 것이 아니었고 이로 인해 이 정책이 여성의 사회진출에 긍정적인 효과를 가져왔다고 보기 어렵다는 평가도 있다(이진숙 · 이슬기, 2013).

2009년 9월부터 시행된 양육수당은 시설 서비스 중심의 보육정책 기조를 벗어나는 새로운 방식의 정책이었다. 이명박 정부에서 보육정책은 기존의 탈가족화 서비스 지원정책에서 재가족화 비용 지원정책으로 전환하였다. 즉 시설에 보육료나 운영비를 지원하던 기존 방식과 달리 부모에게 바우처로 제공하고 부모가 시설에 비용을 지불하는 방식으로 전환하였기 때문에 보육정책은 서비스 정책으로서의 성격보다는 현금급여로서의 성격이 강해졌다. 그러나 이는 "국가책임 최소화, 시장기제, 가족주의"(송다영, 2014b: 136)가 결합한 합작품이라 평가되면서 다음과 같이 비판을 받고 있다.

첫째, 보육시설을 이용하지 않는 조건으로 지불되는 것이기 때문에 전반적 보육 인프라 확충과 보육 서비스 발전에 역행할 것이다.

둘째, 아동양육에 대한 경제적 보상의 방식으로 주어지면서 여성의 경제활동 참여를 저해하고 돌봄 자체가 재가족화할 위험성이 있다.

셋째, 수당의 사용이 아동양육보다는 다른 용도로 오용될 수 있다.

넷째, 계층에 따라 보육과 교육 기회에의 접근에서 차단된 아동에게 부정적인 결과를 가져올 수 있다.

노인돌봄에 대한 정책은 2008년 장기요양보험제도의 도입 이후 요양 서비스 확대 추세가 뚜렷하다. 장기요양보험제도가 도입되면서 오랫동안 최저생계비 수준의 절대 빈곤층이나 저소득층 노인에게만 제공되던 공적부조 방식에서 벗어나 노인돌봄에 대한 사회적 개입이 보편주의적 방식으로 전환될 수 있는 기초가 마련되었다. 노인 장기요양보험제도 도입 이후 노인돌봄 서비스는 지속적으로 늘어나고 있다. 노인돌봄을 위한 탈가족화 정책으로 요양 서비스는 확대되고 있으나 여전히 노인 부문도 민간 의존도가 높다는 문제가 있다(송다영, 2014a: 437-438).

4 가족정책의 방향과 과제

새로운 가족상은 어떠한 모습을 띠어야 바람직할 것인가? 가족 차원에서는 가족 간의 관계를 원만하게 할 수 있는 방법으로서 보다 민주적이고 평등한 관계를 형성할 필요가 있다. 가족 내에서 의무적으로 주어진 역할을 수행하는 것이 아니라 본인의 적성을 고려한 역할을 중시하여야 할 것이다. 부부관계에 대한 새로운 인식이 필요하며 가족을 공적인 영역과는 별개의 사적인 공간으로 보는 태도는 변해야 한다. 이러한 이분법적 인식 때문에 가족 안에서 일어나는 문제는 사적으로 처리해야 할 문제로 취급되어 온 것이다. 그동안의 가족정책의 문제점을 "정체성의 위기와 정책추진의 비효율성, 추진체계의 혼란과 정책의 주변화"(김혜영, 2012: 79-86)로 평가하는 것도 이 때문이다.

무엇보다 가족형태의 다양성에 대해 폭넓은 이해가 필요하다. 특정 가족형태를 이상화하는 고정관념 때문에 개인의 자유와 개성이 억압되므로 가족형태의 폭을 확장하려는 노력이 필요하다. 정부차원에서는 개별 가족이 건강하고 풍요로운 생활을 유지할 수 있도록 정책을 개발하고 물질적인 지원과 대책 마련에 주력하여야 한다. 가족문제를 전담하는 전문기구들이 만들어져서 포괄적인 상담을 제공하고 해결방안을 제시함으로써 가족관계와 가정생활의 질을 향상시킬 수 있는 구체적인 도움이 제공되어야 한다.

가족정책의 방향을 정함에 있어 중요한 과제는 한 사회가 가족을 어떻게 바라보고 무엇을 가족으로 규정하며 가족과 사회와의 관계, 소위 공적인 것과 사적인 것의 경계를 어떻게 조정해 내는가, 임금노동과 달리 가정에서의 노동에 대한 가치를 어느 정도나 평가 내지 고려하고 있는가, 그리고 여성의 역할을 근본적으로 어디에 두고 있는가, 즉 여성을 시민으로 규정하는가 등 가족과 젠더에 대한 기본적인 철학과 이념을 정립하는 일이라고 할 수 있다.

가족정책의 이념이 추구해야 할 방향은 가족책임주의를 극복하고 사회적 연대의 가치를 확보하여야 한다. 신자유주의가 가져온 고용의 불안정화와 개인화의 흐름 속에서 이제 더 이상 가족은 복지를 책임질 능력이 없다. 복지를 사적 책임으로 방치해서는 안 되며 가족에 대한 새로운 정책이 요구된다. 기혼여성의 취업증대와 인구의 노령화가 가져온 가족보호기능의 약화는 이제 어느 특정 집단의 가족만이 아닌 보편적인 가족문제로 부상하고 있다. 문제가족 중심에서 벗어나 일반가족을 대상으로 하는 보편주의의 확립이 필요하다. 이런 맥락에서 가족정책의 근간을 이루는 돌봄을 사회의 중요한 가치로 부각해야 한다. 돌봄의 가치가 전제되어야 가족정책은 아동보육, 노인돌봄정책, 적극적 노동시장 정책, 일-가족 양립정책 등이 중요한 정책으로 자리 잡을 수 있다.

또한 다양한 관련 정책 간 유기적 연계가 확보되어야 한다. 이는 통합적 정책 추진체계가 마련되어야 함을 의미하여 관련 정책이 통합적으로 기획되고 추진되는 체계를 가져야 함을 의미한다. 정책이 구체적인 지역단위에서 밀착적으로 수립되고 집행되어야 하기 때문에 정책수요자와 소통하면서 정책을 기획하고 만들어야 할 필요가 있다.

한국 사회 가족의 현실은 가족에게 과도한 복지책임을 지우는 '가족을 통한' 복지정책이 아닌 '가족을 위한' 복지정책으로의 전환을 요구하고 있다. 이를 현실화하기 위해서는 가족을 둘러싸고 있는 환경과 다양한 제도적 영역에서 변화가 필요하다. 또한 가족정책이 여성에게 미치는 영향의 중요성을 고려할 때 성인지적 가족정책이 실행되어야 할 것이다(양현아, 2006: 327). 가족정책에서의 젠더 관점의 결합이 중요한 것인데 젠더 관점의 도입은 최근 각국의 가족정책 변화전략에서 핵심적인 고려사항으로 포함되어 있다. 앞으로 다양한 가족형태와 기능을 수용할 필요가 있으며 가족의 형태와 조건이 어떠하든 또는 가족에서의 개인의 지위가 어떠하든 개인의 권리와 자유를 증진시켜야 한다. 또한 가족에서의 남녀의 평등을 보장하고 가사노동의 책임과 고용기회를 남녀가 공유하도록 해야 한다. 가족제도에 바탕한 강력한 가부장제를 가지고 있는 한국 사회에서 이러한 입장은 매우 중요한 의미를 지니고 있어 보인다. 이러한 방향에서 가족정책이 수립될 때 긍정적인 효과를 가져올 것이다.

일-가족 양립정책

제 9 장

1. 일-가족 양립문제
2. 일-가족 양립문제의 흐름
3. 일-가족 양립정책의 현황
4. 일-가족 양립정책의 방향과 과제

1 일-가족 양립문제

참고자료 9-1

직장인 이지현(39) 씨는 둘째 아이 육아휴직 종료를 두 달 앞두고 복직 여부를 심각하게 고민 중이다. 입사 시험 수석으로 들어가 10년 넘게 근무한 회사에, 관련 업무 석사학위까지 갖고 있는 이 씨는 업무 능력도 뛰어나 사내에서 A급 인재로 평가받아 왔다. 하지만 최근 몇 년 새 두 차례 육아휴직을 하면서 경력관리는 엉망이 됐다. 명문대 캠퍼스 커플로 만나 결혼한 남편은 동종업계에서 근무하고 있지만 육아는 오롯이 이 씨의 몫이었다. 아이를 먹이고 재우고 기르는 것도, 교육시키는 것도, 하다 못해 유치원 입학식 참석과 학부모 상담도 모두 엄마가 할 일이었다. 두 번째 육아휴직은 남편이 해 주길 바랐지만 "남자가 육아휴직을 사용하면 회사에서 찍히는 분위기"라며 "승진 포기자로 변방 부서를 떠돌다 명예퇴직 하길 바라냐"고 이 씨에게 책임을 떠넘겼다. 이 씨는 "어떻게 해도 해소되지 않는 억울함에 시달리고 있지만 아이 맡길 데가 마땅치 않아 결국 사표를 내야 하나 고심 중"이라고 말했다. 대학진학률 여성이 높지만 경단녀 신세로.

자료 : 한국일보(2015.3.6.).

이 씨가 안고 있는 고민은 개인의 문제가 아니라 한국 여성 대부분이 겪고 있는 심각한 사회문제이다. 기혼여성 5명 중 1명은 결혼 후 경력이 단절되는 것으로 집계되어 경제활동 인구의 감소, 성불평등 심화와 그에 따른 여성의 좌절감으로 이어진다.

한국은 2000년 이후 일-가정 양립 지원에 대한 정책적 관심을 확대하고 있으나 출산, 육아기 여성의 경력단절문제가 심각하고 저출산 현상이 지속되고 있는 상황이다. 결혼이나 임신, 출산을 계기로 노동시장에서 일시적으로 취업을 중단하고 30대 후반 이후에 재취업하는 M자형 취업곡선이 이를 나타내 준다. 이와 같이 여성들의 경제활동이 제한되거나 중단되는 이유는 가정 내에서의 돌봄노동이 여전히 여성에게만 전가되어 있는 성별 분업과 견고한 남성생계부양자 이데올로기와 연관된다. 특히 한국 사회는 빠르게 노령화 사회로 진입하고 있는데 노인돌봄은 대부분 개별 가정이 맡고 있으며 이 역할을 수행하는 주체가 대부분 여성이다. 또한 한국의 장시간 노동시간은 여성들의 일-가정 양립을 더욱 어렵게 한다.

1970년대 중반까지만 해도 임금노동시장에 진출한 여성은 주로 미혼여성이었고 기혼여성은 무급가족종사자 형태로 일터와 가정이 분리되지 않은 상태에서 일했기 때문에 일-가족 갈등이 드러나지 않았다. 1970년대 중반부터 경제가 급속히 발전하면서 중산층이 등장하였고, 중산층 가정에서는 '남성=일, 여성=가정' 이라는 성별 분업 이데올로기가 강화되었다. 이 시기에 노동시장에 진출한 여성들은 주로 저소득 기혼여성들이었는데, 이들을 중심으로 '일-가족 갈등' 이 존재하긴 했지만 사회문제화되지는 않았다.

대부분의 국가에서 여성들은 경제활동에 참여할 뿐 아니라 가사, 자녀양육, 가족돌봄 등과 같은 가족책임을 담당하고 있다(혹실드, 2001). 한국 사회에서 돌봄노동으로서의 어머니 역할과 가사노동은 여성들의 삶의 당연한 부분으로 간주되어 왔다. '남성=생계부양자', '여성=가사전담자' 라는 전통적 성별 분업체계는 여성의 경제활동에 대한 국가 개입을 최소화하였다. 그러다 보니 일과 가족의 양립문제는 사회적 문제로 인식되지 못했다. 그러나 여성의 취업이 증대하고 맞벌이가구가 증가하면서 일과 가족의 양립은 한국 사회의 중요한 문제로 등장하였다.

1980년대를 축으로 한 산업구조의 재조정 속에서 양적, 질적으로 상승하는 기혼여성의 경제활동 참여로 인해 '남성=일, 여성=가정' 이라는 기존 성별 분업구조에 빠른 변화가 있어 왔다. 한국의 경우 1980년대에 들어서면서 여성의 취업의식이 전반적으로 높아지고, 경제활동에 여성들의 참여가 시작되었다. 하지만 정작 가족 내부에서는 '남성은 생계부양자, 여성은 가사노동 전담 주부' 라는 가부장적 역할 분담이 계속 유지되고 있다. 무엇보다 직장을 가진 아내를 둔 남편의 가사참여도를 살펴보면 가정 내에서의 노동분업의 변화는 아주 서서히 일어나고 있음을 보여준다.

한국의 가사노동시간은 여성이 4시간 47분, 남성이 45분으로 여성이 남성보다 3시간 2분이 더 많으며 남성의 가사노동 시간이 경제협력개발기구 OECD: Organiaztion for Economic Cooperation and Development 회원국 중 가장 적은 것으로 나타나고 있다. 여성과 가사를 공평하게 분담해야 한다고 생각하는 기혼남성의 비율은 47.5%였지만 실제 가사노동 참여에 나선 남성은 16.4%에 불과했다(통계청 · 여성가족부, 2015: 13-14).

그림 9-1 **주요국 가사노동시간** (단위 : 분)

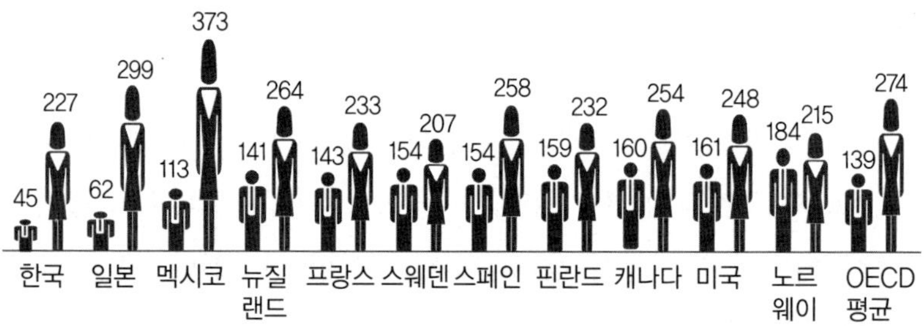

자료 : 통계청 · 여성가족부(2015: 13).

여성취업의 증가와 맞벌이가구의 증가로 근대적인 성별 분업은 약화되고 있지만 일과 가족을 둘러싼 관계는 변화하지 않으며 여성은 여전히 일-가족 부담 속에 있다. 남성 생계부양자 가족 체제하에서 여성들은 주변화되었고 여성의 이상적 역할은 가정에 있다는 "가정주부 담론"(이혜숙, 2015a)은 여성들로 하여금 임금노동을 하는 경우에도 일과 가족의 이중역할을 맡도록 했다. 또한 여성들은 가사뿐만 아니라 직장일을 동시에 병행하도록 사회화되고 있으며 여성 스스로 이를 내재화하고 있다(김미경, 2012). 일과 가족의 이중 부담에 직면한 여성들은 개인적으로 가사를 대체할 인력을 고용하거나 결혼과 출산을 지연하거나 회피했다. 또한 국가의 제도적, 정책적 지원을 요구하기 시작했다.

2 일–가족 양립문제의 흐름

1990년대 이후 취업여성의 임금노동자 비율이 증가하였고 기혼여성의 참여도 늘었다. 여성의 진학률 상승으로 대졸여성들의 사회진출이 증가하고 맞벌이부부가 보편화되면서 '남성=일, 여성=일과 가정' 식으로 성별 분업모델이 변형되었다. 이전에 비해 여성의 노동시장 진출은 활발해졌지만 그만큼 가사와 육아의 분담은 이루어지지 않았기 때문에, 직장생활과 가사노동의 병행은 여성에게만 부과되는 이중의 부담이었고 이로 인해 '일–가족 양립문제'가 사회문제로 가시화되기 시작한 것이다.

일–가족 문제의 역사적 맥락을 살펴보는 것은 "일–가족 문제를 단순히 개인적 차원을 넘어서서 사회적 차원의 과제로 설정"(신경아, 2007: 39)한다는 점에서 중요하다. 신경아(2007)는 산업화 이후 '일–가족 문제'의 변화를 담론 분석을 통해 분석하고 있는데, 담론 변화를 크게 세 시기(1960년대~1970년대 초, 1970년대 중반~1980년대 말, 1990년대 초~현재)로 구분해서 살펴보고 있다.

시기별 내용을 이정희(2014: 292-294)의 글을 참조하여 정리해 보면 제1시기(1960년대~1970년대 초)에는 여성취업인구의 대다수가 농민이었는데, 농촌에서는 일터와 가정이 분리되지 않은 상태에서 육아와 가사노동을 공동체에서 공유하는 경향이 두드러졌다. 또한 도시지역 여성취업자의 대부분은 미혼여성이었는데 당시만 해도 '결혼퇴직제'가 일반적으로 받아들여졌기 때문에 일부 전문직과 사무직을 제외하곤 결혼 이후에도 경력을 지속시키기가 쉽

〈표 9-1〉 일-가족 문제의 담론 변화

제1시기	미혼여성 중심의 공식 노동시장과 일-가족 담론의 부재
1960년대 ~1970년대 초	1) 국가주도적 공업화와 일 중심적 사회체제의 재편 2) 공식 노동시장과 일-가족 관심의 부재 ① 여성 농업인구와 일-가족 영역의 미분화 ② 미혼여성 중심의 공식 노동시장과 결혼퇴직제 ③ 광범위한 '식모' 집단의 존재 3) 비공식부문 여성과 일-가족 문제의 비가시화
제2시기	기혼여성노동자 집단의 형성과 일-가정 문제의 담론화
1970년대 중반~ 1980년대 말	1) 기혼여성의 공식 노동시장 참여와 일-가족 문제의 조건 ① 결혼퇴직제 폐지와 모성보호의 시작 ② 대졸여성 취업문제의 제기 ③ 기혼여성의 공식 노동시장 진입 2) 일-가족 문제와 본질주의 ① 기혼여성 취업에 대한 부정적 시각 : 여성취업 비판론 ② 여성의 다중 역할과 개인적 해결 : 여성취업 확대론 ③ 여성의 태도 개선론 : 여성 책임론
제3시기	일-가정 담론의 확산과 상품화의 지배
1990년대 초~현재	1) 주부인력 활용론 2) 맞벌이 담론의 변화와 대안적 양육모델의 부재 3) 돌봄의 상품화와 시장 담론

자료 : 신경아(2007: 11-39). 여기서는 이정희(2014: 293)에서 재인용.

지 않았다. 또한 당시 급속한 산업화로 인한 이촌향도 현상의 시대적 산물인 '식모(가정부)' 집단의 광범위한 존재는 '일-가족 문제'가 수면 위로 떠오르지 않게 하는 데 많은 기여를 했다.

제2시기(1970년대 중반~1980년대 말)에는 금융권의 결혼퇴직제가 폐지되면서 결혼 이후에도 경력지속이 가능했으며, 공무원과 교사를 중심으로 모성보호에 대한 논의가 시작되기도 했다. 또한 졸업정원제로 대학생인구가 늘면서 대졸여성의 취업문제가 본격적으로 제기된 시기이기도 하다. 하지만 여성의 일에 대해서는 다소 모순적인 모습을 보이는데 한편에서는 '취업주부는 자녀양육이나 남편내조에 부실할 수밖에 없다', '맞벌이부부는 문제가 있는 부부'라는 '여성취업 비판론'이 언론지상에 자주 등장한 반면 국가정책 차원에서는 '주부인력을 적극적으로 활용해야 한다'는 '여성취업 확대론'이 공존했다. 결국 해결책으로는 '일-가족 문제는 여성이 노력해서 해결해 나가야 한다'는 '여성 태도 개선론' 또는 '여성 책임론'으로 귀결되는 양상을 보였다.

제3시기(1990년대 초~현재)는 3차산업 부문이 확대되면서 전문직과 서비스직으로의 여성 진출이 크게 증가하고, 여성의 학력이 높아지면서 평생 취업의식 역시 향상되었으며, 출산율이 급격히 낮아진 시기이다. 1990년대 들어 생산직 인력난 문제가 심각해지자 경제발전을 위해서는 '유휴인력'인 주부를 적극 활용해야 한다는 논의가 정부 차원뿐만 아니라 경제부문에서도 많이 등장하였다. 이런 흐름 속에서 1980년대 문제집단으로 간주되던 맞벌이부부는 1990년대 들어 '새로운 부부상의 등장', '이중 커리어 가정', '신세대 부부'로 재해석되었다. 하지만 여전히 양육과 돌봄노동은 여성의 역할로만 인식되었기 때문에, 맞벌이부부의 자녀들은 '무언가 결핍된 존재'로, 그리고 이로 인해 취업주부는 '항상 자녀들에게 미안함을 느끼는 존재'로 묘사되었다.

이와 같이 산업화 이후 일-가족 문제는 '일 중심적 사회체계(제1시기)'에서 '여성 책임론(제2시기)'으로, 그리고 1990년대 들어서는 '새로운 대안 담론의 부재(제3시기)'의 시기로 변화해 왔다(신경아, 2007: 40). 한국의 일-가족 양립정책은 2001년까지는 명목상의 제도로 가족화·상품화에 머물다가 김대중 정부 시기인 2001년을 기점으로 본격적으로 탈상품화와 탈가족화의 제도화를 이루었다. 모성보호정책이 도입되고 보육정책이 모든 영유아를 포괄하면서 출산휴가 확대, 육아휴직제도 급여지급 등이 현실화되었다(전윤정, 2015: 211). 그러나 급여를 고용보험에서 지급하도록 하면서 정책 대상이 정규직 취업여성으로 한정되고 비정규직, 자영업자 등 다수의 여성이 누락되면서 보편적 체제로 형성되지 못하는 한계를 지니게 되었다. 질 높은 공적 보육서비스가 보편적으로 제공되지 않는 조건에서 양육과 관련된 휴가정책이 남성참여를 높일 수 있는 제도적 유인이 거의 없는 가운데 소수의 여성 정규직 노동자들만을 대상으로 확대된 것이다(윤홍식, 2014: 87).

이러한 정책은 이명박 정부 시기인 2009년 전환점을 가져오는데 보육 공공화의 축소, 민간 중심의 서비스 동원체계 확대, 보육료 지원에서 현금지급 방식의 도입, 가정양육수당을 도입하는 등 "암묵적 가족주의"(전윤정, 2015: 211)의 성격을 가지게 되었다.

3 일-가족 양립정책의 현황

한국의 경우 일-가족 양립을 위한 정책은 2001년 모성 관련 법(〈근로기준법〉, 〈남녀고용평등법〉, 〈고용보험법〉)의 개정을 통해 모성권 보장 및 일-가정 양립을 위한 다양한 제도를 도입한 이후 지속적으로 정책을 모색해 왔다. 특히 2008년에 〈남녀고용평등법〉에서 〈남녀고용평등과 일 · 가정 양립 지원에 관한 법률〉로 바뀌면서 배우자 출산휴가, 육아기 근로시간 단축제 등을 법제화하는 등 일-가족 양립을 위한 다양한 입법적 노력을 지속하고 있다. 일-가족 양립을 위한 정책은 국가별로 다양하게 전개되고 있는데 크게 보육정책, 휴가정책, 노동시간정책으로 나누어 볼 수 있다.[1]

1) 이 외에도 임신 · 출산 후 계속고용 지원금제도 등을 들 수 있다(강이수 · 신경아 · 박기남, 2015: 388-389).

〈표 9-2〉 일-가정 양립 지원제도 포트폴리오

휴가 · 휴직제도		유연근무제도	보육서비스
• 출산전후휴가 • 유산 · 사산휴가제도 • 수유시설, 수유시간 • 배우자 출산휴가	• 육아휴직제도 • 육아기 근로시간 단축제도 • 가족돌봄 휴직제도	• 시간제 근로 • 시차출퇴근제 • 탄력근무 • 원격근무, 재택 근무 • 가족돌봄 휴직제도	• 무상보육 서비스 • 국공립 보육시설 확대 • 직장 내 보육시설

자료 : 김영옥(2015: 18).

1) 보육정책

자녀양육에 대한 책임이 취업부모의 일-가족을 양립하는 데 가장 큰 장애요소가 되는 현실에서 자녀양육 지원정책은 가장 기본적인 일-가족 양립 지원책이다. 무엇보다 보육시설 및 보육 서비스 프로그램의 제공과 보육 서비스 질의 확보가 중요하다.

1987년 〈남녀고용평등법〉이 제정되면서 직장여성의 보육에 대한 법적 근거가 마련되었고 1991년 〈영유아보육법〉이 제정되면서 영유아 보육이 본격적으로 활성화되었다. 〈영유아보육법〉은 양육을 사회적으로 책임진다는 인식 아래 국가와 기업주가 취업여성의 보육을 지원하게 하면서 보육의 사회적 분담에 대한 법적 · 제도적 기초를 마련하게 되었다. 이후 김영삼 정부는 보육에 대한 수요가 높아지자 '보육시설 확충 3개년 계획(1995~1997)'을 실시하였으며 이 시기 동안 보육시설은 양적으로 팽창하였다. 2000년대에 들어 '보육사업 중·장기종합발전계획(2001)을 비롯하여 '제1차 중장기보육계획 : 새싹플랜'과 그 수정판인 '아이사랑플랜', '제1차 저출산 · 고령사회기본계획 : 새로마지플랜'(2010)과 '제2차 저출산 · 고령사회기본계획 : 새로마지플랜2015' 등을 연이어 발표했다(김지미, 2013: 15). 이러한 상황에서 한국의 보육률 수치는 1990년대 10%에 머물다 계속 증가하였고 2014년 현재 한국의 보육률은 0~2세 65%, 3~5세 90% 정도까지 증가하였다(전윤정, 2015: 199-200).

〈표 9-3〉 보육정책의 변화(1990~2014년)

연도	0~2세 보육률	3~5세 보육률 (유치원 포함)	0~5세 교·보육이용률 (유치원 포함)	국공립 시설 비율	양육수당
1990	-	20.85	11.71	18.76	-
1993	-	22.50	14.54	15.25	-
1995	-	23.14	18.33	11.33	-
1997	-	24.59	24.81	7.53	-
2000	-	26.05	31.85	6.72	-
2001	-	54.52	33.0	6.50	-
2002	-	56.0	36.55	6.01	-
2003	12.4	59.14	39.99	5.50	-
2004	15.9	62.95	44.13	5.01	-
2005	18.3	67.27	48.43	5.19	-
2006	22.0	73.24	55.36	5.62	-
2007	30.7	77.60	57.74	5.67	-
2008	36.3	79.38	59.83	5.45	-
2009	41.6	80.69	62.05	5.39	10~20만원
2010	50.5	81.40	66.48	5.35	10~20만원
2011	54.1	83.08	69.45	5.31	10~20만원
2012	62.0	86.38	75.15	5.18	10~20만원
2013	63.3	90.21	76.84	5.33	10~20만원
2014	65.28	89.92	78.02	5.69	10~20만원

자료 : 통계청(2015), 『장래인구추계』(0세~5세), 『주민등록 연령인구』(0세~5세)(각 연도); 보건복지부, 『2014보육통계』(각 연도), 『어린이집 보육아동현황』; 교육부, 『교육통계DB』, 『교육통계연보』(각 연도). 여기서는 전윤정(2015: 201)에서 재인용.

그러나 이러한 성장에도 불구하고 보육시설 수, 보육아동 수의 증가가 국가의 책임 강화를 의미하는 것은 아니었다. 추상적인 목표로 '공보육', '국가책임보육'을 지향하고 있었지만 재원조달과 공급주체, 서비스 관리자로서 국가의 책임은 모호하며 공급은 전적으로 민간에 의존하고 있기 때문이다(전윤정, 2015: 200). 2014년 전체 어린이집 수는 43,742개로 가정시설 어린이집이 53.3%로 가장 많고 이어서 민간(33.9%), 국·공립(5.7%), 사회복지법인(3.2%) 순이다.

그림 9-2 설립주체별 어린이집 시설 비중

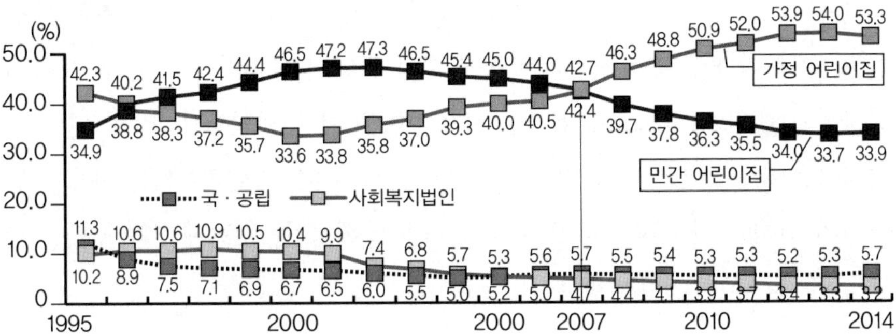

자료 : 통계청 · 여성가족부(2015: 6).

한국의 낮은 여성노동시장 참여율과 질 나쁜 보육 서비스, 공보육의 미발달 등의 상황에 대해 "복지국가의 지연"(송다영, 2014b)을 보여준다는 평가나, 한국 복지정책의 구조가 국가의 개입 증가와 함께 민간 의존과 비용 중심의 정책이 함께 공존하는 "트릴레마 구조"(김수정a, 2015)를 보여준다는 평가에서 알 수 있듯이 한국에서 돌봄의 사회화는 아직 보편적인 체제로 정착되었다고 보기는 어렵다. 2008년 이후 보육정책은 "시장화, 개별화, 가족화 강화"(송다영, 2011: 287)의 방향으로 진행되었고 이는 소득수준별, 성별 계층화를 유발하기 때문에 보편적 보육정책의 실현에는 한계가 있다. 보육정책은 몇 차례의 법 개정이나 시설의 양적 확대와 같은 외형적 변화가 있었음에도 불구하고 "아동보육에 대한 가족의 무한책임, 국가의 최소개입 원칙에 있어서는 거의 변화가 없었다"(송다영, 2014b: 131)고 볼 수 있다.

2014년 12월 말 기준으로 전체 직장 어린이집 설치 의무 사업장 1,204개소 중 의무를 이행하고 있는 사업장은 75.0%(903개소)에 불과하며 25.0%(301개소)가 미이행 사업장이다(통계청 · 여성가족부, 2015: 8). 기혼여성을 위한 일-가족 양립을 위해서는 직장 어린이집이 좀 더 많이 설치되어야 할 것이다. 비용에 대한 합리적 지원관리가 필요하며 육아 지원 사각지대라 할 수 있는 오후 8시 전후까지 야간돌봄 지원도 요구된다(유희정, 2015: 51-52).

한국은 보육예산의 증가와 보육대상자의 확대에도 불구하고 여전히 안심하고 맡길 데가 없다는 보육서비스에 대한 불안과 불만이 존재한다. 보육대상자의 확대와 비용보조에 집중한 보육정책은 이제 재원충당, 비용집행에서 어려움을 겪고 있다. 이를 벗어나기 위해서는 "민간 중심의 공급, 비용 지원 중심의 정책을 다시 검토하고 국공립 서비스 확충 등 전달체계의 공공성 확보"(김수정a, 2015: 64)가 필요하다.

2) 휴가정책

서울시 직장맘지원센터의 양육과 직장생활을 병행하는 여성들에 대한 상담 사례를 유형별로 묶은 『직장맘이 궁금한 100문 100답』이라는 핸드북에 의하면 2013년 1,782건의 상담이 진행되었는데, 이 중 출산휴가 · 육아휴직 등으로 상담한 건수가 63.5%(1,133건)로 가장 많았다(중앙일보, 2014.1.8).

그림 9-3 직장맘 고민유형 (단위 : 건)

자료 : 중앙일보(2014.1.8.).

휴가정책은 출산휴가와 육아휴직 등으로 자녀의 출산에 대한 지원정책을 포함한다. 출산휴가의 경우 대부분의 국가에서 법률로 보장하고 있으나 출산기간과 급여의 소득대체 수준, 급여의 자격, 부성휴가제도 실시 여부 등에서 차이가 있다.

(1) 출산휴가제도

출산휴가는 1953년 〈근로기준법〉 제정 시 60일간의 출산휴가를 도입하였으나 1987년 〈남녀고용평등법〉이 제정되기까지는 거의 사문화된 조항이었다. 한국의 일-가족 양립 지원정책 중에서 출산휴가제도는 2000년대에 들어 상당한 변화를 보이고 있다. 2001년 휴가기간이 60일에서 90일로 확대되었으며 이 가운데 60일은 유급으로 30일의 통상임금은 고용보험에서 지원하는 것으로 개정되었다. 2006년에는 우선지원대상기업에 대해 90일분을 지원하고 임신 16주 이후 유산이나 사산한 여성근로자에게도 보호휴가 제공과 함께 휴가급여를 제공하는 것으로 개정되었다(강이수 · 신경아 · 박기남, 2015: 391).

(2) 육아휴직제도

참고자료 9-2

"남자가 무슨 육아휴직이야?"

직장인 A 씨가 육아휴직을 신청하자 상사가 던진 말이다. A 씨는 지난 2013년 아이를 돌보기 위해 1년간의 육아휴직서를 냈다가 상사로부터 "육아휴직을 줄 수 없다"는 말까지 들어야 했다. 하지만 A 씨는 포기하지 않고 서울시 직장맘지원센터에 도움을 요청했다. 결국 센터 소속 노무사가 회사 부사장을 직접 설득한 끝에 A 씨는 어렵사리 1년간의 육아휴직을 얻을 수 있었다.

자료 : 여성신문(2015.8.19.).

2007년 〈남녀고용평등법〉을 개정하여 2008년부터 육아휴직 1회 분할 사용, 육아기 근로시간 단축제도를 도입했다. 2008년에는 남성근로자에게 3일의 유급휴가를 부여하는 배우자 출산휴가제도를 도입했고 2010년에는 만 6세 이하의 초등학교 취학 전까지 대상 자녀를 확대했다. 2012년부터는 5일 이내 3일 이상을 부여하고 최초 3일은 유급으로 개편하기로 하여 남성의 참여를 유도하는 정책을 도입했으며 유산 경험이 있거나 유산 위험이 있는 경우도 출산 전 휴가기간을 분할해서 사용하도록 했으며 2013년에는 육아휴직 대상을 8세 미만의 자녀가 있는 부모로 확대했다.

2014년 육아휴직 사용자는 여성이 7만 3,412명, 남성이 3,421명으로 지속적인 증가세를 보이고 있다. 부모휴가제는 부모 공동 사용을 전제로 도입한 제도이지만 실제 사용률을 보면 대부분 여성들이 주 사용자이다. 남성 육아휴직자도 늘고는 있으나 전체 육아휴직 사용자 중 남성의 비중은 4.5%로 낮은 수준이다(통계청 · 여성가족부, 2015: 16).

〈표 9-4〉 한국 육아휴직제도의 변화

연도	육아휴직제도 변화
1953년	• 근로기준법 제정 시 출산 여성근로자의 휴가권 보장, 유급 산전 후 휴가제 도입, 고용주가 전액 부담
1987년	• 남녀고용평등법 제정으로 육아휴직제도 도입, 1세 미만 영아 자녀를 둔 '여성근로자'에게 자격 부여
1995년	• 남녀고용평등법 개정, '여성근로자 혹은 배우자가 선택적으로' 휴직을 사용 가능토록 개정, 1년간 사용 가능
2001년	• 모성보호 관련 3법 개정, 휴가기간 60일에서 90일로 확대, 비용의 사회보험분담 원칙 새로이 적용, 중소기업 근로자 전액 고용보험에서 지급, 대기업 근로자는 일부를 고용보험에서 지급 • 육아휴직 급여 도입, 월 20만 원 지급, 2003년 30만 원, 2004년 40만 원, 2007년 50만 원으로 증액
2008년	• 육아휴직 대상을 1세 미만에서 3세 미만 영아의 부모로 확대, 부모 각각 1년의 휴직 사용 가능 : 휴직의 권리를 가족 단위에서 개인의 권리로 규정한 것에 의의가 있음(개인노동자 단위의 보장체계인 고용보험에 기초한 육아휴직 급여제도 도입)
2010년	• 만 6세 이하의 초등학교 취학 전까지 대상 자녀 확대
2011년	• 육아휴직 정률제를 도입하고, 육아휴직 급여를 이전 급여의 40%로 하되 최저 50만 원~최고 100만 원으로 제한
2012년	• 유산 경험이 있거나 유산 위험이 있는 경우도 출산 전 휴가기간을 분할해서 사용하도록 함
2013년	• 육아휴직 대상을 8세 미만의 자녀가 있는 부모로 확대

자료 : 장하진 · 이옥 · 백선희(2015: 83)를 참조하여 작성함.

그림 9-4 연도별 육아휴직자 현황

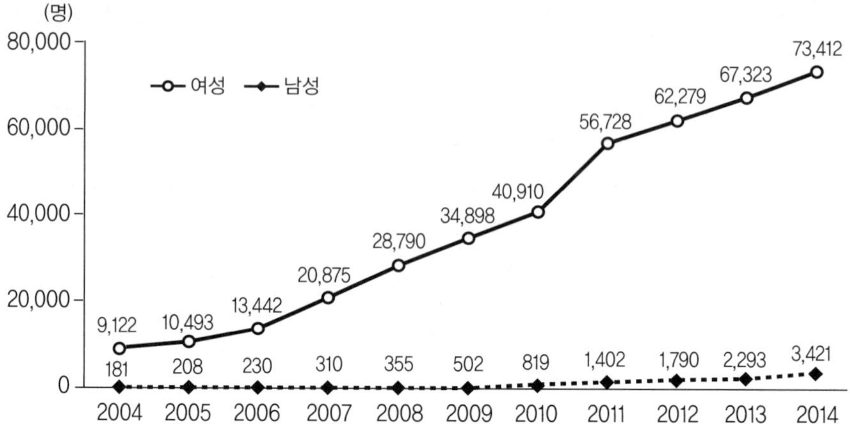

자료 : 통계청 · 여성가족부(2015: 16).

스웨덴의 예를 보면 출산율이 2013년 현재 1.89명이다. 스웨덴 출산율 제고의 핵심 정책은 보육 지원과 육아휴직을 패키지로 묶어 동시에 확대한 데 있다. 육아휴직제도를 도입해 아이가 어릴 때는 부모가 직장을 쉬면서 직접 돌보게 하고 아이가 더 크면 낮은 비용으로 고품질 보육 서비스를 이용할 수 있게 한다.

이처럼 스웨덴을 비롯한 선진 외국 사례의 경우 국가가 적극적인 정책수단을 가지고 남녀의 일과 가족생활의 양립 지원을 적극적으로 제공하는데 특히 '부모휴가제도' 실시와 관련해 도입 초기부터 남녀 공동양육의 모델을 제시했다(문무경 외, 2013). 또한 많은 국가에서 남성의 육아참여 활성화를 위한 정책들을 실시하고 있다.

〈표 9-5〉 스웨덴 육아휴직제도 변화과정

스웨덴 육아휴직제도 변화과정	• 1974년 : 유급 육아휴직 6개월 도입 • 1980년대 : 15개월로 단계적 연장 • 1995년 : '아빠의 달', '엄마의 달' 도입. 15개월 중 부모에게 각각 1개월씩 배정(쓰지 않으면 소멸) • 2002년 : 부모에게 각각 2개월씩 배정(쓰지 않으면 소멸) • 2016년(입법예고 중) : 부모에게 각각 3개월씩 배정(쓰지 않으면 소멸)
현행 육아휴직제도	• 기간 : 자녀 1명당 16개월(480일) • 권장 원칙 : 부모 8개월씩 사용 • 최소 사용 : 부모 몫으로 각각 2개월씩 배정 • 급여 : 육아휴직 13개월까지 급여의 80% 지급. 나머지 3개월은 정액 지급 • 추가혜택 : 부모 각각 2개월씩 사용하면 추가수당 지급

자료 : 중앙일보(2015.3.30.).

〈표 9-6〉 아버지 사용에 대한 인센티브

국가	주요 내용
오스트리아	부모가 동시에 사용할 경우 보너스 달(유급) 제공
캐나다 퀘벡주	아버지 휴가를 사용할 경우 두 달의 보너스 달 제공
핀란드	아버지가 2주간의 부모휴가를 사용할 경우 4주의 추가 부성휴가 제공
독 일	아버지가 휴가를 사용할 경우 두 달의 보너스 달 제공
이탈리아	아버지가 휴가를 사용할 경우 한 달의 보너스 달 제공
포르투갈	부모가 '초기' 휴가를 공동 사용할 경우 한 달의 보너스 제공. 2주간의 '부성휴가(father-only leave)' 는 의무적으로 사용해야 함.

자료 : 홍승아 · 이인선(2012: 321).

3) 노동시간정책

노동시간정책은 일-가정 양립을 위한 전반적인 노동시간 단축을 추진하는 등 다양하고 유연한 고용형태 등을 말한다. 즉 일하는 부모의 필요에 따라

노동시간을 조정하거나 파트타임 고용, 기간 한정 노동시간 단축제도 등을 들 수 있다.

한국은 경제협력개발기구OECD 국가 중에서 노동시간이 가장 긴 국가이면서 노동시간제도의 경직성이 높은 국가에 속한다. 장시간 노동관행은 여성이 전적으로 가족 책임을 부담하고 있는 한국 사회의 환경에서 여성의 일-가정 양립을 어렵게 하는 주된 요인이다. 따라서 가족과 함께 일상을 보낼 수 있도록 하기 위해서는 장시간 노동을 제한하고 근로조건을 준수하는 기업환경이 중요하다.

이에 따라 한국은 2004년 법적 근로시간을 주 40시간으로 단축하고 시간제·탄력적 근무제 등과 관련된 법제를 지속적으로 개편해 왔다. 2010년부터 공공 부문 전반으로 유연근무제를 확대 실시하였으며 민간 부문에서는 유연근무제를 시범 운영하는 의료·금융기관 등 10여 개 기업이 국가의 지원을 받고 있다. 2014년에 육아기 근로시간 단축제도를 사용한 사람은 여성이 1,032명, 남성이 84명으로 매년 꾸준히 증가하고 있다(통계청·여성가족부, 2015: 21).

2011년에는 근로시간제도의 유연화를 위해 〈근로기준법〉을 개정하고 근로시간저축휴가제 도입 및 탄력적 근로시간제 단위 기간과 재량근로시간제 대상 업무를 확대하기도 했다. 이울러 민간기업의 제도 도입을 위해 유연근로시간제 컨설팅 및 교육 등을 지원하고 있다.

〈남녀고용평등과 일-가족 양립 지원에 관한 법률〉은 육아기 근로시간 단축, 시차출퇴근제, 재택근무 등을 규정하고 있으나 현실적으로 지켜지는 경우가 거의 없다. 명문화되어 있으나 실제로는 활용할 수 없는 유명무실한 제도로서의 한계를 넘어서야 한다(송다영·정선영, 2013: 178).

〈표 9-7〉 탄력적 근무제도

구분	내용	사례
탄력적 근로시간제	주 40시간 근로원칙을 준수하는 범위 내에서 근로시간을 탄력적으로 운영하는 제도	단시간근로제, 직무대체제, 재택근무제 등
선택적 근로시간제	업무시작 및 종료 시각을 근로자의 자유의사에 맡기는 제도로 회사의 규정으로 선택할 수 있는 출퇴근 시간대를 사전에 정하고, 상사의 승인을 받아 출퇴근 시간을 선택하도록 하는 '자유출퇴근제' 도 포함	집중근무시간제, 직무공유제, 경조휴가제, 장기근속휴가제 등

자료 : 여성가족부(2012), 『가족친화지수 조사보고서』. 여기서는 차성란 · 정영금 · 정지영 외(2015: 173)에서 재인용.

4 일-가족 양립정책의 방향과 과제

일-가족 양립 지원제도에 대하여 국민은 86.0%가 알고 있었는데 이 중 '출산휴가제' (80.7%)를 가장 많이 알고 있고 이어서 '육아휴직제' (77.3%), '배우자 출산휴가제' (68.6%) 순이었다. '가족돌봄휴직제' 에 대해서는 상대적으로 낮은 36.2%의 인지도를 보였다(통계청 · 여성가족부, 2015: 10).

여성과 가족에게만 맡겨져 있는 돌봄노동의 사회화, 가족 내 불평등한 성별 분업구조의 변화, 가족친화적 혹은 여성친화적이지 않은 직장문화의 변화 없이는 일-가족 양립정책의 효과는 기대하기 어렵다. 일-가족 양립문제는 여성의 문제, 일하는 기혼여성의 문제로 한정되어 왔으며 저출산의 해결을 위한 정책적 도구라는 시각에서 접근하는 경향도 강했다. 일-가족 양립과 균형의 책임을 남녀 모두에게 있는 것으로 하면서 정책적인 대안을 모색해야 한다. 또한 휴가제도의 보편적인 개혁, 보육정책에서 공공성 강호, 국가 중심의 서비스제도를 확충하는 다양한 제도적 개선이 필요하다(전윤정, 2015:

〈표 9-8〉 국민이 제안한 양성평등, 일-가정 양립정책

제안명	내용
문화 공연장에 영·유아 보육시설	아이를 키우는 부모에게 문화생활 기회 확대해 육아 부담 줄여주자.
빈곤 아동 프로그램 성별 맞춤형 구성	비만율 · 교통사고율 다른 남녀 아동, 성별 차이 고려해 영양 · 건강 · 사고 예방교육하자.
어르신 성폭력 예방교육	노인복지관 활용해 노인 성폭력 문제 인식 공유 및 예방교육하자.
유치원 · 어린이집 화장실에 가림막 설치	남녀 공용인 화장실 안 남아용 소변기에 가림막 설치해 프라이버시 보호하자.
재난안전 시스템에서 남녀 격차 개선	소화기 사용, 안전 대피 등 재난 대처능력 취약한 여성 특성 반영한 안전교육 프로그램 개발하자.
유모차 주차장 설치	보건소 등 공공기관에 유모자 주차선 그려 혼잡 줄이고 안전 확보하자.

자료 : 중앙일보(2015.4.2.).

179). 〈표 9-8〉은 2015년 여성가족부가 성평등정책 아이디어 공모를 통해 선정한 내용인데 문화공연장에 영유아 보육시설, 유모차 주차장 설치 등 일-가정 양립정책과 관련된 부분이 중요하게 제안되고 있다.

일-가족 양립은 가족생활을 직장생활과 조화시키기 위해 돌봄의 사회화, 가족친화정책에 관심을 둔다. 그러나 일-가족 문제는 연구 입장에 따라 '일-가족 갈등work-family conflict', '일-생활 균형work-life balance' 등의 다양한 개념으로도 접근된다. 일-가족 갈등은 일에서의 역할과 가족에서의 역할 사이에서 나타나는 시간 사용과 관련된 갈등, 긴장 관련 갈등, 역할 관련 갈등에 초점을 둔다. '일-생활 균형'은 일-가족-개인적 삶의 균형을 강조하는 것으로 노동시간, 돌봄시간, 개인적 시간의 균형에 관심을 둔다(강이수, 2014: 290). 일-가족 양립정책에 대한 앞으로의 방향과 과제는 김혜정(2011: 142-145)이 잘 정리하고 있듯이 다음과 같다.

첫째, 현재의 일-가족 양립 지원정책은 여성의 가사노동과 돌봄노동을 전제한 채 여성의 노동권만을 강조하고 있다. 여성과 가족에게만 맡겨져 있는 돌봄노동의 사회화, 가족 내 불평등한 성별 분업구조의 변화, 가족친화적 혹은 여성친화적이지 않은 직장문화의 변화 없이는 일-가족 양립정책의 효과는 기대하기 어렵다. 돌봄노동과 가사노동에 대한 여성의 책임, 역할을 그대로 둔 채 이루어지는 여성의 노동권에 대한 강조는 여성에 대한 이중, 삼중의 부담을 가중시키게 된다. 따라서 지금의 일-가정 양립 지원정책이 밝히고 있는 여성의 노동권, 여성의 인력활용에 대한 강조, 남녀고용평등뿐 아니라 이를 제대로 실현할 수 있는 여성의 가사노동, 돌봄노동에 대한 책임 분산과 사회화를 위한 정책이 보다 중요하게 고려되어야 한다.

둘째, 일-가정 양립정책의 수혜자가 여성으로 성별화되어 있으며 제도적으로 비정규직 여성을 배제함으로써 여성을 계층화하고 있다. 2008년부터 '배우자 출산 간호휴가제도' 가 도입되었지만 이 사용률은 현저히 낮고 육아휴직의 남성사용률은 더욱 낮다. 따라서 남성의 육아휴직 사용률을 높이기 위한 정책이 마련되어야 하며 이를 위해서는 현실적인 육아급여 산정이 필요하다. 또한 비정규직의 경우 휴가제도를 제대로 활용하지 못하고 있으며 이에 대한 정책도 필요하다.

셋째, 휴가 중심의 단일한 서비스 유형이 여성의 경력단절을 초래하고 여성과 남성의 사용을 어렵게 하고 있다. 따라서 휴가 중심의 단일한 서비스 유형이 아니라 일상적으로 쉽게 사용할 수 있으면서도 경제적 문제를 발생시키지 않는 형태의 근무시간 조정을 제도화해야 한다.

넷째, 일-가족 양립정책이 기업에 의존한 전달체계를 가짐으로써 기업의 문화, 기업주의 철학에 따라 제도의 활용은 달라질 수 있고 실제 남성 중심적 기업문화 속에서 이러한 제도의 사용이 쉽지 않다. 따라서 전적으로 기업에 의존하는 서비스 전달체계에서 벗어나 인센티브나 세제혜택 등을 통해 정부의 개입을 확대하고 가족친화적 기업문화를 유도해 나가야 한다.

다섯째, 남녀 모두의 노동조건을 개선하기 위해 현실적이고 실질적인 방법으로 노동시간 단축을 들 수 있다. 노동시간 단축은 '남자는 직장, 여성은 가정' 이라는 성별 분업의 불균형과 부담을 줄이는 데 효과적으로 기여할 수 있다(김미경, 2012: 155). 노동시간 단축은 남성들에게 가정을 위한 시간을 낼 수 있도록 하고 여성에게는 좀 더 많은 사회참여의 기회를 제공할 수 있기 때문이다.

〈부록 9-1〉 출산휴가 및 배우자 출산휴가 관련 법 규정

<table>
<tr><th>휴가 종류</th><th>연도</th><th>근거 법령</th><th>이용기간</th><th>재원부담 및 급여 수준</th><th>대상</th></tr>
<tr><td rowspan="3">출산휴가</td><td>1953</td><td>• 근로기준법</td><td>60일</td><td>• 사용자, 통상임금</td><td>• 임신 중 여성</td></tr>
<tr><td>2001</td><td rowspan="2">• 근로기준법
• 남녀고용평등과 일·가정 양립 지원에 관한 법률
• 고용보험법</td><td>90일</td><td>• 최초 60일은 사용자, 통상임금
• 30일은 고용보험</td><td>• 임신 중 여성
• 180일 이상 고용보험료 납부한 피보험자</td></tr>
<tr><td>2005</td><td>90일</td><td>• 우선지원대상기업은 90일 고용보험 지급(상한 135만 원)</td><td>• 임신 중 여성
• 180일 이상 고용보험료 납부한 피보험자</td></tr>
<tr><td rowspan="5"></td><td>1987</td><td rowspan="5">• 남녀고용평등과 일·가정 양립 지원에 관한 법률
• 고용보험법</td><td>1년(산전후 휴가 포함)</td><td>• 무급</td><td>• 휴직 : 생후 1년 미만 영아를 둔 근로여성</td></tr>
<tr><td>1995</td><td>1년
(단, 생후 1년 미만)</td><td>• 무급</td><td>• 휴직 : 생후 1년 미만 영아를 둔 근로여성 또는 그를 대신한 배우자</td></tr>
<tr><td>2001</td><td>1년</td><td rowspan="3">• 고용보험: 20만('01)→30만('03)→40만('05)→50만('07)→통상임금40%(하한 50만 원, 상한 100만 원)('10)</td><td>• 휴직 : 생후 1년 미만 영아를 둔 근로자
• 급여 : 180일 이상 고용보험료 납부한 피보험자, 같은 자녀에 대해 피보험자인 배우자가 육아휴직(30일미만은 제외)을 부여받지 아니하고 있을 것</td></tr>
<tr><td>2006</td><td>1년</td><td>• 휴직 : 생후 3년 미만 영아를 둔 근로자
• 급여 : 상동</td></tr>
<tr><td>2010</td><td>1년</td><td>• 휴직 : 만 6세 미만 초등학교 취학 전 자녀를 양육하는 근로자
• 급여 : 상동</td></tr>
<tr><td rowspan="2">배우자 출산휴가</td><td>2007</td><td rowspan="2">• 남녀고용평등과 일·가정 양립 지원에 관한 법률</td><td>3일</td><td>• 무급</td><td rowspan="2">• 배우자의 출산을 이유로 휴가를 청구하는 근로자</td></tr>
<tr><td>2012</td><td>5일,
3일은 유급</td><td>• 사업주</td></tr>
</table>

자료 : 김혜영 외(2010), 『한국과 중국의 가족변화와 지원정책(Ⅰ)』, 경제인문사회연구회를 근거로 보완 작성. 여기서는 차성란 · 정영금 · 정지영 외(2015: 172)에서 재인용.

〈부록 9-2〉 경제협력개발기구OECD 국가의 출산전후 휴가현황 비교

국가	자격 기준	최대 기간	급여 수준	재원
스웨덴	모든 부모	14주 • 산전 7주, 산후 7주(2주 의무) • 작업환경 위험 시 출산 전 60일부터 사용 가능	80%	사회보험의 하나로서 부모 보험
프랑스	출산 전 최소 10개월간 보험료 지불 • 휴가 사용 전 90일간(200시간) 근무	16주 • 산전 6주, 산후 10주 • 셋째 아이 이상 26주 • 쌍둥이 32주 • 세쌍둥이 이상 46주	100% (최대 76.54유로)	건강보험
독일	건강보험 가입 여성	14주 • 산전 6주, 산후 8주	• 임신한 달 이전 3개월 혹은 13주의 평균임금 100%(1일 최고 13유로)	사회보험, 건강보험 혹은 실업보험+고용주
네덜란드	보험가입 여성 (자영업자 포함)	16주 • 산전 4~6주, 산후 10~12주	100%	실업보험
이탈리아	모든 거주 여성	5개월 • 산전 2개월, 산후 3개월	80%	건강보험
미국	12개월 동안 최소 1,250시간 근무자	12주 • 50인 이상 사업장 한정	무급	
영국	출산 예정 주 15주까지 26주간 계속 근무	52주 • 산전 26주, 산후 26주	초기 6주 통상 금액의 90%, 이후 33주는 123.06파운드 또는 평균 소득의 90% 중 적은 금액	고용주 (최소 92% 환급)
일본	휴가 시행하는 직장에서 근무하는 여성	14주 • 다태아인 경우 22주	60%	건강보험
한국	모든 고용 여성	13주(90일)	100%	고용보험

자료 : 강이수 · 신경아 · 박기남(2015: 392).

성 관련 정책

제 10 장

1. 성희롱과 관련 정책
2. 성폭력과 관련 정책
3. 가정폭력과 관련 정책
4. 성매매와 관련 정책

2013년 5월 대법원은 '부부강간' 개념을 처음으로 인정했다. 부부싸움을 하다가 아내를 폭행한 뒤 흉기로 위협하고 강제로 성관계를 맺은 남편에 대해 특수강간죄를 인정해 징역 3년 6월을 확정한 것이다(중앙일보, 2015.3.12.). 간통죄의 경우는 2015년 2월 "내밀한 성생활의 영역에 국가가 개입해 형벌의 대상으로 삼는 것은 성적 자기결정권과 사생활의 비밀 · 자유를 침해하는 것이다"라고 선언하면서 위헌을 발표하여 62년 만에 폐지되었다(중앙일보, 2015.2.27.). 이러한 변화는 한국 사회에서 성에 대한 인식이 변하고 있음을 의미한다.

그러나 우리 사회의 성규범은 이중성을 지니고 있으며 남성 중심적이다. 성규범의 이중성을 정리하면 우선 남성과 여성에게 요구되는 성윤리가 각각 다르다. 여성의 성은 엄격히 규제하면서 남성의 성은 관대하게 대하는 성에 대한 이중 기준이 여전히 존재한다. 가부장적 사회에서는 남성의 성적 욕구와 관심만이 인정될 뿐 여성의 성적 욕구와 관심은 도외시된다. 또한 남성의 역할과 남성성은 적극적, 능동적, 명령적, 공격적인 반면에 여성의 역할과 여성성은 소극적, 수동적, 순종적, 방어적인 것으로 규정하는 이분법적인 속성이 남녀의 성행태와 성관계에서도 그대로 적용된다. 1990년대를 거치면서 한국에서도 성과 관련한 쟁점 등이 제기되었고 관련 정책과 법적 기반들이 마련되었지만 이러한 이중적인 성문화 속에서 여성들이 피해자가 되기 쉽다.

1 성희롱과 관련 정책

참고자료 10-1

여성 신입사원 A 씨는 사내에서 황당한 일을 겼었다. 옆 부서의 10년 차 과장 B 씨가 동료 직원들을 상대로 "나 며칠 전에 A랑 자는 꿈을 꿨다"고 말하고 다니는 걸 듣고서다. B 씨는 기혼남성이다. 사내에 일파만파 소문이 퍼지자 격분한 A 씨는 B 씨를 찾아가 따지며 사과를 요구했다. 하지만 B 씨는 "내가 직접 자자고 한 것도 아니고 내 꿈 얘기를 동료들에게 한 것뿐인데 뭐가 문제냐"고 맞섰다. 이런 경우도 성희롱에 해당될까? 정답은 '예스' 다. 실제로 참다못한 A 씨는 회사 인사팀을 찾아가 항의했고 회사는 B 씨에게 정직과 감봉 처분을 내린 뒤 다른 사업장으로 발령을 냈다.

자료 : 중앙일보(2015.10.17.).

〈표 10-1〉 성희롱 인정 사례

성희롱 인정 사례	인정 기관	처벌
피곤하다는 여성 직원에게 "등에 아로마 오일을 발라줄게"라고 말한 남자 상사	법원	손해배상 (1,000만 원)
평소 운동을 열심히 한다고 알려진 남성 직원에게 "어디 티셔츠 한번 벗어봐"라고 말한 여자 팀장	국가인권위원회	특별인권교육 수강 권고
회식 자리에서 앞치마를 달라는 여직원에게 "가슴이 작아 보이는데 필요 없지 않나?"라고 농담한 남자 상사	국가인권위원회	특별인권교육 수강 권고

자료 : 법원 · 국가인권위원회. 여기서는 중앙일보(2015.10.17.)에서 재인용.

성희롱은 무엇인가? 한국에서 성희롱문제는 1993년 서울대 조교 성희롱 소송사건이 발생하면서 사회적 관심사로 부각되었고 법적 대책이 논의되기 시작했다. 성희롱은 주로 직장 내에서 위계적인 권력을 가진 자가 그렇지 않은 사람에게 원하지 않는 성적 접근을 강요하는 것이다. 현행법을 보면 성희롱이 규정된 법률은 〈남녀고용평등과 일 · 가정 양립 지원에 관한 법률〉, 〈국가인권위원회법〉, 〈성평등기본법〉 등이 있다.

〈남녀고용평등과 일 · 가정 양립 지원에 관한 법률〉에 나타난 직장 내 성희롱에 대한 규정을 보면 성희롱 발생 시 사업주는 행위자에 대한 징계 조치를 하여야 한다.

〈표 10-2〉 직장 내 성희롱 요건

요건	기준과 판례
사업장 내에서	사업이 행해지는 장소, 공공기관
당사자가	• 피해자 : 근로자 • 행위자 : 사업주 · 사용자 · 공공기관 종사자
업무와 관련해	직장 내 업무뿐 아니라 출퇴근길 · 회식 장소나 메신저를 통해 대화가 오고간 경우도 인정
피해를 보았을 경우	• 피해자가 성적 굴욕감 또는 혐오감을 느꼈을 경우 • 피해자에게 고용상의 불이익이 돌아간 경우

자료 : 직장 남녀 연구소, 여기서는 중앙일보(2015.10.17.)에서 재인용.

성희롱은 신체적 성희롱, 언어적 성희롱, 시각적 성희롱 등으로 나누어 볼 수 있다. 신체적 성희롱은 입맞춤이나 포옹, 뒤에서 껴안는 행위 등 신체적 접촉을 하는 것이며 언어적 성희롱은 음란한 농담이나 음담패설, 외모에 대한 성적인 비유나 평가 등 언어를 통한 성적 괴롭힘을 말한다. 시각적 성행위는 외설적이고 음란한 사진이나 출판물 등을 게시하거나 보여주는 행위, 특정 신체부위를 노출하는 행위 등을 말한다.

한국의 법에서 사용하는 '성희롱'이란 용어는 국제사회에서 공용어처럼 널리 사용되는 'sexual harassment'를 번역한 것이다. 그런데 한국의 '성희롱' 개념은 김엘림(2015: 3)이 지적하고 있듯이 외국의 법규와 판례, 국제기구의 문서에서 규정된 'sexual harassment' 개념과 상당한 차이를 보인다.

한국에서 성희롱의 법적 개념은 당사자의 범위와 관계를 고용관계로 제한하는 것처럼 해석할 수 있는 여지를 주는 한편 성희롱의 방법이나 형태가 주관적이고 모호하여 성희롱의 성립 여부를 둘러싸고 논란이 발생할 여지가 많은 것이다. 또 고용관계에서 발생하는 성희롱만을 염두에 두고 있어 다양한 영역과 인간관계에서 발생하는 성희롱을 제대로 규제하지 못하고 있다.

2 성폭력과 관련 정책

한국 사회에서 성폭력의 심각성은 9살 때 옆집 아저씨에게 성폭력을 당하고 21년 만에 가해자를 살해한 김부남 사건, 13년간 성폭행한 의붓아버지를 살해한 김보은 · 김진관 사건 등을 통해 알려지게 되었다(이미경, 2013a). 이에 대한 법적 기반 마련의 필요성이 제기되면서 1993년 〈성폭력범죄 처벌 및 피해자 보호 등에 관한 법률〉이 제정되었지만 여전히 성폭력 피해 발생이 많다. 2014년의 경우에는 2만 9천여 건의 성폭력 피해가 발생했는데 이 중 피해자가 13세 미만인 경우가 3.6%, 장애인인 경우가 3.0%였다.

〈표 10-3〉 성폭력 피해 발생현황

구분	2007년	2008년	2009년	2010년	2011년	2012년	2013년	2014년	2015년 6월
전체	14,229	15,970	17,242	20,375	21,912	22,933	28,786	29,517	13,838
13세 미만 (비율)	1,054 (7.4%)	1,207 (7.6%)	1,007 (5.8%)	1,179 (5.8%)	1,054 (4.8%)	1,086 (4.7%)	1,123 (3.9%)	1,167 (3.9%)	505 (3.6%)
장애인 (비율)	199 (1.4%)	228 (1.4%)	293 (1.7%)	321 (1.6%)	494 (2.3%)	656 (2.9%)	852 (2.9%)	927 (3.1%)	417 (3.0%)

자료 : 여성가족부 홈페이지(http://www.mogef.go.kr)(2015).

성폭력범죄를 다루는 법률은 〈형법〉, 〈성폭력방지 및 피해자보호 등에 관한 법률〉, 〈성폭력범죄의 처벌 등에 관한 특례법〉, 〈성폭력방지 및 피해자보호 등에 관한 법률〉, 〈성폭력범죄자의 성충동 약물치료에 관한 법률〉, 〈아동 · 청소년의 성보호에 관한 법률〉, 〈특정 범죄자에 대한 보호관찰 및 전자장치 부착 등에 관한 법률〉 등이 있다(정도희, 2015: 238).

〈표 10-4〉 성폭력 관련 법 제도 변화

년도	내용
1994년 제정	〈성폭력범죄의 처벌 및 피해자보호 등에 관한 법률〉 • '정조에 관한 죄' • 아내강간 적용 못함, 친고죄 폐지 적용 못함
1995년 제정	'강간과 추행의 죄' 로 변경
1997년 개정	13세 미만의 미성년자에 대한 성폭력 친고죄 폐지
2003년 개정	13세 미만 아동과 장애인 피해자 신뢰관계자 동석 의무화
2013년 개정	13세 미만 아동과 장애인 피해자 신뢰관계자 동석 의무화 남성강간피해자 포함(부녀–사람) 유사강간죄 신설 장애인 준강간(준강제추행) '항거곤란' 추가 촬영물 반포죄 등 신설 성적 목적 위한 공공장소 침입죄 신설 등

자료 : 성폭력예방교육중앙지원기관(2015: 37).

〈형법〉은 제32장에 "강간과 추행의 죄"로 성폭력범죄를 규정하고 있다. 본래 형법 제297조 강간죄의 객체는 부녀였다. 이에 객체를 부녀에서 남자로 확대해야 한다는 주장이 있어 왔고 2012년 국가인권위원회도 이를 권고하였다. 결과적으로 객체는 부녀에서 사람으로 확대되고 유사강간죄가 신설되어야 한다는 주장으로 형법이 개정되면서 제297조의 2(유사강간)의 죄가 신설되었다.

〈성폭력범죄의 처벌 및 피해자보호 등에 관한 법률〉에 의하면 성폭력이란

"상대방의 의사에 반하여 힘의 차이를 이용하여 가해자의 일방적인 성적 행위를 통해 상대방의 성적 결정권을 침해하는 모든 성적 행위"를 말한다.

〈성폭력범죄의 처벌 등에 관한 특례법〉은 성폭력범죄의 처벌 및 그 절차에 관한 특례를 규정하여 성폭력범죄 피해자의 생명과 신체 안전을 보장하고 건강한 사회질서 확립에 이바지할 것을 목적으로 한다. 〈성폭력방지 및 피해자보호 등에 관한 법률〉은 성폭력범죄를 예방하고 성폭력범죄 피해자의 보호와 지원을 목적으로 한다. 이 법률은 상담소장 등이 직무상 알게 된 비밀을 누설하지 않아야 하며, 이를 어기면 형사 처벌됨을 규정하고 있다. 또한 이 법률은 성폭력범죄 피해자의 보호와 지원에서 피해자의 의사를 존중하도록 규정하고 있다. 이러한 법적 기반을 바탕으로 정부는 One-Stop 종합보호체계를 구축하고 있다.

그림 10-1 성폭력방지 종합보호체계

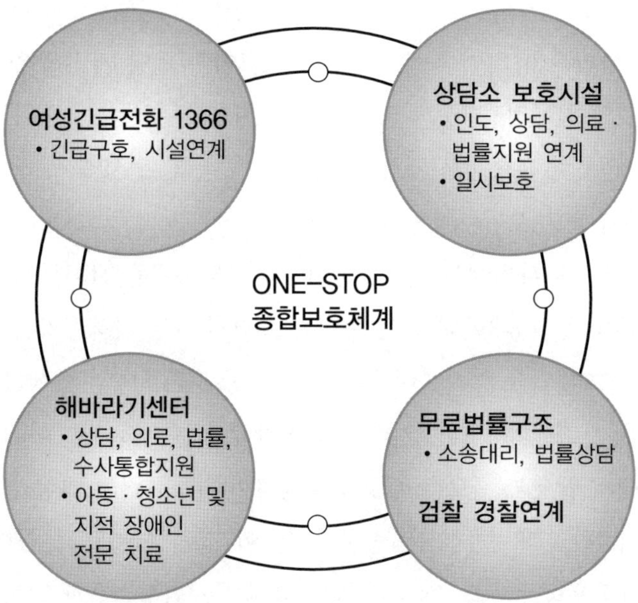

자료 : 여성가족부 홈페이지(http://www.mogef.go.kr)(2015).

이처럼 종합보호체계를 실시하고 있지만 '2차 성폭력' 피해자도 많다. 이는 성폭력 수사과정에서 성폭력의 피해자인 여성에게 문제가 없었는지 의심하거나 재판과정에서 성폭력의 정황을 자세하게 반복적으로 진술하게 함으로써 피해여성의 기억하기 싫은 경험을 들추어 내는 것을 말한다. 또한 피해자를 무시하는 듯한 언어사용과 분위기, 성의 없는 태도, 사건에 대한 부정적인 견해 표명 등을 들 수 있다(강진철, 2011: 125; 이미경, 2013b: 51). 이러한 피해를 예방하기 위해 성폭력특별법은 예방조치들을 규정해 놓고 있으나 한계가 있다. 일선 수사관들에 대한 피해자 보호를 위한 실질적인 교육이 필요하며 실제 법정책이 이행되는 환경에서 성폭력 피해자 보호를 위한 제도적 개선방안이 요구된다(오경식, 2014: 109-111).

3 가정폭력과 관련 정책

〈가정폭력범죄의 처벌 등에 관한 특례법〉에 따르면 가정폭력이란 "가정구성원 사이의 신체적, 정신적 또는 재산상 피해를 수반하는 행위"로 정의하고 있다. 가정폭력 유형은 신체적 폭력, 언어적 폭력, 정서적 폭력, 경제적 폭력, 성적 폭력 등으로 나누어 볼 수 있다.

1960년대 서구사회에서 여성운동이 가정 내 폭력을 사회문제화할 때 등장한 '아내구타', '아내학대' 라는 용어는 폭력의 주된 가해자가 남편이고 주된 피해자가 아내임을 부각하며 폭력이 가부장제 사회에서 발생하는 성차별적 현상임을 강조했다. 한편 '가정폭력' 이란 용어는 배우자뿐 아니라 가족구성원 사이에서 발생하는 모든 폭력을 통칭하며 가정폭력의 대상과 범위를 확장한 것으로 한국의 〈가정폭력방지법〉은 이 정의를 따르고 있다. 한국은 1997년 〈가정폭력방지법〉 제정을 통해 피해자 지원시스템과 법적 대응체계

〈표 10-5〉 가정폭력 유형

유형	내용
신체적 폭력	물건을 집어던진다, 세게 밀쳤다, 발로 차거나 주먹으로 때렸다, 물건으로 때리거나 위협하는 등 상대방의 뜻에 반하는 물리적인 힘을 사용하는 행위
언어적 폭력	'넌 십원짜리야', '넌 내 자식도 아니야' 등 경멸하는 말투, 말로 공격하거나 위협하는 행위
정서적 폭력	불평하거나 화를 냈다, 무관심하거나 냉담하게 대했다, 욕설 등 심한 말을 하는 등의 지속적인 학대 행위
경제적 폭력	생활비나 자녀의 학비, 용돈 등을 주지 않거나 통제하고 지속적으로 아무런 경제활동을 하지 않거나 집안의 경제에 해를 입히는 행위
성적 폭력	신체의 일부를 만지는 행위, 폭력 후 강제적인 성행위로 성적 행위에 응하도록 강요하며, 응하지 않을 경우 폭행이나 은근한 협박을 가하는 행위

자료 : 한국여성단체연합(2008: 25).

를 갖추고 있다. 그러나 가족 내 혹은 연인 내지 부부관계에서 일어나는 폭력을 사적이고 개인적인 일로 간주하는 사회 통념을 크게 변화시키지는 못했

참고자료 10-2

가정폭력에 대한 고정관념

1. 남의 집 일이니 내가 상관할 바가 아니다?
2. 부부싸움은 칼로 물 베기?
3. 부부싸움은 잠자리에서 풀면 된다?
4. 내 아이니까 내 마음대로 때릴 수 있다?
5. 맞고 사는 것은 창피한 일이니 숨겨야 한다?
6. 말이 안 통하니 때릴 수밖에 없다?
7. 한국에 왔으니 무조건 여기에 맞춰서 살아야 한다?

자료 : 여성가족부(2012: 7-8).

다. 경찰에 의해 가정폭력 신고가 묵살되거나 안이하고 미흡한 조치로 인해 피해를 신고한 여성이 가해자에게 더 큰 보복 폭행을 당하는 경우가 여전히 발생한다. 가정폭력 문제를 해결하기 위해서는 "가정폭력 범죄에 대한 사법체계의 적극적 대응, 가족보호에서 피해자보호로 개입방향의 전환, 가정폭력에 대한 사회전반의 민감성 확보, 가정폭력 피해자의 자립지원 확대"(박언주, 2014: 333-335)가 중요하다고 하겠다.

〈표 10-6〉 가정폭력 인권감수성 체크리스트

질문지	
1) 자신의 아이나 배우자는 자신의 소유물이기 때문에 마음대로 할 수 있고 가끔 때릴 수도 있다고 생각하십니까?	
예 □	아니오□
2) 누군가 맞고 있다면 그 사람이 맞아도 되는 행동을 했기 때문이라고 생각하십니까?	
예 □	아니오□
3) 가정의 질서 유지를 위해서라면 폭력을 써도 된다고 생각하십니까?	
예 □	아니오□
4) 가정에서 문제를 해결할 때, 말이 안 통하면 폭력을 써도 된다고 생각하십니까?	
예 □	아니오□
5) 다른 가정의 폭력을 목격해도 그것은 그 가정의 일이므로 상관하지 말아야 한다고 생각하십니까?	
예 □	아니오□
6) 자신이 가족구성원에게 폭력을 당하더라도 가정의 행복을 위해 참아야 한다고 생각하십니까?	
예 □	아니오□
7) 상대방에게 심한 말을 했어도 겉으로 드러난 상처가 없기 때문에 그것은 폭력이 아니라고 생각하십니까?	
예 □	아니오□
8) 가정폭력이 일어나는 것은 폭력을 행한 사람의 기분이 안 좋았거나 술 때문일 수 있으니 문제 삼지 않아야 한다고 생각하십니까?	
예 □	아니오□

자료 : 여성가족부(2012: 9).

4 성매매와 관련 정책

성의 상품화라는 것은 말 그대로 성을 판매하는 경제적 행위로 불특정 상대에게 금품을 대가로 성을 판매하는 행위이다. 한국 사회에서 성매매, 포르노, 광고 등에서 여성의 성은 금품을 목적으로 직접 팔리거나 다른 물건을 더 잘 팔리게 하기 위한 도구로서 사용된다.

대중매체에서 성을 상품화시킨 내용들은 자주 접할 수 있으며 성의 상품화는 여성을 대상으로 주로 나타난다. 제품과 상관이 없으면서도 여성의 성적인 매력을 부각시키는데, 꼭 등장하지 않아도 될 아파트나 은행 광고에 등장하는 것도 예쁘게 꾸며진 여성들이다. 미스코리아 등의 미인대회도 여성을 상품화시켜 그것을 은연중에 대중들에게 주입시키는 대표적인 예라 하겠다. 이러한 성의 상품화를 잘 드러내 주는 것이 성매매이다. 현재의 성매매는 여

참고자료 10-3

성매매에 관한 잘못된 관념들

1) 성매매가 어쨌든 경제 활성화에 기여한다.
2) 성매매를 단속하는 것은 성매매 여성들의 생계수단을 빼앗는 것이다.
3) 성매매는 소위 풍선효과가 있어 집창촌을 단속하면 다른 곳에서 창궐한다.
4) 성매매는 필요악이다. 사라지지 않는다.
5) 성매매는 성매매 여성들의 자발적인 선택이다.
6) 성매매를 통해서 성욕이 해소되면 성폭력이 줄어든다.
7) 성매매는 소득 재분배 역할을 한다.
8) 성매매는 피해자 없는 범죄이다.
9) 성매매 여성은 성을 밝히는 여성이다.
10) 성매매 여성은 성매매를 하다가 개과천선하면 다른 길을 갈 수 있다.

자료 : 강진철(2011: 194-208).

성 개인 혹은 경제적 강제와 일직선상에 놓이는 문제라기보다는 상품으로서의 여성의 성, 경제관계, 그리고 자본주의 성산업 등이 유기적으로 얽혀져 있는 복잡한 문제이다. 이는 단순한 개인적 일탈의 문제라기보다는 구조적이며 체계적인 여성억압의 근원이자 결과이다.

사실 성매매의 문제는 어제 오늘의 문제는 아니었다. 한국 사회에서 공식적으로 성매매가 법제화된 것은 일본 통감부의 공창제이다. 해방 후 공창제는 폐지되었지만 미군 부대를 중심으로 기지촌을 형성하였고 1970년대 향락산업을 정부가 묵인하는 가운데 성매매가 양산되기에 이르렀다(강준만, 2012: 86-94). '기생관광' 이라는 말에서 알 수 있는 이른바 "성매매 관광정책"(박정미, 2014)이었는데 취업기회가 제한되어 있고 저임금 직종에 집중되어 있는 여성들이 이러한 성매매에 유입되게 되었다.

이러던 중 2000년 9월 군산 대명동의 한 업소에서 불이나 성매매 여성 5명이 사망하는 사건이 일어났으며 2002년 1월에는 군산 개복동 업소에서 비슷한 성매매 여성 14명이 비참하게 숨지는 사건이 일어났다. 이러한 사건을 배경으로 일반적으로 〈성매매특별법〉이라고 일컬어지는 〈성매매 알선 등 행위의 처벌에 관한 법률〉과 〈성매매 방지 및 피해자보호 등에 관한 법률〉이 2004년 3월 22일에 제정되고 9월 23일부터 시행되고 있다. 이 법은 '성매매 피해자', '성매매 목적의 인신매매' 개념을 도입해 이들 여성들의 인권보호를 강화하는 한편 불가피한 사유로 성매매를 하게 된 여성을 처벌하지 않고 인적 사항 비공개 심리 등 다양한 법적 보호조치를 확대하였다. 반면, 성매매 알선 · 강요행위 등에 대한 처벌은 크게 강화했고, 관련 직업소개나 광고까지 강력히 처벌토록 함으로써 성매매 여성의 착취구조에 대한 사법적 접근과 규제가 용이하도록 제도적 장치를 확보하였다.

〈성매매특별법〉은 성매매문제를 개인의 문제가 아닌 사회구조적인 문제로 바라보게 하였다는 점, 성매매가 더 이상 국가적으로 허용되거나 묵인되

〈표 10-7〉 한국 성매매 법의 변화

법명 · 시기	제정 및 개정 내용
부녀자 매매금지 (1946, 미군정)	• "부녀자의 매매 또는 그 매매 계약의 금지에 관한 법령" 공포 시행
공창제 폐지 (1947, 미군정)	• "공창제 폐지령" 공포 • 정부의 소극적 태도 및 정책 부재로 실질적 효과 없음
〈윤락행위 방지법〉 (1961, 군사혁명정부)	• 사회악 일소 정책 일환으로 〈윤락행위 등 방지법〉 제정 공포 • 윤락행위 및 알선 금지. 윤락행위자 보호지도소 위탁, 윤락여성과 포주 간의 채권 · 채무 불인정 • 1962년 전국 104개 특정 성매매 지역 설치 사실상 허용, 주한 미군 기지촌 유흥업소에 면세 혜택 부여 등으로 실질적 영향력 없음
〈윤락행위 방지법〉 개정 (1995)	• 〈윤락행위 등 방지법〉 전문 개정 • 성매매 남성 처벌, 1년 이하 징역, 300만 원 이하 벌금, 실질적으로는 훈방 등 관대한 처벌에 그침 • 성매매 여성 무조건 처벌 • 성매매 알선자 처벌, 법정형 하한 5년
〈성매매특별법〉 (2004)	• 〈성매매 처벌에 관한 특별법〉 제정 • 성매매, 성매매 피해자 등 가치 중립적 · 인권 중심적 표현 • 성매수자 처벌, 무조건 입건 방침 • 성매매 알선자 처벌 강화, 법정형 상한 10년, 수익 몰수 및 추징 • 업주 강요에 따른 성매매 피해자 처벌 제외 • 성매매 피해자 보호, 자활지원, 의료비 지원, 긴급구조 요청 시 경찰관 동행 의무

자료 : 조영미(2007: 107).

지 않는 범죄행위라는 점을 명확히했다는 점, 최초로 '성매매 피해자' 개념을 도입하여 이들에 대한 인권보호 측면에서의 정책이 시행 가능하도록 하는 법적 근거가 마련되었다는 점에서 중요한 의의를 가진다. 또한 성매매 중간 알선자와 성매매 목적의 인신매매자에 대한 처벌을 강화하고 연 1회 초중고생에 대한 성매매 예방교육을 의무화하여 장기적으로 성매매 근절을 위한 인프라를 구축하였다는 점, 성매매 피해여성들이 직접 목소리를 내는 계기가 되었다는 점에서 의의를 가진다(정경숙, 2005: 45). 특별법 도입 후 입건된 성매매 업주, 성매매자는 2005년 1만 5,740명에서 2009년 7만 7,504명으로 정점을 찍은 뒤 매년 1만~2만 명을 유지하고 있다(중앙일보, 2015.3.12.).

〈표 10-8〉 성매매특별법의 주요 내용

변경사항	내용
처벌법 제정	• 〈성매매 알선 등 행위의 처벌에 관한 법률〉(법무부 소관) • 성매매 관련 범죄에 대한 처벌 대폭강화 • 성매매/성매매 알선이나 광고로 벌어들인 범죄수익은 전액 몰수·추징 • 성매매 강요 또는 알선 등을 목적으로 단체 또는 집단을 구성하는 경우 가중처벌 • 성구매자 : 벌금 및 보호처분 * 이 법에 규정된 범죄를 범한 자가 신고하거나 자수한 경우 형의 감면 또는 면제
보호법	• 〈성매매 방지 및 피해자보호 등에 관한 법률〉(여성가족부 소관) • 성매매 피해여성 : 자립지원과 의료지원 • 외국인 피해여성 : 강제퇴거명령이나 보호집행이 유예
용어정립	• 성도덕적으로 타락한 여성을 뜻하는 '윤락' 이라는 용어를 가치중립적 개념의 '성매매' 로 변경
신규개념 도입	• '성매매 목적의 인신매매' 및 '성매매 피해자' 개념 도입 * 성매매 피해자란? 위계나 위력에 의해 성매매를 강요당한 자 업무, 고용, 보호감독하는 자에 의하여 마약 등에 중독되어 성매매한 자 청소년, 심신미약자, 장애자로서 성매매하도록 알선·유인된 자 성매매 목적으로 인신매매 당한 자

자료 : 여성가족부 홈페이지(http://www.mogef.go.kr)(2015).

〈표 10-9〉 성매매특별법 개념 및 내용

범죄유형	윤락행위 등 방지법	성매매 알선 등 처벌법
폭행 · 협박 위계 등, 보호 · 감독 관계 이용으로 성을 파는 행위를 하게 한 경우 등	5년 이하 징역 1,500만 원 이하 벌금	10년 이하 징역 또는 1억 원 이하 벌금(대가의 전부 또는 일부를 받거나 청소년 · 심신 장애자 등 상대 범행, 폭력조직 구성원의 범행은 1년 이상 유기 징역)
감금 등 방법 성매매 강요, 고용 · 관리자의 위계 등에 의한 낙태 등 강요, 성매매 목적 인신매매	없음	3년 이상 유기 징역
피보호 · 감독자에게 마약 등 사용, 폭력조직 구성원의 성매매 목적 인신매매 등	없음	5년 이상 유기 징역
영업으로 성매매 알선 등	5년 이하 징역, 1,500만 원 이하 벌금(윤락행위 유인 · 권유 및 상대방이 되도록 유인 · 권유 · 강요한 경우 3년 이하 징역 1,000만 원 이하 벌금)	7년 이하 징역 또는 7,000만 원 이하 벌금
단순 성매매 알선 등	3년 이하 징역 1,000만 원 이하 벌금(윤락행위 유인 · 권유 · 상대방이 되도록 유인 · 권유 · 강요한 경우 2년 이하 징역, 500만 원 이하 벌금)	3년 이하 징역 또는 3,000만 원 이하 벌금
성을 파는 행위 등을 하도록 직업의 소개 · 알선 목적 광고 등	없음	상동
영업으로 위 광고물 제작 · 공급 · 게재한 행위 등	없음	2년 이하 징역 또는 1,000만 원 이하 벌금(광고물이나 광고가 게재된 출판물의 배포 행위는 1년 이하 징역 또는 500만 원 이하 벌금)
성매매 행위자	1년 이하 징역, 300만 원 이하 벌금, 구류 또는 과료	좌동

자료 : 여성가족부 홈페이지(http://www.mogef.go.kr)(2015).

하지만 특별법 시행 이후 성매매가 음성화되는 '풍선 효과'가 나타났다. 도심 오피스텔에서 성매매를 하는 '오피방'이 성행하고 신·변종 립카페, 키스방 등 유사성행위 업소가 생겨났다. 2014년 여성가족부의 실태조사 결과에 따르면 전업형 성매매 업소 수는 2010년 1,806개에서 2013년 1,858개로 오히려 늘었으며 종사 여성수도 4,917명에서 5,103명으로 증가했다(중앙일보, 2015.3.12.). 그러나 현행 성매매 처벌법상의 성매매 개념은 여전히 성교행위를 중심으로 되어 있어 각종 행정규제법으로 처벌되지 않는 새로운 형태의 성매매에 대한 대응방안을 마련하지 못하고 있다.

〈표 10-10〉 풍선효과로 신종 · 변형 성매매 업소는 성행

연도	계	변태마사지	휴게텔	키스방	성인PC방	유리방	기타
2010	2,068	505	283	61	784	2	433
2011	2,932	782	651	379	499	26	595
2012	4,371	1,104	780	364	748	7	1,368
2013	4,706	1,757	635	584	354	10	1,366
2014.7.	3,620	1,572	515	261	179	6	1,087

주 : 기타엔 인형체험 · 페티쉬 · 오피스텔 · 귀청소방 · 팁카페 · 개별 성매매 등 포함.
자료 : 중앙일보(2014.9.23.).

이와 같은 성매매에 대해서 여성들 내부에서도 동일한 입장만 있는 것은 아니다. 성매매와 관련된 입장은 성매매를 법적으로 범죄화하는 금지주의정책, 경찰, 행정관청의 허가나 통제하에 실시되는 규제주의정책, 그리고 자유로운 활동으로 인정하되 포주의 착취나 성매매 조장, 호객행위는 금지하는 비범죄주의정책으로 나뉜다. 금지주의는 성매매 여성을 범죄자화하므로 성매매 여성에 대해 음성적으로 자행되는 착취를 드러내기 어렵다. 규제주의는 여성의 성적 대상화 및 상품화에 대한 문제제기가 쉽지 않다. 비범죄주의는 전반적인 가부장적 억압에 대한 문제제기 없이 시행될 경우 남성의 성적 지

배를 강화하고 성산업의 이익만 채울 수 있는 위험이 있다(조영미, 2007: 109). 실제로 국가별로 성매매에 대한 정책은 차이가 있다.

〈표 10-11〉 국가별 성매매 제도와 관점 비교

정책		금지주의 (불법화, 범죄주의)	부분적 금지주의 (성구매자 처벌법)	국가규제주의 합법화 (성노동론)	비범죄화 (규제 철폐론)
인신론적 근거		도덕주의	여성주의 (젠더 차별)	자유주의 (반차별)	자유주의
성매매에 대한 관점		죄, 사회병리적 현상, 퇴폐행위	여성에 대한 폭력이자 성적 착취, 젠더 간 불평등한 권력관계에 기인한 차별의 문제	성인들 간의 자유로운 성거래, 서비스 노동, 성노동 정상적인 직업의 하나	개인 간의 성적 거래, 성적 서비스로서 특정 산업에 기반한 규제의 대상이 아님
법적 대응	성판매	불법	비범죄화 (성판매자는 피해자)	합법 (성노동자 : 불법화하는 것은 성판매자에 대한 차별을 야기)	합법
	성구매	불법	불법	합법	합법
	알선업 (포주, 업주)	불법	불법	합법 (부분적 규제와 통제)	불법
목표		국민의 건강과 안녕을 위해 건전한 성문화 정착, 성매매 근절(억제)	여성에 대한 성적 착취 근절, 가부장적 성문화 변화, 성매매 근절(억제)	자유로운 성적 거래, 성노동자의 생존권 인정, 매춘노동의 정상화를 통한 사회적 낙인 해소	자율적 성거래에 대한 국가 개입 지양
채택 국가		한국, 중국, 러시아	스웨덴, 노르웨이	독일, 네덜란드, 호주 일부 주	프랑스, 이탈리아, 영국
현재 한국의 논쟁 지형		일부 여성주의자와 정책 입안자, 일반 국민	대다수의 여성주의자들 (최근 여성 비범죄화 연대체 구성)	남성연대(보수), 일부 여성주의자, 일부 진보 남성들, 일반 국민	일부 진보 남성들

자료 : 이나영(2015: 195).

성매매 특별법과 관련해서 합헌과 위헌이라는 입장의 차이가 있으며 위헌법률 심사가 진행 중이다.

〈표 10-12〉 성매매 특별법 쟁점

헌법재판소가 공개 변론한 성매매 특별법 쟁점		
"합헌이다"	쟁점	"위헌이다"
성을 사고파는 행위는 성적 자기결정권에 해당되지 않는다.	성적 자기결정권	성인의 성행위는 내밀한 사생활 · 성풍속에 중대한 위험 주지 않는다.
성상품화, 강요 · 착취 근절, 피해자 보호 위해 필요하다.	입법의 정당성	직업선택의 자유, 사생활의 자유 침해하는 형벌권 행사는 최소에 그쳐야 한다.
자발적 성판매자만 처벌하고 성매매 피해자는 보호해 피해 최소화해야 한다.	피해의 최소성	성판매자는 사회적 보호 · 선도의 대상이지 처벌대상이 아니다.
축첩은 불특정 다수를 대상으로 한 성매매와는 다르다.	평등권 침해	축첩 · 현지처 등은 처벌 안 해 불공정하다.
성매매 집결지 · 성판매자 수 등 감소 효과 있다.	처벌의 실효성	실효성 없고 음성적 성매매만 증가한다.

자료 : 중앙일보(2015.4.10.).

성매매에 대한 접근은 성노예냐 성노동이냐의 이분법적으로 구분할 것이 아니라 성매매를 둘러싼 경제적 차원, 젠더 차원, 성적 차원, 심리적 차원을 복합적으로 고려해야 한다(조영미, 2007: 111). 성매매에 대한 정책은 사회적 낙인, 폭력, 빚이나 이자 등으로 성매매를 강제하는 조건의 개선과 함께 성매매 여성이 자립할 수 있도록 여성의 사회, 경제적 조건을 변화시켜야 할 것이다.

〈부록 10-1〉〈성폭력방지 및 피해자보호 등에 관한 법률〉 제/개정 과정

제/개정 여부	시행일	제/개정 주요 내용
제정	2011.1.1.	• 1년 중 1주간을 성폭력 추방주간으로 함 • 3년마다 전국 성폭력 실태조사 실시 • 성폭력 피해자나 가족구성원에 대한 취학(입학, 전학 등)지원 • 성폭력 피해자 보호시설의 인가제 전환 • 보호시설 입소 피해자나 가정구성원의 생계비, 아동교육비 지원비, 아동양육비 등의 지원 근거 마련 • 성폭력 피해자 통합지원센터 설치 · 운영 • 종사자에 대한 보수교육 실시 의무화 • 상담소 · 보호시설 및 통합지원센터 3년마다 평가 등
개정	2011.10.1.	• 유치원의 장, 보육시설의 장 성폭력 예방교육 실시 의무화 • 피해자 보호하는 자에 대한 직업 및 직업훈련 알선 • 상담소의 의료 지원업무 대상에 피해자의 가족 포함 • 보호시설의 상담 및 치료 등의 업무 대상에 피해자의 가족 포함 등
개정	2012.8.2.	• 성폭력 피해자에 대한 해고 등 고용상 불이익 금지 위반 시 벌금형 • 국가가 성폭력 피해자에 대하여 법률상담, 소송대리 등의 법률 지원
개정	2013.6.19.	• 성폭력 예방교육 의무기관 확대(국가기관, 지방자치단체, 공공단체 등 추가) 및 결과 제출 의무화 • 성폭력 예방교육 지원기관 설치 · 운영 • 성폭력 피해자 보호시설 종류 세분화 및 입소기간 연장 • 성폭력 관련 상담원 교육훈련시설 신고제 도입
개정	2014.1.31.	• 국가, 지자체, 공공단체까지 가정폭력 예방교육 의무기관으로 확대
개정	2014.7.22.	• 예방교육 실적 점검 및 부진기관에 대한 적극적 개선 조치 실시 *언론공표 의무화, 부진기관 관리자 특별교육, 기관평가 반영 요구 등 • 성폭력 피해자 보호시설 입소기간 연장(6개월~1년)
개정	2015.8.4.	• 성폭력 전담의료기관에 대한 관리 강화 • 외국인보호시설 입소기간 신설 등

자료 : 여성가족부 홈페이지(http://www.mogef.go.kr)(2015).

〈부록 10-2〉 〈남녀고용평등과 일 · 가정 양립 지원에 관한 법률〉

제1장

제2조(정의) 이 법에서 사용하는 용어의 뜻은 다음과 같다.

2. '직장 내 성희롱'이란 사업주 · 상급자 또는 근로자가 직장 내의 지위를 이용하거나 업무와 관련하여 다른 근로자에게 성적 언동 등으로 성적 굴욕감 또는 혐오감을 느끼게 하거나 성적 언동 또는 그 밖의 요구 등에 따르지 아니하였다는 이유로 고용에서 불이익을 주는 것을 말한다.

제2장

제2절 직장 내 성희롱의 금지 및 예방

제12조(직장 내 성희롱의 금지) 사업주, 상급자 또는 근로자는 직장 내 성희롱을 하여서는 아니 된다.

제14조(직장 내 성희롱 발생 시 조치)

① 사업주는 직장 내 성희롱 발생이 확인된 경우 지체 없이 행위자에 대하여 징계나 그밖에 이에 준하는 조치를 하여야 한다.

② 사업주는 직장 내 성희롱과 관련하여 피해를 입은 근로자 또는 성희롱 피해 발생을 주장하는 근로자에게 해고나 그 밖의 불리한 조치를 하여서는 아니 된다.

자료 : 강진철(2011 : 344-347).

〈부록 10-3〉 형법과 성폭력

제32장 강간과 추행의 죄

제297조(강간)

폭행 또는 협박으로 사람을 강간한 자는 3년 이상의 유기징역에 처한다.

제297조의 2(유사강간)

폭행 또는 협박으로 사람에 대하여 구강, 항문 등 신체(성기는 제외한다)의 내부에 성기를 넣거나 성기, 항문에 손가락 등 신체(성기는 제외한다)의 일부 또는 도구를 넣는 행위를 한 사람은 2년 이상의 유기징역에 처한다.

제298조(강제추행)

폭행 또는 협박으로 사람에 대하여 추행을 한 자는 10년 이하의 징역 또는 1천500만원 이하의 벌금에 처한다.

제299조(준강간, 준강제추행)

사람의 심신상실 또는 항거불능의 상태를 이용하여 간음 또는 추행을 한 자는 제297조, 제297조의2 및 제298조의 예에 의한다.

제300조(미수범)
제297조, 제297조의 2, 제298조 및 제299조의 미수범은 처벌한다.
제301조(강간 등 상해 · 치상)
제297조, 제297조의 2 및 제298조부터 제300조까지의 죄를 범한 자가 사람을 상해하거나 상해에 이르게 한 때에는 무기 또는 5년 이상의 징역에 처한다.
제301조의 2(강간 등 살인 · 치사)
제297조, 제297조의 2 및 제298조부터 제300조까지의 죄를 범한 자가 사람을 살해한 때에는 사형 또는 무기징역에 처한다. 사망에 이르게 한 때에는 무기 또는 10년 이상의 징역에 처한다.
제302조(미성년자 등에 대한 간음)
미성년자 또는 심신미약자에 대하여 위계 또는 위력으로써 간음 또는 추행을 한 자는 5년 이하의 징역에 처한다.
제303조(업무상 위력 등에 의한 간음)
① 업무, 고용 기타 관계로 인하여 자기의 보호 또는 감독을 받는 사람에 대하여 위계 또는 위력으로써 간음한 자는 5년 이하의 징역 또는 1천500만 원 이하의 벌금에 처한다.
②법률에 의하여 구금된 사람을 감호하는 자가 그 사람을 간음한 때에는 7년 이하의 징역에 처한다.
제305조(미성년자에 대한 간음, 추행)
13세 미만의 사람에 대하여 간음 또는 추행을 한 자는 제297조, 제297조의 2, 제298조, 제301조 또는 제301조의 2의 예에 의한다.
제305조의 2(상습범)
상습으로 제297조, 제297조의 2, 제298조부터 제300조까지, 제302조, 제303조 또는 제305조의 죄를 범한 자는 그 죄에 정한 형의 2분의 1까지 가중한다.

자료 : 정도희(2015: 243-245).

〈부록 10-4〉〈성매매알선 등 행위의 처벌에 관한 법률〉에서의 성매매 피해자 정의

제2조(정의)

4. "성매매 피해자"란 다음 각 목의 어느 하나에 해당하는 사람을 말한다.
   가. 위계, 위력, 그 밖에 이에 준하는 방법으로 성매매를 강요당한 사람
   나. 업무관계, 고용관계, 그 밖의 관계로 인하여 보호 또는 감독하는 사람에 의하여 「마약류 관리에 관한 법률」 제2조에 따른 마약 · 향정신성의약품 또는 대마(이하 "마약 등"이라 한다)에 중독되어 성매매를 한 사람
   다. 청소년, 사물을 변별하거나 의사를 결정할 능력이 없거나 미약한 사람 또는 대통령령으로 정하는 중대한 장애가 있는 사람으로서 성매매를 하도록 알선 · 유인된 사람
   라. 성매매 목적의 인신매매를 당한 사람

② 다음 각 호의 어느 하나에 해당하는 경우에는 대상자를 제1항 제3호 가목에 따른 지배 · 관리하에 둔 것으로 본다.

1. 선불금 제공 등의 방법으로 대상자의 동의를 받은 경우라도 그 의사에 반하여 이탈을 제지한 경우
2. 다른 사람을 고용 · 감독하는 사람, 출입국 · 직업을 알선하는 사람 또는 그를 보조하는 사람이 성을 파는 행위를 하게 할 목적으로 여권이나 여권을 갈음하는 증명서를 채무이행 확보 등의 명목으로 받은 경우

제6조(성매매 피해자에 대한 처벌특례와 보호)

① 성매매 피해자의 성매매는 처벌하지 아니한다.

자료 : 김영주(2014a : 142-143).

대학과 여성정책

제 11 장

1. 아직 먼 대학사회 성평등
2. 대학과 여성정책 현황
3. 사례 : 국립 경상대학교
4. 대학사회 성 주류화 : 방향과 과제

1 아직 먼 대학사회 성평등

참고자료 11-1

여교수 하면 흔히들 대학사회에서 우아하게 사는 줄로 생각하지만 전혀 그렇지 않다. 대학의 여교수 또한 일반 직장여성들과 비슷한 상황이다. 단지 차이라면 일반 직장보다 보수 면에서는 차별이 없고, 학문을 하는 자유는 침해되지 않는 정도일 뿐 여성이라는 성에 대한 차별은 눈에 띄지 않게 여전히 존재하고 있다. 대부분의 남성들은 "요즘은 여성 상위시대야, 우리는 설 자리가 없어. 남성이 역차별 받는 시대야"라고 항변하기도 한다. 그런데 과연 그럴까? 대학사회에서 여교수는 우선 수적으로 절대적으로 적고, 국립대라 할지라도 평균 12% 내외를 맴돌고 있다. 또 공과대학의 경우 여학생수가 많음에도 불구하고 여교수는 단 한명도 없고, 이런 실정은 우리 대학뿐만 아니라 전국의 공과대학이 비슷한 실정이다.

자료 : 최정혜(2015).

대학은 다른 사회보다 보수적이지 않고 좀 더 자유로운 분위기일 것이라 흔히 상상하지만 의식과 제도, 그리고 관행의 면에서 성평등하지 못한 측면이 많은데 이는 대학의 중심축인 교수사회가 인적 구성에 있어서 압도적으로 남성의 수가 많기 때문이다. 다음 〈표 11-1〉과 〈표 11-2〉는 대학의 여학생과 여교수 비율을 나타내 주는데 2014년 현재 국·공립의 경우 여학생은

〈표 11-1〉 대학의 여학생 비율 (단위 : %)

구분		2006	2007	2008	2009	2010	2011	2012	2013	2014
전체	비율	36.9	37.1	37.4	37.8	38.4	38.8	39.1	39.4	39.8
국·공립	비율	33.2	33.1	33.0	32.7	33.1	33.3	33.5	33.8	34.1
사립	비율	37.9	38.2	38.6	39.1	39.8	40.3	40.6	41.0	41.4

자료 : 교육부, 『교육통계연보』. 여기서는 여성가족부 홈페이지(http://www.mogef.go.kr)(2015)에서 재인용.

〈표 11-2〉 대학의 여교수 비율

(단위 : %)

구분		2006	2007	2008	2009	2010	2011	2012	2013	2014
전체	비율	16.8	17.2	17.67	18.3	19	19.6	20.2	20.8	21.5
국·공립	비율	11.7	12.1	12.2	12.8	13.2	13.6	13.7	14.1	14.7
사립	비율	18.8	19.3	19.7	20.3	21.1	21.8	22.6	23.2	23.7

자료 : 교육부, 『교육통계연보』, 여기서는 여성가족부 홈페이지(http://www.mogef.go.kr) (2015)에서 재인용.

34.1%인데 여교수는 14.7%에 불과하다. 이러한 대학의 인적구조는 대학 전체의 성평등 의식과 성인지적 관점에 영향을 미치며 이는 대학사회의 제도와 관행에 있어서 성차별이 존재할 가능성을 높게 하는 것이다.

실제로 대학은 남성들이 권력과 자원을 주로 선점하고 있으며 주요한 메커니즘의 작동과정에서 여성들이 일정 부분 배제되고 있다. 대학의 남성 중심성에 대한 기존 연구들은 대학이 "다층적 여성배제 공간, 일상적 여성 침묵 공간, 남성 중심적 문화 재생산 공간"(나윤경, 2005)이며 "폭력과 배제의 공간으로서의 젠더 차별적 대학문화"(조성남, 2012b)가 존재함을 밝히고 있다. 『여성의 눈으로 본 대학사회와 젠더정치』(경상대 여성연구소 · 전국여교수연합회(엮음), 2012)는 이러한 대학의 현황과 과제를 여러 측면에서 검토하였다. 이처럼 실제의 대학에는 "학생들의 전공영역 간 성불균형, 교내외 활동영역과 취업에서의 성차별, 교수임용과 보직배치 및 위원회 등에서의 성불균형과 차별이 존재"(송인자, 2012: 127)하고 있다.

대학사회 성평등 정책과 실천은 정부의 대학 성평등정책, 구체적인 대학 집행부의 역량, 대학 내 성인지 세력의 역량에 의해서 결정된다고 하겠다([그림 11-1]). 그러므로 성평등정책을 실현하기 위해서는 우선 대학에서 여교수의 수가 늘어나야 하는 것은 기본이고 남성 중심적 대학문화의 개선, 여성친화적 연구 · 교육환경의 조성, 총장을 비롯한 대학 집행부의 의지, 대학 내 성인지적 조직의 역량강화, 여교수의 적극적인 태도가 중요하다고 하겠다. 특히 정부의 성평등정책은 포괄적인 범위 내에서 지침을 제시하는 것이므로 구체적인 대학 내에서 정책이 실현되기 위해서는 대학 집행부의 역량과 성인지 세력의 역량이 매우 중요하며 그 점에서 여교수의 역할 및 성인지 세력의 조직화가 중요하다고 하겠다.

그림 11-1 대학사회 성평등 정책과 실천

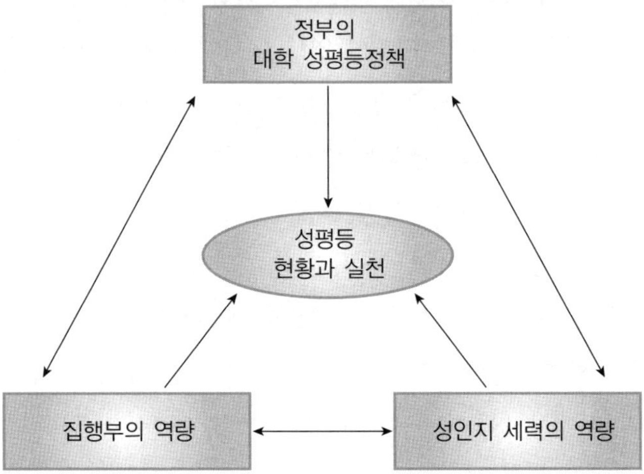

자료 : 이혜숙(2013b: 6)에서 재작성.

대학사회는 성 주류화 전략 실현을 위한 구체적인 방법 내지 도구들이 작동하는 데 한계가 있다. 그 이유는 대학의 자율권이 존중되는 형태로 정책이 형성 · 집행되었고 대부분의 대학들이 남성 중심적 권력구조로 되어 있기 때문이다. "젠더를 중요한 정책 및 제도 설계 이슈로 인정하지 못하는 점, 일부 대학에서 젠더 이슈를 다룬 예가 있으나, 정책 입안자와 실행자 대다수가 젠더 설계 기법에 대한 공식적 훈련을 받지 못했기 때문에, 가시적인 통계만 나왔을 뿐 이것이 대학정책의 성 주류화 재편으로 이어지지 못한 점, 젠더를 대학의 정책과 각종 프로그램, 프로젝트 등에 통합시켜 온 작업들이 없었고, 여전히 필수적으로 요구되는 설계원리와 방법론적 도구를 갖지 못한 점"(허영희, 2010: 58) 등을 들 수 있다.

그러나 성평등 이슈는 대학교육의 질과 관련이 있을 뿐만 아니라 모든 연구환경과 학습환경이 제 기능을 원활하게 하는 것과도 관련이 있다. 성평등은 개인이 자신들의 역량을 최대한 발휘할 수 있게 하는 선행조건이며 대학은 성인지 관점을 내면화하고 실행할 수 있어야 한다.

2 대학과 여성정책 현황

일반적으로 한 직장에서 여성의 비율이 15% 이하일 경우 여성들은 실질적인 힘을 지니지 못하고 상징적으로 명목적인 지위token를 형성할 수밖에 없다(Kanter, 1977). 대학의 교수사회에서도 대학문화가 개선되지 못하고 있는 이유 중의 하나는 여교수가 '크리티컬 매스critical mass'[1)]를 이루지 못하고 있기 때문이다. 따라서 다음 〈표 11-3〉에서 보여주듯이 미국, 캐나다, 영국 등 대부분의 선진 국가들에서는 대학의 성평등문제에 관심을 가지고 여성 관련 정책을 시행하고 있다.

1) '크리티컬 매스(critical mass)'란 연쇄반응을 일으키기 위해 필요한 양, 즉 새로운 상황 혹은 과정으로 돌이킬 수 없이 전화되는 이륙단계로 설명되는데 정책결정과정에 여성의 목소리가 제도화된 통로와 기제를 통해서 반영되는 기회라 하겠다. '임계 수준의 집단'이라고 번역할 수 있는데 소수집단이 그들의 영향력을 행사하려면 일정 비율 이상이 되어야 함을 의미한다. (유숙란, 2006: 131-134).

〈표 11-3〉 양성평등조치계획 현황(외국사례)

국가	내용	대학
미국	• 1970년대 이전부터 법적 조치가 마련된 고용기회 균등과 적극적 조치의 영향을 받음 • 개념 변화 : 차별보상관점→다양성 존중에 따른 다채로운 시각 및 인재풀 확보	• 위스콘신 대학 – 적극적 조치계획 수립 및 이행기구(평등다양성부, OED) 설치 – 학내 채용매니저 고용, 채용백서(채용과정 및 단계별 활동에 관한 정보) 발간 • 애리조나 대학 – 기관평등부(Office of Institutional Equity: OIE) 설치 : 여성 및 소수집단의 임용목표 수립 – 여교수 연합회 : 학내 여성의 지위 모니터링, 경력 개발 도모 및 지원 • 스탠포드 대학 – 여교수 포럼 창설(2004) : 여성 멘토링 네트워크, 여교수의 학문적 성공을 위한 정보제공 및 행사 조직 • 코넬 대학: CU-ADVACE 프로그램 – 여교수 숫자를 증대시키기 위해 ADVANCE Center 창설 – 여교수 채용 확대 위한 전략 수립과 시행/ 다양성을 존중하는 조직 풍토 진단 및 마련 – 여교수 능력개발 위한 프로그램 시행 및 여교수 승진 및 고용유지에 대한 평가에 관한 연구 실시
캐나다	• 고용평등에 관하여 연방정부의 지침을 따라야 함 • 연방계약 준수제에 따라 대학 내 소수집단에 관한 정보 수집 및 이들에 대한 고용평등 계획을 수립, 시행하여야 함	• 워터루 대학 – 부총장 산하 여성 교수 채용 TF 구성 – 우수 여교수 유치를 위한 전략 : 교수 채용과 고용유지를 담당하는 코디네이터직 신설 – 단과대 학장이 채용자문위원회 승인 – 준비 · 채용 위원회 구성 : 성평등 워크숍 참여

영국	• 성차별 금지법, 기타 평등기회 및 다양성 보장을 위한 관련법이 일찍이 마련되었음 • 2007년부터 고등교육기관을 포함한 공공기관에서의 양성평등 의무가 정부에 의해 도입됨	• 런던 주립 대학 – 학무기회 위원회 : 여교수 임용 혹은 경력 개발에 있어서의 장애를 제거하기 위한 환경 마련 – 여성교수 대사 제도 : 여성교수를 채용 및 승진시키기 위한 튜터링 또는 멘토링 실시 – 과학분야 여성 네트워크 보고서 발간 • 런던 대학 – 평등 업무 계획 : 학교 내 모든 학과는 평등목표 수립 및 참여를 해야 함 – 학과 단위 평등기회 담당자 : 양성평등 트레이닝

자료 : 오은진(2014: 5-6).

한국의 경우 대학과 관련한 여성정책은 국립대를 중심으로 한 여교수임용목표제, 대학별 교원임용 양성평등추진위원회 설치, 양성평등조치계획 추진실적 보고서 평가를 통한 인센티브 제공, 차세대 여성지도자 육성을 위한 여대생 커리어개발센터 지원사업, 성희롱 · 성폭력 상담소의 설립 등을 중심으로 이루어져 왔으며 이러한 변화는 전반적인 한국 여성정책의 발전과 더불어 대학관련 여성 이슈의 문제제기를 통하여 이루어진 성과라고 할 수 있다. 국립대학의 경우 매년 양성평등조치계획 추진실적을 교육부에 제출하는데 교육부는 평가지표에 따라 각 대학을 평가하고 그 결과에 따라 양성평등 우수대학을 선정하고 인센티브를 부여하여 왔다. 양성평등조치계획 추진실적 평가지표 및 배점, 추진체계는 다음 〈표 11-4〉와 같다.

〈표 11-4〉 양성평등조치계획 추진실적 평가지표 및 배점

<table>
<tr><th>평가영역</th><th>평가지표</th><th>배점</th><th>평가방식</th></tr>
<tr><td rowspan="4">1. 여교원 대표성 (35점)</td><td>1.1 신임 여교원 채용비율</td><td>20</td><td rowspan="8">정량평가 (80)</td></tr>
<tr><td>1.2 전체 여교원 비율</td><td>5</td></tr>
<tr><td>1.3 대학 간 계열별 여교원 비율</td><td>5</td></tr>
<tr><td>1.4 여학생 비율 대비 여교원 비율</td><td>5</td></tr>
<tr><td rowspan="2">2. 여교원 활용도 (25점)</td><td>2.1 주요 보직 여성비율</td><td>15</td></tr>
<tr><td>2.2 주요 위원회 여성비율</td><td>10</td></tr>
<tr><td rowspan="2">3. 여교원 비율 제고 노력 (20점)</td><td>3.1 여교원 임용목표비율의 적정성</td><td>10</td></tr>
<tr><td>3.2 여교원 임용목표비율의 달성도</td><td>10</td></tr>
<tr><td rowspan="3">4. 대학의 양성평등 구현 노력(20점)</td><td>4.1 양성평등추진기구 설치 여부 및 활동실적</td><td>10</td><td rowspan="3">정성평가 (20)</td></tr>
<tr><td>4.2 여성인력 육성 및 개발</td><td>5</td></tr>
<tr><td>4.3 여교원 참여 및 능력개발을 위한 지원</td><td>5</td></tr>
<tr><td colspan="2">총 점</td><td>100</td><td>-</td></tr>
</table>

자료 : 오은진(2014: 13).

그러나 대학사회 전반적인 성 주류화의 맥락에서 보면 아직도 많이 미흡하다는 것을 알 수 있다. 여교수임용목표제가 1단계 사업을 끝마친 현재 시점의 대학을 살펴보더라도 여학생의 증가속도에 비해 여교수 비율은 정체를 보이고 있으며 이 시기에 교수사회에 진입한 여교수들을 중심으로 기존의 불평등한 관계를 변화시키는 성과까지는 나아가지 못하였다.

2001년 교육부가 인적 자원개발이라는 국정과제의 일환으로 여교수임용목표제라는 적극적 조치를 도입, 국공립대 여교수 비율을 20%까지 늘리겠다는 목표를 설정하고, 1단계(2004년~2006년)와 2단계(2007년~2009년), 3단계(2010년~2012년)에 걸쳐 제도를 시행하였으나 충분한 효과를 거두었다고 보기는 어렵다.

국립대를 중심으로 개별 대학들에게 '양성평등조치계획 보고서'를 매년 제출하도록 하고 일정한 평가에 의하여 인센티브를 제공하는 제도 도입은 대학의 자구노력과 인식개선을 가져온 성과는 있었다고 할 수 있지만 대학마다 편차가 크다. 대학 관련 성평등정책 노력들이 일부 대학 위주로 진행되고 있으며 전체 대학으로 파급되고 있다고 보기 어려운 것이다(안재희 · 이영민 · 손기영 외, 2011: 64-67; 이혜숙, 2012c: 155).

이는 여성교수임용목표제가 갖는 의미를 왜곡하여 이를 대학의 자율성 침해로 해석하는 대학들의 남성주의적 경험과 시각, 그리고 도입에 상응하는 행정적 · 재정적 인센티브가 조치의 적극 수용에 동기를 부여할 만큼 주어지지 못했기 때문이다. 또한 대학 관련 성평등정책의 영향력은 대학마다 차이가 있어서 구체적으로 개별 대학의 젠더 정치의 역학구도에 따라서 변화의 속도가 달라지는데 이는 대학마다 성인지적 집단의 역량이 다르기 때문이다.

3 사례 : 국립 경상대학교

1) 대학발전 비전과 성평등 이슈

경상대의 경우 전반적으로 대학 내에서 성평등 이슈가 크게 제기되지 않는 분위기이며, 2010년 41개 국공립대 중 양성평등종합지수 하위권 8개 대학에 속해 있으며 2012년의 경우에는 38개 대학 중에서 21위에 위치하고 있다(안재희 · 이영민 · 손기영 외, 2011: 63; 한국여성정책연구원, 2013a). 2003년 정부는 국립대 교수를 1,000명 증원하는 과정에서 20%(200명) 범위 내로 희망대학에 한해 여교수 정원을 배정하였고 이 과정에서 198명의 신규 여교수가 임용되었다(안재희 · 오재림 · 유숙란, 2008: 76-77). 그러나 2003년의 '국공립대학 여성교수 임용목표제'는 경상대에서 논의조차 되지 않았으며 2005년 5월부터 인사위원회를 겸하고 있던 양성평등추진위원회는 유명무실하고 전혀 활동이 없었다. 교육과학기술부에 매년 제출하는 "여성인력 확대를 위한 양성평등조치계획 보고서"는 학내 의견수렴과정이 생략된 채 담당 부서에서 작성하고 제출하고 있을 뿐이다. 경상대학교 양성평등추진위원회 이름으로 보고서가 제출되지만 학교 전체 사회에서 공식적으로 성평등 계획에 대한 논의 없이 보고서가 제출되고 있다.

이는 대학 관련 여성 및 성평등 이슈에 대한 외부의 정책변화가 내부의 정책변화로 수용되지 못하고 있음을 의미한다. 성평등 이슈에 대해 구성원들 간에 깊은 공감대가 형성되어 있지 않으며 공식적으로 충분히 논의되지 않는 것이다. 전반적으로 경상대에서 여성 및 성평등 관련 이슈는 대학운영에서 중요한 이슈로 다루어진 적이 없다. 이는 역대 총장선거에서 여성 이슈가 중요한 질문으로 제기된 적이 없으며(이혜숙, 2012c: 161-163) 여교수의 보직임명 등 행정참여도 최근에 와서 일부 이루어졌다는 데서 단적으로 잘 나타난다. 그럼에도 불구하고 외부의 변화와 더불어 최근 여교수 수가 늘었으며 여대생캐리어개발센터, 성희롱 · 성폭력 상담소가 활동하고 있으며 그에 관련된 규정이나 운영에 관련된 논의가 제기되기는 하였다. 경상대학교 VISION 대학 장기발전계획에는 제6절에 "인권 및 평등"을 다루고 있는데 추진 방향으로 인권과 성평등 부분이 제시되어 있다(경상대학교, 2014: 123-126).

그러나 경상대학교 비전, 목표, 추진전략에서 성평등 이슈는 거의 다루어지지 않고 있다. 더욱이 성평등 이슈가 여교수들 사이에서도 공감대를 갖지 못하고 있는 보수적인 분위기가 강한 곳에서는 공론의 장으로 그 문제를 제기하기가 어려우며 성평등 이슈는 주변적이고 아주 사소하고 개인적인 관심사로 이해된다. 경상대는 여성 및 성평등 관련 학과가 학부나 대학원에 설치되어 있지 않으며 개별 학과에서 여성 관련 강좌가 개설되어 있을 뿐이다. 또한 성인지적 향상 교육으로는 교직원 대상 성폭력 · 성희롱 예방교육, 교수들을 대상으로 한 온라인 성희롱 · 성폭력 예방교육을 실시하는 정도이다.

2) 여교수의 위상과 경험

여교수 및 여학생 현황

2015년 4월 현재 경상대 여교수 비율 12.6%는 여학생 비율 42.8%와는 높은 차이를 나타내고 있어서 여성 리더를 길러낼 수 있는 구조가 빈약함을 보여준다. 또 대학 내 전체 학문 5개 계열 중 여교수가 있는 계열은 4개 계열에

〈표 11-5〉 경상대 전공계열별 여학생 비율 및 전임 여교수 비율(2015년 4월 1일 현재)

계열	재학생				전임교원			
	남학생(A)	여학생(B)	전체(C=A+B)	여학생 비율(B/C×100)	남교수(D)	여교수(E)	전체(F=D+E)	여교수 비율(E/F×100)
인문사회계	2,429	3,058	5,487	55.7	179	35	214	16.4
자연과학계(가정계 제외)	2,029	1,897	3,926	48.3	168	26	194	13.4
공학계	3,984	1,057	5,041	21.0	180		180	0.0
예체능계	111	163	274	59.5	13	4	17	23.5
의학계(간호계 제외)	165	76	241	31.5	133	20	153	13.1
총계(T1)	**8,718**	**6,251**	**14,969**	**41.8**	**673**	**85**	**758**	**11.2**
가정계	1	16	17	94.1	0	0	0	0.0
간호계	24	264	288	91.7	0	12	12	100.0
총계(T2)	**8,743**	**6,531**	**15,274**	**42.8**	**673**	**97**	**770**	**12.6**

자료 : 경상대학교 교무과 내부자료(2015).

이르고 있지만 가정계와 간호계가 압도적으로 여교수가 많으며 공학계는 여교수가 한 명도 없는 등 계열별로 여교수 분포비율이 다소 편차를 보이고 있다.

2015년 4월 현재 대학 전체 보직에서 여교수가 차지하는 비율은 8.0%인데 학생처장 및 대학원 부원장을 비롯하여 본부 행정에 직접 참여가 가능한 학장, 부원장의 수가 6명으로 과거보다 여교수의 보직 활용도가 진척을 보이고 있다. 그러나 여교수가 학교의 구조적이고 중대한 사안에 직접 참여하여 일을 할 수 있는 영역이 아직은 매우 적어서 대체로 남교수들 위주로 학교 정책이 이루어진다고 보여진다.

〈표 11-6〉 경상대 여교수 보직 현황(2015년 4월 1일 현재)

유형	남성 보직교원 수 (A)	여성 보직교원 수 (B)	전체(C=A+B)	여성 비율(%) (B/C×100)
처/실장	5	1	6	16.7
학장(대학)/ 원장(대학원)	12	2	14	14.3
학칙에 규정된 부속기관/ 시설의 장	57	4	61	6.6
총계	**69**	**6**	**75**	**8.0**

주 : 2개 보직 중복자 : 남성 5명, 여성 1명. 전체 보직 수 : 81개.
자료 : 경상대학교 교무과 내부자료(2015).

위원회는 행정보직만큼 대학 내 다양한 학사행정에 대하여 의사결정기능을 하는 기구이다. 따라서 대학의 여러 공식적인 위원회의 여성 참여율은 대학의 성평등정책을 가늠할 수 있는 척도가 된다. 대학 내 각종 위원회의 여교수 구성비율을 살펴보면 대학인사위원회의 여교수 비율은 29.4%로 "교육공무원인사위원회규정"상의 여성위원 비율(20.0%)을 넘고 있으며 그 외 학무위원회, 기획위원회 등에서 활동하여 평균 22.1%의 여교수가 위원으로 활동하고 있다.

〈표 11-7〉 경상대 각종 위원회 여교수 참여율(2015년 4월 1일 현재)

유형	위원회 명	남교수(D)	여교수(E)	전체 (F=D+E)	여성비율(%) (E/F×100)
교무위	학무회	20	3	23	13.0
인사위	대학인사위원회	24	10	34	29.4
기획위	기획위원회	20	7	27	25.9
대학원위	대학원위원회	17	3	20	15.0
재정위	기획위원회와 중복				
총계		**81**	**23**	**104**	**22.1**

자료 : 경상대학교 교무과 내부자료(2015).

의사결정과정에서의 여교수들의 참여와 관련한 경상대 사례에서 지적하고 있는 것처럼(이정숙, 2004: 28-30), 여교수들은 아직까지 의사결정 시 주도적 역할을 하는 것에 대한 약간의 불안과 두려움을 느끼고 있는데 이러한 현상은 책임감과 관련하여 좋은 평판을 유지하고자 하는 기본 욕구와 함께 일의 실패에 대한 두려움이 크기 때문이다. 일반적으로 남교수들이 여교수와 함께 일하는 것에 약간의 부정적인 선입견이 있으며 위원으로 참여하는 여교수들도 이러한 분위기를 감지하여 적극적인 발언이 상대적으로 적어진다는 것이다. 남교수들은 워낙 숫자가 많다 보니 일의 수행에 탁월한 사람부터 그렇지 못한 경우까지 다양한 스펙트럼을 지녀서 상대적으로 많은 허물이 드러나지 않는 반면, 여교수인 경우 수가 적다 보니 침소봉대되어 약점이 과장되게 나타나기도 한다. 남교수들은 음주 문화 등 인적 네트워크를 확대할 수 있는 근무 외의 시간이 자연스럽게 활용된 결과 각종 위원회도 대부분 참여하여 학내 주요 정책입안에 직접적인 기여를 많이 하는 반면 여교수인 경우 가족과 관련한 부담이 많아서 일에 관련된 네트워크 형성이 어렵다. 그러므로 어느 정도 기간이 경과하면 자연스럽게 여교수의 의사표현과 의사결정을 할 수 있는 공적인 기회에 접촉하기 어렵게 되어 능력개발이 되지 않은 채로 머물게 된다.

실제로 경상대 교수들의 경험과 의식을 살펴보면(최정혜 · 서의훈, 2010: 53-55) 성불평등 의식이 남교수가 여교수보다 높게 나타나서 남녀의 의식차이가 있으며 대학에서 여교수 비율이 낮은 이유에 대해 남교수의 37.5%가 "여성지원자의 학력 및 연구업적이 남성지원자에 비해 떨어지기 때문"이라고 한 반면, 여교수의 46.2%는 "인사관행상 보이지 않는 성차별이 존재하기 때문"이라고 답해 남녀교수 간에 인식의 차이를 보이고 있다. '여교수 지원제도'에 대해서도 남교수는 찬성 79.1%, 반대 20.9%인 데 비해 여교수는 찬성 98.3%, 반대 1.7%에 불과했다.

3) 여성 관련 조직과 역량

2001년 4월 '경상대학교 성희롱, 성폭력 예방 및 처리에 관한 규정'이 제정되었고 성희롱 · 성폭력 상담소는 2005년부터 학생처 소속으로 활동하고 있다. 또 2005년 5월 30일자로 종합인력개발센터 산하에 여학생캐리어개발부를 신설하여 여학생 캐리어 개발, 이미지트레이닝 등 여성인력 개발 지원을 위한 지원체제를 구축하였고 2006년부터 여대생 취업 관련 활동을 특화하여 '여대생 취업스쿨', '여대생 취업을 위한 특강' 등 프로그램을 진행하고 있으며 2010년 5월 20일자로 여대생 커리어개발센터로 승격하였다.

그 외 총여학생회(1986년 조직)와 여교수회(2004년 6월 조직)가 활동하고 있다. 그러나 총여학생회의 대학 내 위상이 활발하다고 볼 수 없으며 여교수회도 아직은 친목모임 수준이며 전체적인 분위기에서 여성주의적 시각이 약하다. 여교수회 가입에 소극적인 교수도 있으며 여교수회 조직의 필요성을 이해하지 못하는 여교수도 많다. 단 최근에는 여교수들 사이에서 여교수회 존재 자체에 대한 회의적인 태도는 과거보다 사라진 편이지만 그 성격은 친목모임 정도이지 학내외 여성 및 성평등 이슈를 공통적인 관심사로 제기할 만한 준비는 되어 있지 못하다. 2009년 경상대는 여성연구소를 만들어서 대학뿐 아니라 전체 사회 관련해서 여성 및 성평등 이슈를 공론화하려고 노력하고 있지만 인적 역량이 절대적으로 부족하고 재정적인 기반이 전혀 없는 상태에서 개인적인 헌신이 많이 필요한 상태이다. 결론적으로 전체적으로 성인지적 의식과 역량을 갖춘 세력이 경상대에는 절대적으로 부족한 것이다. 대학 내 사정이 이러한 경상대 사례는 외부의 정책이나 환경변화가 내부의 정책변화로 바로 이어지기 힘든 구조라는 것을 보여주고 있다. 그러나 2014년 여교수회의 제안으로 양성평등위원회의 독립기구화를 이뤄낸 것은(경상대학교 여교수회, 2015: 8) 대학사회 성평등 이슈와 관련하여 여교수회의 역할과 대학 내 성인지 세력의 역량이 중요함을 시사해 준다고 하겠다.

4 대학사회 성 주류화 : 방향과 과제

경상대학교의 사례가 한국 대학 및 국립대의 전반적인 현황을 보여준다고 할 수는 없으나 이는 그동안 대학과 관련하여 진행된 성평등정책의 전체적인 변화의 효과가 충분하지 않으며 대학의 성인지 세력의 역량에 따라 차이가 많다는 것을 보여주는 것으로 뭔가 새로운 방안이 더 필요하다는 것을 시사한다고 하겠다.

성 주류화 전략의 핵심인 젠더 관점의 반영은 정책형성과정에서 조직과 정책네트워크, 그리고 정책도구 등 매우 구체적인 물질적인 기반 속에서 이루어진다. 대학사회의 성 주류화를 위해서는 성 주류화 전략의 핵심적인 내용인 정책과정에서의 젠더 관점의 통합이 개별적인 대학사회에서 어떻게 이루어지고 있는지, 또 어렵게 이루어져야 하는지 검토해야 한다. 앞에서 살펴보았듯이 성 주류화의 구성 요소는 젠더 분석, 내적 책임성, 젠더 훈련, 정책결정 지위에 대한 여성진출의 지원 및 세력화, 모니터링과 평가, 관련 조직과의 협력 등을 들 수 있다. 이러한 점들을 염두에 두면서 대학사회 성 주류화를 위한 방향과 과제를 제시해 본다.

1) 성평등 이슈의 공론화와 여성친화적 교육 · 연구 환경의 조성

(1) 대학사회 성평등 이슈의 중요성에 대한 보편적인 담론의 개발과 홍보가 필요하다

여교수 임용확대나 여교수 의사결정 참여뿐 아니라 대학 내 성평등 이슈, 성 주류화 이슈의 구체적인 세부방향에 대한 논의가 좀 더 본격적으로 진행되어야 하고 성평등 이슈의 중요성에 대한 보편적인 담론의 개발과 홍보가 필요하다.

평등과 젠더 개념이 정책영역에서 제도화되는 과정에서 사회 제 세력들 간의 다양한 이해와 차이 때문에 갈등을 빚게 되며 이들 개념이 정책행위자들 간에 서로 다른 방식으로 재해석되기도 한다. 따라서 대학사회 성 주류화를 위해서도 성평등제도가 여성의 목소리를 높이기 위한 것, 여성의 권익만을 위한 것이 아니라 보다 발전하는 사회, 효율적인 대학을 구현하기 위해 필수불가결한 것임을 인식하게 하는 것이 중요하다. 대부분 성불평등의 문제들이 표면상 성차별과 무관해 보이는 은폐된 구조를 통하여 관행적 내지 간접적으로 이루어지기 때문에 쉽게 포착되지 않는 특성을 가지고 있기 때문이다.

대학사회의 여성인력의 적극적인 개발과 활용은 대학의 성평등 실현을 위한 과정일 뿐만 아니라 장기적으로 사회제반 분야에서 요구하고 있는 여성인재를 공급하는 과정이며 단순히 여교수의 대표성 확대만이 아니라 궁극적으로는 대학사회의 경쟁력을 제고하고 동시에 대학사회의 다양성을 확장하는 길이라는 점, 평등의 문제와 관련된 정책이 대학의 자율권을 침해하는 것이 아니라는 점들이 대학 구성원 사이에서 공감대를 얻어야 한다.

일반적으로 여성을 위한 적극적 조치에 대해 남성집단만 반대한다고 인식하는데 실제는 그렇지 않다. 여성집단 내에서도 능력에 기반해 충분히 임용될 수 있는데 굳이 여성을 부각시킴으로써 특혜를 받는 것처럼 보이는 것을 꺼려하는 여성들이 있기 때문이다. "교수채용은 언제나 연구와 교육능력이 최우선되어 선발되어야 한다고 생각한다. 따라서 여성이 남성보다 이러한 능력이 부족하다고 전제하지 않는 한 굳이 이를 위한 배려가 필요하다고 생각하지 않는다. 물론 현실적으로는 여교수 비율이 낮고 인사 관행상 여성에 대한 차별이 존재할 수도 있다. 그렇다면 이런 목표제보다는 그런 차별에 강력히 대응하는 것이 필요하다고 생각한다. 따라서 남녀차별 없는 공정한 평가를 통해 교수사회로 진입하는 것이 보장되어야지 채용목표제를 통한 우선적 선발이 필요한 것은 아니라고 생각한다"(서미경, 2010: 60)는 것이다. 따라서 사회집단 구성원들 간에 사회의 권력구조에 대한 이해를 통하여 성평등을 위한 조치들이 여성만을 위한 것이 아니라 성별에 상관없이 모두를 위한 중요한 것이라는 것에 대한 동의를 이끌어 낼 수 있고 평등성과 수월성의 논쟁이 상호 보완적 선상에서 논의될 수 있도록 해야 한다(안재희 · 오재림 · 유숙란, 2008: 86).

이와 더불어 대학사회 성평등 이슈, 성 주류화 이슈의 중요성에 대한 공감대를 넓힐 수 있도록 이를 알리고 홍보하는 작업이 매우 필요하다. 대학 관련 성평등문제가 중요하고 정부에서 어떤 정책을 펴고 있는지, 매년 양성평등 우수대학이 발표되고 있는지에 대해서 대학의 대다수 구성원들은 전혀 알지 못하고 있다. 여성가족부나 교육부 대학지원과의 보다 적극적인 관심과 홍보가 필요하다. 전체 국공립 총장단 회의나 국공립대학교수협의회 등을 통하여 성평등 이슈를 공식적으로 제기할 필요가 있다. 이 문제를 주요 의사결정과정의 중심에 있는 사람들을 통해 이슈화하는 것이 중요하다.

이처럼 이 제도가 가지는 의미에 대한 인식의 저변을 좀 더 확산시켜야 하는데 총장들의 인식 개선을 유도할 수 있는 다양한 프로그램을 마련할 필요가 있다. 즉 교육부나 여성가족부는 각 대학 총장들과의 면담이나 정책간담회를 통해서 성인지력 향상 교육을 실시해야 한다. 즉 대학사회의 성별 격차가 가지는 문제점을 심각하게 인식하고 여성인력의 적극적 활용과 그를 위한 대학사회 환경 및 제도의 변화를 위한 다각도의 프로그램이 필요하다.

(2) 여교수 임용 확대와 더불어 여교수의 대학 내 의사결정과정에의 참여가 좀 더 확대되어야 하며 대학사회의 여성친화적 연구 · 교육환경이 필요하다

대학마다 여교수 임용확대를 위하여 의무규정을 두거나 자체적으로 대학의 장기발전계획에 여교수 채용확대계획을 포함하는 것이 필요하다. 한국교원대와 서울대는 교수채용과정에서 양성평등추진위원회의 성차별 모니터링을 거치고 있으며, 공주대 · 군산대의 경우 장기발전계획에 여교수 채용확대계획을 포함하고 있다. 또한 여교수의 보직비율 제고, 각종 위원회에 여교수의 비율을 보다 더 확대해야 할 것이다. 즉 단순 교수임용을 넘어서 여성이 보직교수, 나아가 여자대학만이 아니라 남녀공학 대학에서도 총장이 배출될 수 있는 구조가 마련될 수 있도록 지속적으로 문제점을 발굴, '유리천장'을 제거시킬 필요가 있다(나향욱, 2010: 89).

남성들이 만들어 온 교육과 연구문화가 유지되는 한 양적으로 여교수 인원을 유지하게 하는 정책은 한시적인 처방일 뿐이다. 연구자들 간의 정보교

환과 협동연구가 점점 더 중요해지고 있는 연구환경 속에서 남성지배집단에 속해 있는 소수의 여교수가 개인적인 능력과 노력만으로 남성들과 대등한 연구실적을 생산하기 어려울 것이다. 남성 생애주기에 기초해 만들어진 교수업적평가제도는 임신, 출산을 하는 여교수에게 불리할 수밖에 없다. 현재의 교육 및 연구실적 평가제도는 '가정 일을 전담하는 아내와 사는 결혼한 남성'을 교수의 전형으로 놓고 만들어진 것이다. 실제로 어떤 여교수는 임용면접에서 "학교와 집에 동시에 일이 생겼을 때 어떻게 할 것인가"라는 어처구니없는 질문도 받은 적이 있다(여진경, 2010: 75)고 한다. 성 주류화는 교수가 '아내를 가진 건강한 남성'이라는 고정관념을 해체하고 '재생산의 책임을 지는 인간'으로서의 생애주기를 갖는 이로 전환하는 것이다(허라금, 2010: 63).

남성들의 생애주기와 생활 패턴에 맞춰진 제도 운영방식이나 평가기준을 어떻게 개혁할 것인가가 중요한 과제가 되는 동시에 어떻게 체화된 역할 규범을 넘어설 것인가가 정책의 주요 목표가 되어야 한다. 형식적인 차별보다는 오히려 그 차별을 넘어서 보이지 않게 여성들을 무기력하게 하고 주변화하는 실질적인 차별, 즉 남성 중심이자 남성 기준 아래 운영되는 사회적 질서가 여성정책의 대상이 되는 것이다. 제도적 차원에서의 차별을 넘어 문화적인 차원에서 작용하는 성차별적인 기제에 주목해야 한다(허라금, 2010: 61). 즉 보육 서비스를 제공하는 공주교대나 교원임기신축운영제도나 책임강의시간 감면 등 여교수 지원제도를 도입한 서울대의 경우처럼(정진성, 2010, 2012), 여교수들의 연구환경 개선과 일-가정 양립 지원 프로그램 강화 등이 요구된다. 또 대학가에 여학생 휴게실이 점차 늘어나고 있지만 편의시설이 좀 더 확충되어 여성을 위한 소통의 공간이 되어야 할 것이다.

〈표 11-8〉 '승진소요연한 신축적용제도(STC: Stopping Tenure Clock)'를 도입한 대학 사례

구분	대학	기간	사유	비고
해외	University of Wisconsin at Madison	1년 최대 2년	입양, 출산, 육아, 가족돌봄 등	남교수에도 동일 적용
	University of Michigan	1년(1회)	임신, 출산, 육아, 돌봄 등	
	Duke University	1학기~1년	심각한 질병, 임신, 출산, 육아, 돌봄 등	
	Indiana University Kokomo	1년	전문 혹은 개인적 비상 상황	출산휴가 혹은 육아 휴직과 별도 운영
	MIT	1년(자동)	사유 발생 시 자동으로 1년 연장	
	Stanford University	최대 2년 1년(2회)	도입시 자녀 출산에 적용, 이후 입양, 육아, 질병 등에도 확대	미국에서 최초 도입(1971)
	Princeton University	1년(자동)	입양 또는 출산, 자동으로 1년 연장	남교수에도 동일 적용
	University of Maine	1년 최대 2년	자녀 입양, 출산, 양육 또는 기타 예외적 상황	출산휴가 혹은 육아 휴직과 별도 운영 남교수에도 동일 적용
	Carnegie Mellon University	최대 2년	의료, 가족, 공공서비스 등의 사유	남교수에도 동일 적용
	UCLA	1년 최대 2년	자녀 입양, 출산, 양육 등	남교수에도 동일 적용
	Harvard University	1년 최대 2년	입양, 임신, 육아 등	출산휴가 혹은 육아 휴직 시에는 자동 연장

자료 : 서울대학교 여교수회 · 서울대학교 여성연구소(2010: 12).

(3) 대학 내 성평등 현황과 향후 계획에 대한 형식적인 보고서 제출이 아니라 실효성 있는 보고서 제출이 필요하고 대학사회의 성 주류화 정책을 대학 평가에서 중요한 항목으로 다루어야 한다

여성인력 확대를 위한 양성평등조치계획 보고서가 너무 형식적이므로 이를 보완할 수 있는 제도적 장치가 필요하다. 기존 연구가 지적한 "형식적으로 수치를 보고하고 의례적인 프로그램만을 보여주는 정도에 그치는 경우가 많음. 이는 각 대학에 구성하도록 되어 있는 양성평등위원회가 제 기능을 하지 못하기 때문인 것으로 보임. 인사를 담당하는 행정직원들에 의하여 보고서 제출이 그치는 경우가 많음"(민무숙 · 신선미, 2010)은 대부분의 대학의 현실이다. 그러므로 양성평등추진위원회가 실제로 대학 안에서 관련 제도나 프로그램에 대한 개입과 모니터링을 할 수 있도록 지원해야 한다.

대학은 재정지원이나 우수학생 유치에 영향을 미치는 외부 대학평가에 민감하다. 따라서 대학평가에서 이런 부분을 중요하게 인식하는 평가체계를 도입하는 것도 하나의 방법이다(안재희 · 이영민 · 손기영 외, 2011: 132-133). 대학평가에서 성평등정책을 중요하게 다루어야 하며 대학역량강화지표에 양성평등지표가 반영되어야 하는 것이다. 이와 더불어 전체 대학 지원정책 프로그램 안에 성평등정책이 주된 부분으로 위치 지어져야 하며 대학역량강화사업의 지원금 일부를 성평등 특수사업으로 규정하는 성평등제도 확산 방안에 대한 체계적인 자문이 이루어져야 한다. 교육역량강화사업을 이와 연계시킬 경우 사립대학의 참여를 자발적으로 유도할 수 있을 것이다.

(4) 대학사회 성 주류화 정책이 시행되어야 하며 현황에 대한 논의구조 및 토론의 장이 마련되어야 한다

대학발전계획에 구체적인 성평등 조항을 포함하여 구속력을 높이고 대학에 대한 성별 분리통계를 의무화하고 성별영향평가, 성인지 예산제도를 도입해야 한다. 또한 여교수의 지위뿐 아니라 대학 내 성 주류화 전반적인 현황에 대한 본격적인 연구축적이 이루어져야 하며 이에 대해 지속적으로 그리고 정기적으로 논의할 수 있는 토론의 장이 마련되어야 한다.

대학교육 전반에 성인지 관점을 통합해야 하는데 구체적인 정책과정에서 성 주류화 전략의 의미를 이해하고 이를 바탕으로 통합적인 틀 속에서 정책을 결정하는 관행들이 행정작용의 전 과정에 자리 잡도록 해야 한다. 특별히 남녀불균형 현상이 심각한 부분을 우선적인 과제로 삼고 그런 불균형을 지속하게 만드는 관련 정책들에 대해서 성별영향평가와 성인지 예산분석을 해서 불균형을 바로잡기 위한 정책개입을 적극적으로 추진해야 한다(허라금, 2010: 62).

성 주류화 실현을 위해서는 정책담당자의 성인지력 향상, 성인지적 예산, 성별 분리통계, 정책의 젠더 분석이 중요하다. 현행 대학제도와 제도수혜자의 성별 통계분석, 현행 대학제도의 성별 영향평가, 성인지 예산편성 등을 고려해 볼 수 있다. 대학역량강화사업을 포함하여 대학의 전반적인 운영 및 사업에 대해서도 성별 영향평가제도, 성인지 예산제도를 적용시켜야 할 것이다. 이것은 대학사회를 조직하고 운영하고 있는 법과 정책에 성인지적 관점을 통합시킨다는 것을 의미한다.

우선 개별화되어 있는 대학사회 구성원들의 차별 관련 경험들이 체계적으로 수집되어야 하며 국공립대학 평균뿐 아니라 각 대학별 자료가 공개되어야 하며 성평등이 늦춰지는 대학에 대한 이유를 검토해야 할 것이다. "향후 대학들의 성과관리 등이 강화되고 경쟁논리가 더욱 심화된다면 과거 대학사회에서 수면 위로 올라오지 않았던 남녀교수들의 승진 및 보수 등 실질적 측면의 격차가 더 벌어질 개연성이 높을 것"(민무숙 · 신선미, 2010: 35)이기 때문이다. 최근 교수평가제, 연봉제 등이 도입되고 있다. 앞으로 경쟁과 성과급을 축으로 하는 평가시스템이 여교수에게 어떤 영향을 줄 것인가 등에 대해서도 검토가 필요하다. 이와 더불어 대학의 교과과정, 대학교육의 전반적인 과정, 남녀교직원, 교수와 학생, 남녀학생들의 관계에 대한 연구도 필요하다.

2) 성인지적 조직역량의 강화와 여성연대

대학사회 성평등정책과 실천은 정부의 대학 성평등정책, 구체적인 대학 집행부의 역량, 대학 내 성인지 세력의 역량에 의해서 결정된다고 하겠다. 그러나 정부의 정책은 포괄적인 범위 내에서 지침을 제시하는 것이므로 구체적인 대학 내에서 정책이 실현되기 위해서는 성인지 세력의 역량 강화가 매우 중요하며 그 점에서 여교수의 역할 및 성인지 세력의 조직화가 중요하다고 하겠다(이혜숙, 2015b). 이 점에서 대학 내 여교수회의 활동과 역할이 갖는 의미가 큰 것이다. 즉 대학 성평등정책과 관련하여 정부의 성평등정책과 방향이 중요하지만 그것이 구체적으로 실현되기 위해서는 무엇보다 내부의 성인지 세력의 역량 강화가 중요하고 그런 점에서 여교수회의 성인지적 역량을 높일 수 있어야 한다(권희경, 2012).

(1) 성인지적 조직으로서의 여교수회가 중요하다

대학 내에서 성평등 이슈가 공론화될 수 있는 장을 마련하는 것이 중요한데 대학 내 상황에 따라 어떠한 형태의 조직이 적절한지 다양한 검토가 필요하다. 현재 법적으로 각 대학마다 구성하도록 되어 있는 교원임용양성평등추진위원회의 역할을 교원임용에 대한 모니터링에 제한할 것이 아니라 대학사회 전반에 걸친 성평등정책의 수립과 시행의 기능을 갖는 위원회로 확대, 운영할 필요가 있다. “여교수 임용목표제와 연동된 각종 노력들이 기존의 대학에 투입되는 각종 성평등 관련 제도나 프로그램 등과 연동하여 대학사회에

보다 효과적으로 작동할 수 있도록 모니터링하는 것이 필요하다"(민무숙 · 신선미, 2010: 35)는 지적은 이와 같은 입장을 반영하는 것으로 보인다.

그런데 양성평등추진위원회의 역할을 강조한다면 양성평등추진위원회와 기존의 대학 내 관련 조직들과의 관계설정은 어떻게 할 것인가라는 점이 제기될 수 있다. 양성평등추진위원회와 여성연구소, 여교수회 등과의 관계는 어떠한가? 이와 관련하여 여교수회, 여성연구소 등 학내 성인지적 조직기구 간 협력은 잘 되고 있나? 어떤 역할분담이 필요한가? 학내 여론 형성은 어떤 조직을 중심으로 어떻게 이루어지나? 여교수들의 지지도는 어떠한가? 학내 전반적인 분위기는 어떠한가? 각 조직들의 구체적인 활동은 무엇인가? 어떤 방식의 조직체가 주요한 역할을 하였나? 이런 부분에 대한 검토가 필요하다. 그러나 무엇보다 성인지적 조직으로서 여교수회가 중요하다고 본다.

1998년부터 전국여교수연합회[2]가 활동하고 있으며(조성남, 2012a) 각 지역마다 지회가 조직되어 있다. 지회로는 서울 본회, 대전 · 충남지회, 충북지회, 광주 · 전남지회, 전북지회, 대구 · 경북지회, 강원지회, 제주지회가 있다. 경남지역에서도 부산 · 울산 · 경남(부울산)지회가 있었으나 그동안 거의 활동하지 않았고 최근 다시 구성했다. 개별 대학 여교수회 현황에 대한 구체적인 자료가 정리된 것은 없지만 최근에 와서 대부분 대학에 여교수회가 조직되어 활동하고 있다고 하겠다.

(2) 여성 리더십과 여교수 역량강화 프로그램이 필요하다

남성이 대부분인 조직에서 여교수들은 남성 중심적으로 작동되는 연계망과 언로에서 배제되면서 정보와 의사결정에서도 배제되었고 이는 여교수들의 주변화와 소극적 태도로 나타난다. 대학이 공정한 조직으로 기대되고 여교수는 상대적으로 특권적 집단이라는 사회적 인식은 여교수들을 침묵시켜

2) 전국여교수연합회 활동에 대해서는 홈페이지를 참조할 것(http://wprofessor.org).

왔으며 여교수들은 지나친 피해의식이라는 오해와 부적응자라는 매도를 두려워하면서 남성 중심의 조직에 적응하여 왔다(김혜순, 2004). 그러나 이제 여교수들도 여성전문인력이 좀 더 평등하고 즐거운 환경에서 생활할 수 있도록 하는 데에 관심을 가져야 할 것이다. 여교수들의 공감대를 확대하는 역량강화 프로그램과 성인지 교육이 필요하며 이를 대학구성원 전체로 확대해야 한다. 교수들에 대한 성인지적 교육은 대학 내 의사결정과정의 중심에 있는 전체 국공립총장협의회나 국공립대학교수협의회 교수들부터 이루어져야 하며 대학사회의 성별 격차가 가지는 문제점을 심각하게 인식하고 여성인력의 적극적인 활용과 그를 위한 대학사회 환경 및 제도의 변화를 위한 다각도의 프로그램을 실행해야 한다. 이와 더불어 여교수들의 네트워크를 위한 프로그램이나 역량 강화 프로그램이 필요하다.

개별 대학의 여교수회나 여성연구소 등 성인지 조직을 중심으로 성평등정책 및 성평등조치계획서 수립에 대한 모니터링과 지속적인 개입을 해야 할 것이다. 여교수회는 이러한 문제에 대한 인식을 사전에 견지하면서 여교수들의 학문적 삶과 가정의 양립문제 해결, 학생들에 대한 역할모델 수행, 나아가 대학사회의 성평등한 환경과 문화 조성에 기여할 수 있도록 역량 강화에 힘써야 할 것이다. 이를 위하여 현재 각 대학 교수회에 지원되는 일정 부분의 지원금을 여교수회가 단독으로 활용할 수 있도록 하는 방안의 모색이 필요하다(민무숙 · 신선미, 2010: 35).

또한 여교수들이 대학사회에서 겪는 어려움을 극복하고 적응하는 대응방식과 경험을 축적하고 서로 나누는 것이 필요하다. 그러할 때 여성의 경험과 의견을 모으고 연대하면서 공동의 효과적인 대안을 마련해 나갈 수 있을 것이다.

(3) 성인지적 관점과 여성연대가 중요하다

전통적인 성별 분리를 당연시하는 문화 때문에 교수사회에서도 성별 분리에 따른 전통적 성역할 고정관념을 담은 '너 여자야 메시지' 가 끊임없이 유통된다. 여교수를 동료교수라기보다는 여성으로 보거나 여교수 정체성의 복합성을 이해하지 못하여 남편, 아이, 결혼, 음식, 외모를 화제로 올리는 것을 여교수에 대한 대접이나 예의로 생각한다거나 여성(미인)과 함께 하니 그림(분위기, 밥맛, 술맛 등)이 좋다는 말을 여전히 유머나 재치, 심지어 칭찬으로 생각하기도 한다. "여자 교수가 당면하는 성차별적 대학일상에 대한 문제제기"에서 김혜순(2004)이 잘 지적하는 것처럼 여교수들은 이러한 상황에서도 지나친 피해의식이라는 오해와 부적응자라는 낙인을 피하기 위해 '끼리끼리의 넋두리, 자기검열, 주변화, 분리, 은둔, 자기최면, 도닦기' 등의 전략을 구사하면서 남성 중심의 조직문화에 적응하려고 노력한다. 기존의 가부장적 남성문화를 오히려 내면화하는 것으로 적응하거나 대범하기 때문에 넘어간다고 스스로 생각하는 여교수도 있다. 남교수는 여교수와의 동료관계를 제대로 경험해 보지 못했거나 그럴 필요를 못(안) 느낀 경우가 많으므로 여교수들의 소외에 대해서 '사회성 부족, 감정표현 부적절, 인화단결 문제, 조직장악 능력부족, 문제를 일으키는 존재' 로 이해한다.

전문직 여성들의 대응방식은 1) 포기/단절, 2) 동화/수용, 3) 대처/극복 등 세 가지 유형으로 나누어 볼 수 있는데(이선이 외, 2007) 여교수들의 경우에도 기존 문화 속에서 포기/단절의 형태나 동화/수용의 형태를 보이기도 한다.

〈표 11-9〉 전문직 여성들의 대응방식

영역＼유형	포기/단절	동화/수용	대처/극복
경력개발	경력개발에 대한 목표나 욕심이 적으며 평생직업 의식도 낮은 편이다.	경력개발에 대한 목표와 욕심이 많고, 평생직업 의식이 강한 편이다.	경력개발에 대한 목표와 욕심이 많고, 평생직업 의식이 강한 편이다.
조직문화	기존의 조직문화를 대체로 수용하는 편이다.	기존의 조직문화를 대체로 수용하는 편이다.	기존의 조직문화에 대해 비판적이며 이를 변화시키기 위해 노력한다.
여성들과의 관계	여성들과 친하게 지내지만 '사적 관계'에서의 친밀함만을 기대하는 경향이 있다.	여성들과의 관계를 무시하고 남성들과 주로 관계를 가지려고 한다. 따라서 다른 여성의 발전이나 후배양성에 관심이 적다.	여성들, 남성들과 원만한 인간관계를 형성하며 경력개발에 적절히 활용한다. 특히, 여성후배의 멘토 역할에 관심이 많다.
가정	결혼, 출산을 계기로 직업을 포기하는 경우가 많다.	결혼, 출산을 계기로 직업을 포기하진 않더라도 가사, 육아 노동을 분담하기보다는 혼자 껴안고 가려는 '슈퍼우먼 콤플렉스'가 강하다.	결혼, 출산을 계기로 직업을 포기하는 경우는 거의 없고 양립하기 위해 노력한다. 가사, 육아 노동을 분담하려 애쓴다.

자료 : 이선이 외(2007: 97).

그러나 대학문화를 변화시키기 위해서는 여교수들의 '대처/극복' 대응이 필요하며 여성 리더십과 네트워크, 성인지적 관점과 대안 담론 형성, 여성의 연대가 중요하다. 여교수들은 전문여성 리더로서 '대처/극복'의 적극적 자세를 보여야 하며 여교수회 활동을 통해 자신들의 목소리를 내고 대학내외 네트워크 형성에 힘써야 한다. 학내외 여성구성원들 간의 역량 강화를 위한 네트워크 구축에 여교수들의 주도적인 역할이 필요한 것이다. 이를 통해 "학내외 여성구성원들의 경험과 이해를 공유하고 협력방안을 모색할 수 있기"(곽금주, 2011: 98) 때문이다. 여교수회는 전체 전국여교수연합회 및 타 대학 여교수회와 네트워크를 갖는 것이 바람직하며 이를 통해 정부의 정책에 대해서 정보를 교환하고 구성원들에게 그 동향과 흐름을 알릴 수 있어야 한다. 이러한 문제제기는 단지 여교수의 상황뿐 아니라 대학사회 전반을 성평등적으로 만든다는 점에서 중요하다.

대학의 여성연구소는 대학 전반 정책을 성인지적 관점에서 평가하고 대안을 제시함으로써 대학사회 성 주류화를 위한 구체적인 방안을 제시할 수 있어야 하며 대학 정책담당자들이 젠더에 관한 전문성을 가지고, 젠더 관점이 정책과정에 반영될 수 있도록 성인지적 교육을 철저히 실시해야 한다. 아울러 대학정책에 대해 체계적이고 상시적인 모니터링 체제를 구축함으로써, 정책의 입안 단계에서부터 집행, 평가하는 전 단계에 젠더 관점이 반영될 수 있도록 요구해야 한다.

이와 더불어 전국여교수연합회와 각 대학의 여교수회, 여성연구소 등은 조직 간의 연계와 네트워크를 형성하여 정보를 공유하고 대학 관련 이슈를 의제화하고 공동으로 제기해야 한다. 이러한 성인지적 조직의 활성화와 정책 네트워크의 형성을 통해 대학사회 성 주류화의 과제를 실현시키고(이혜숙, 2012c) 대학 내 성평등 문화를 확산하도록 해야 한다.

제 4 부

지구화 · 지방화 시대 여성정책의 전망

결혼이주여성과 다문화정책

제12장

1. 이주의 여성화와 전 지구적 젠더 질서의 변화
2. 다문화 담론과 결혼이주여성
3. 결혼이주여성과 다문화가족정책
4. 결혼이주여성 : 정책의 방향과 과제

1 이주의 여성화와 전 지구적 젠더 질서의 변화

참고자료 12-1

돌아오는 베트남댁 … 눈물 대신 희망을

베트남 남부 호찌민시에서 5시간을 달려야 도착하는 메콩강 지류의 오지마을 톳놋. 이곳이 고향인 탄뚜엔(24)은 3년 전엔 '5월의 신부'였다. 신랑은 중매업체가 소개한 한국인 김 모(42) 씨. 부산에 사는 재단사라는 말을 믿고 만난 지 이틀 만에 결혼식을 올렸다.

한국에서 3개월 만에 다시 만난 남편은 베트남에서 볼 때와 달랐다. 실업자나 마찬가지였고 탄뚜엔을 냉대했다. 결국 4개월 만에 가출했다. 경기도 수원에서 원단 공장과 식당을 전전하며 항공료를 마련해 1년 만에 집으로 돌아왔다. 남편은 곧 이혼소송장을 보내왔다. 현지에서 만난 탄뚜엔은 결혼사진을 보여주며 "잘못된 선택이었다"고 말했다. 그럼에도 탄뚜엔은 다시 한국에 갈 계획을 세우고 있다. 한국에서 알게 된 50대 남자가 결혼하자고 했기 때문이다. 이번엔 옳은 선택이라고 굳게 믿는 눈치였다.

자료 : 미주 중앙일보(2013.9.22.).

지구화가 진행되면서 국가의 경계를 넘어서는 사회적 · 문화적 교류가 더욱 많아지고 그 과정에서 지역 간 인구이동도 증가해 왔다. 1970년대 이전 이주여성들은 주로 남편이나 가족을 동반한 이주자였으나 점차 새로운 일을 찾아 단신 이주자로서 이주를 하는 여성의 수가 증가해 왔다. 이주여성들은 국제결혼 이주여성, 일반노동 이주여성, 가사노동 이주여성, '성노동' 이주여성 등의 유형이 있다(송형주, 2014b: 202).

이주인구의 여성비율이 증가하면서 이 같은 이주현상은 "이주의 여성화 feminization of migration"(카슬 · 밀러, 2013)로 지칭되었다. 이주의 여성화는 "이주하는 여성의 수가 남성을 압도하고 있는 현상을 의미하며 이주여성들이 전형적으로 '여성의 일'로 취급되던 가사노동, 육아나 환자 간호와 같은 돌봄노동을 하기 위해 국경을 넘는 것”(김현미, 2010: 122)을 의미하는데 많은 여성들이 이주를 선택하게 되는 것은 단지 개인적인 결정의 문제가 아니며 “여성의 이동과 순환을 촉발하는 전 지구적인 구조”(황정미, 2009: 11)가 그 배후에 있는 것이다.

가사노동 여성의 이주는 수용국의 성별 노동분업이 초래한 수요에 근거한 이주의 형식이다. 산업화된 국가에서 발생한 성별 노동분업의 문제가 해결되지 않은 채 다른 나라 여성들에게 전가된 것이다. 국경을 넘어선 가사노동 여성의 증가는 단지 일부 개발도상국 저숙련 여성들의 특수한 문제가 아니라 돌봄노동의 신국제분업이다. 싼 값의 돌봄노동에 대한 수요가 큰 사회일수록 이주여성을 끌어들이는 일자리가 많아진다. 여성이주자들의 고용조건은 남성이주자들에 비하여 열악하다. 이주여성들은 성적 착취 등 다양한 위험에 노출되어 있으며 결혼이주가 이주의 주요 방식으로 이루어지고 있다.

싸순은 이를 “생존의 여성화”(Sassen, 2000)로 보고 있는데 지구화의 영향으로 개발도상국에서 나타나는 빈곤과 실업의 심화로부터 출발한다. 국제적 금융기구들이 요구하는 구조조정으로 인한 국내 일자리 감소와 전통적 형태의 생업의 위축, 새로운 수출산업을 발전시키라는 압력강화, 정부재정의 감소와 부채 가중 속에서 생계를 유지하기 위한 대안적 방식을 찾는 데서 발생하는 것이다. 결국 여성들이 더 많은 생존의 부담을 떠안게 되며 이는 여성들로 하여금 열악한 이주의 조건을 수용하도록 압박한다.

전 지구적인 이주의 흐름 안에서 한국의 이주 양상은 어떤 특징을 갖는가? 한국의 결혼이주여성은 전 지구적인 이주의 여성화 현상과 어떻게 연관되는가? 한국의 결혼이주여성의 현실도 “이주의 여성화”라는 전 지구적 맥락 안에 위치시켜서 살펴볼 수 있다(황정미, 2009). 한국에서 나타나는 결혼이주 현상을 단지 한국 사회의 경험이나 한국 사회에 미치는 효과 차원에 국한시키지 않고 보다 전 지구적 이주의 흐름, 그리고 아시아 내부의 이주의 흐름과 연결시켜야 한다.

2 다문화담론과 결혼이주여성

1) 다문화담론과 다문화정책

한국에서 거주 외국인 문제가 사회적 이슈로서 본격적으로 등장한 것은 대략 2000년경인데 불법체류 외국인, 산업현장 외국인 노동자들의 인권과 근무환경, 결혼이주여성들의 생활상과 고충 등이 여론의 도마에 오르며 정부 의제가 되었다. 한국에서의 다문화담론은 정부가 한국의 인구문제와 인력문제를 종전의 출입국 및 외국인력활용정책의 차원에서 벗어나 이민정책이라는 새로운 관점에서 접근하면서 활성화되었다. 여기에 시민단체들이 불법체류 외국인 노동자에 비교해서 사회적 공감과 지지를 얻기 쉬우며 정부로부터 위탁사업 형태로 지원을 받을 수 있는 결혼이주여성과 다문화자녀를 위한 프

〈표 12-1〉 다문화정책의 이슈들

항목	내용
소수인종언어	• 소수인종언어를 사용할 수 있는 자유 • 공식교육에서의 소수인종언어 교육 및 사용 • 소수인종언어 기반 라디오, 텔레비젼, 인쇄매체의 존재 여부 • 의료, 사회보장 서비스에서의 소수인종언어의 사용가능성
국어	• 소수인종 어린이와 성인이 공식 언어를 배울 수 있는 가능성
종교	• 종교의 자유
법적 지위	• 비국적자의 상황 • 이주지역에서 시민권/국적을 획득할 수 있는 가능성 • 이중국적 허용 여부 • 인종적 소수집단을 위한 특별 지위 존재 여부 • 소수인종집단이 자신들의 집단을 조직할 권리 • 문화적 표현의 자유

교육	• 교육기회의 평등 • 소수인종집단 출신 학생의 관점과 경험에 배치되지 않는 교육내용
고용	• 차별 없이 일할 수 있는 가능성 • 능력과 숙련에 대한 인정 • 직업훈련을 받을 수 있는 가능성
의료/복지서비스	• 의료복지에 대한 정보 접근 • 소수자의 문화적 관습에 위배되지 않는 서비스
주택	• 차별 없이 적절한 주거지에 접근할 수 있는 가능성
인종주의/차별	• 인종차별의 부재 • 차별적 관습의 부재
국가정체성	• 국가정체성 속에 인종적 소수자의 자리
정치적 대변/자율권	• 정책결정과정에 인종적 소수자의 참여

자료 : Inglis(1996: 35-36). 여기서는 홍기원(2009: 25)에서 재인용함.

로그램을 기존 활동에 새로운 사업으로 추가하면서 다문화주의가 민간영역에서도 확산되었다.

시민/국민으로서 누릴 수 있는 정치, 경제, 사회, 문화적 권리를 취득하고 향유하는 데 인종과 민족이 차별의 근거가 되지 않는 사회가 다문화사회이며 다문화주의는 이를 견인해 가는 이념이다(김혜순, 2008: 40). 다문화정책이란 한 사회 내 다양한 인종이나 민족집단들의 문화를 단일한 문화로 동화시키지 않고 서로 인정하고 존중하면서 공존한다는 다문화주의와 그것을 실현하고자 하는 정부 정책과 프로그램을 의미한다(윤인진, 2008: 73). 다문화정책의 이슈들은 언어를 포함하여 종교, 법적 지위, 자율권 등 여러 측면에 걸쳐 있다.

2) 결혼이주여성의 상황과 담론

농촌의 저소득, 저학력, 고연령 남성의 국제결혼에 대한 관심과 수요가 높아지자 국제결혼이 크게 증가하고 결혼 중개를 통한 국제결혼도 증가하였다. 외환위기와 구조조정, 실업, 지역경제의 침체 등으로 계층 간 격차가 확

참고자료 12-2

자기주도적 성장의 주체로서의 통합 욕구

한국 사회의 적응과 통합을 위해 시작된 다문화 프로그램에 참여하면서 이들은 집단적 비판의식을 형성하게 되었고 이 과정에서 도움 받아야 할 통합의 대상이 아니라 주체적인 국민국가의 구성원으로 통합되고 싶은 의지를 키우고 있다. 즉 의존적인 통합의 대상으로부터 자기주도적 성장의 주체가 되고 싶은 욕구를 보여주고 있다. … 이들이 국민국가의 동등한 구성원으로 통합되는 것을 방해하는 걸림돌로 꼽은 것은 결혼이주여성에 대한 정책이 이들을 '의존적 대상'으로 상정하고 있다는 것이다. 이들은 다양한 다문화 프로그램에 참여하면서 한국 사회가 자신들이 동등한 구성원으로 통합될 수 있는 방법이 아닌 영원한 약자, 주변인으로 머물게 하는 정책을 쓰고 있다고 비판한다. 즉 자기주도적으로 성장할 수 있는 방법을 가르쳐 주는 것이 아니라 도움에 의존하는 것을 당연시 여기게 만드는 방법만 제공하고 있다고 지적한다.

자료 : 민가영(2011: 97).

대되었고 국내 결혼시장에서 배우자를 찾지 못한 남성들이 국제결혼의 주 수요층이 되었다. 그러나 결혼중개과정에서 허위, 과장 정보의 제공으로 인한 남녀 결혼 당사자들이 피해를 입는 예가 늘어나고 있다. 또한 상업적인 국제결혼이 갖는 문제점은 이주여성에게서 가족에 대한 헌신과 인내를 강조하는 과거 한국 사회의 전통적인 여성상을 기대한다는 것이다.

이주여성은 여성으로서의 차별과 이주민으로서의 차별을 동시에 경험하는 이중적인 차별의 대상이 된다. 부계 중심적인 한국의 가족구조에서 여성은 남성보다 낮은 위치를 차지하고 있는데, 여기에 더하여 이주여성은 한국인이 아닌 외국인 혹은 이주민으로서 여러 가지 차별을 경험하는 것이다.

정책은 결혼이주자를 사회 안으로 통합한다고 하지만 역설적으로 사회통합의 담론 안에서 이주자의 열등성과 부족함이 강조되고 있으며 불완전한 시민권을 가진 타자로서 호명된다. 결혼이주여성은 다양한 정책서비스의 수혜자처럼 보이지만 다른 한편 국적 취득 이전의 초기 생활에서 아무런 공적 지위를 갖지 못한 채 타자화된 존재라는 모순적 지위에 있다(김혜순, 2008). 또한 이주여성에 대한 전형적인 태도는 이들을 무력한 '희생자'로 보는 온정주의적 시선이다. 결혼이주여성 담론은 성격은 "부계 부권의 가족 중심주의, 외국인의 타자화와 온정적-시혜적 대상화, 단일민족주의와 (순)혈통주의"(김혜

참고자료 12-3

결혼이주여성 관련 기사의 내용 분석

- 불쌍하고 어린 부녀자 : 불쌍할수록 조명받는다.
  : 한국말도 제대로 못하는, 학습부진과 왕따로 소외되는 불쌍한 '코시안'
  : 속아서 팔려 온, 매 맞는 결혼이주여성
- 가족 해체시대에 새롭게 강화 · 유지 · 부활되는 '가족'
  : 전통적인 가족관계를 훌륭히 이어나가는 어머니, 며느리, 살림꾼, '복덩이'
- 지리적 · 시간적 '타자'에 대한 연민과 향수 : 지나온 유년시절과 고향
  : "우리도 못살던 시절, 돈 벌러 고향 떠난 여자들"(누이)
  : 멀리 떨어진 '이국' 출신 강조
- 결혼이주여성의 타자화/유아화 : '우리'와 멀수록, 약할수록 부각시킴
  : 못 사는 나라에서 집안을 위해 팔려 온 '어린' 신부
  : (도시가 아닌) 농촌의 결혼이주여성
- 농촌, 민족의 고향과 전원의 푸근함, 그곳을 지켜주는 사람들
  : 집안은 물론 마을 궂은 일도 도맡아 하는 '또순이', '억척 며느리'
  : 마을의 '복덩이', 아이 울음소리에 신난 동네어른들
- 아무 것도 않는 또는 제대로 못하는 정부와 고군분투하는 민간단체
  : 더 많은, 더 빠른, 더 전폭적인 지원과 관심이 없다.
  : 지원도 없이 희생적으로 일하는 민간단체
- 단일민족주의와 혈통주의의 한국을 다문화사회로 : 온정적이고 시혜적인 지원 강조
  : (누구라고 특정하지 않은 상태의) 구제자인 '우리', 우리 사회
  : 정부와 사회의 조그만 관심에도 즐거워하는 이들

자료 : 김혜순(2008: 51-52).

순, 2008: 58-64)의 성격을 갖고 있으며 "결혼이주여성이 '취약한' 집단이며 이들이 한국 사회와 가족관계에 적응할 수 있는 특별한 보호가 필요하다는 암묵적 전제"(황정미, 2015: 2)가 내포되어 있다.

실제로 이들은 경제적 · 정서적으로 어려움에 처해 있는 것이 사실이다. 결혼이주여성은 경제적 문제와 취업, 의사소통, 시집식구들과의 갈등 등 어려움을 겪고 있으며(전현영, 2012) 성적 학대와 인격모독, 가정폭력, 엄격한 생활통제 등 인권침해 현상도 나타나고 있으며 사회적응문제, 한국사회의 편견과 차별 등으로 어려움을 겪고 있다(김상찬 · 김유정, 2011; 정도희, 2012; 백창환 · 박만원, 2014). 그러나 이들을 단지 희생자로 보는 것은 이들을 우리와는 다른 타자로 주변화하는 또 하나의 편견이 된다. 결혼이주여성은 달리 결혼하기 어려운 한국 남자와 결혼해 주고 한국에 정착해 한국 가족을 만들고 다음 세대 한국인을 낳고 키운다는 부계부권가족주의와 국가주의를 기반으로 관심과 지원의 대상이 되었고(김혜순, 2008; 황정미, 2009) 언론 등의 피해자 담론은 온정적 · 시혜적 정책 기조를 만드는 데 기여했다.

TV 프로그램 검토를 통해 대중매체가 생산하는 이주여성 재현의 사회적 의미를 살펴본 연구(권금상, 2013)에서도 이주여성에 대한 사례들이 다양한 이야기와 담화로 채워지지만 이주여성을 타자화된 틀 속에 고정시키고 있으며 재현 체계를 통해 가부장제를 승인하는 동화의 가치를 강조한다는 점을 지적하고 있다.

3 결혼이주여성과 다문화가족정책

한국의 정책은 주로 결혼이민자와 그 자녀를 중심으로 한 '다문화가족 지원'에 집중되어 있다. 결혼이주여성은 다른 이주여성집단보다 적극적으로 정

그림 12-1 제2차 다문화가족지원정책 기본계획 비전 및 목표

비전: 활기찬 다문화가족, 함께하는 사회

목표
- 사회발전 동력으로서의 다문화가족 역량 강화
- 다양성이 존중되는 다문화사회 구현

정책과제(86)

정책과제	
다양한 문화가 있는 다문화가족 구현(7)	1-1. 상대방 문화 · 제도에 대한 이해 제고 1-2. 쌍방향 문화교류 확대 및 사회적 지지 환경 조성
다문화가족 자녀의 성장과 발달 지원(15)	2-1. 다문화가족 자녀의 건강한 발달 지원 2-2. 한국어 능력 향상 2-3. 학교생활 초기적응 지원 2-4. 기초학력 향상 및 진학지도 강화 2-5. 공교육 등에 대한 접근성 제고
안정적인 가족생활 기반 구축(16)	3-1. 입국 전 결혼의 진정성 확보 3-2. 한국생활 초기 적응 지원 3-3. 소외계층 지원 강화 3-4. 피해자 보호
결혼이민자 사회경제적 진출 확대(16)	4-1. 결혼이민자 일자리 확대 4-2. 직업교육훈련 지원 4-3. 결혼이민자 역량 개발 4-4. 사회참여 확대
다문화가족에 대한 사회적 수용성 제고(21)	5-1. 인종 · 문화 차별에 대한 법 · 제도적 대응 5-2. 다양한 인종 · 문화를 인정하는 사회문화 조성 5-3. 대상별 다문화 이해 교육 실시 5-4. 학교에서의 다문화 이해 제고 5-5. 다문화가족의 입영에 따른 병영 환경 조성
정책추진체계 정비(11)	6-1. 다문화가족 지원대상 확대 및 효과성 제고 6-2. 다문화가족정책 총괄 추진력 강화 6-3. 국가 간 협력체계 구축

자료 : 여성가족부(2015d: 21).

책대상으로 인식되었는데 정부는 국제결혼을 통하여 형성된 가족을 다문화가족으로 지칭하고 이들에 대한 지원정책을 확대해 왔다. 다문화가족에 대한 사회적 관심과 정책 수요가 크게 증가하면서 결국 2008년에 다문화가족에 대한 다양한 지원의 법적 근거와 체계적 추진을 위하여 〈다문화가족지원법〉이 제정되었다. 이 법에서 다문화가족은 출생 및 인지에 의하여 한국 국적을

그림 12-2 가족 서비스 전달체계

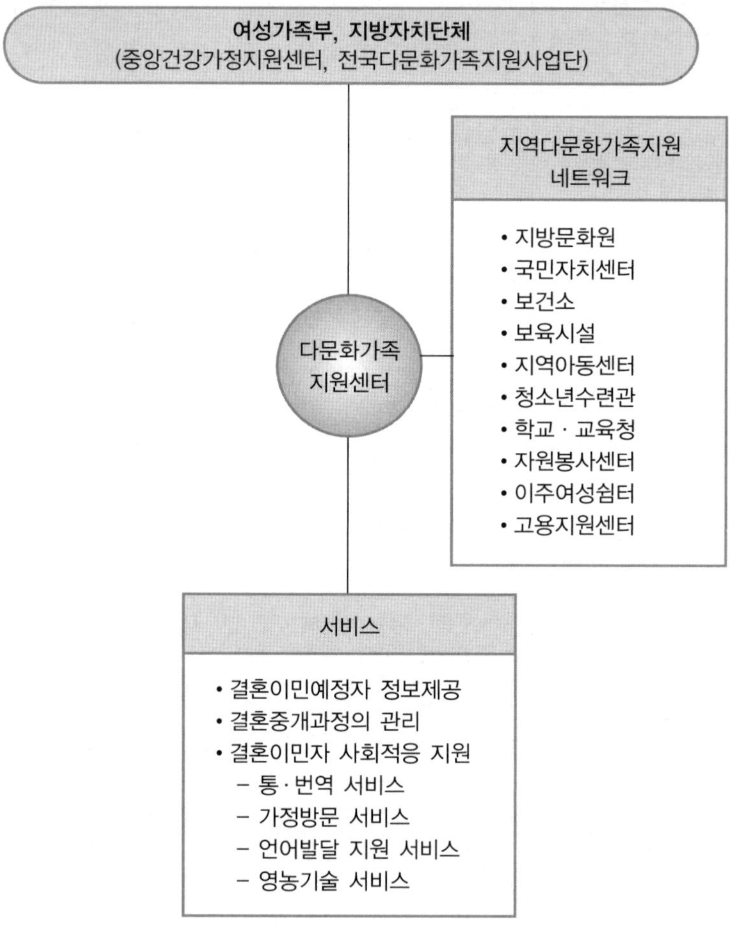

자료 : 여성가족부 홈페이지(http://www.mogef.go.kr)(2015).

취득한 사람과 결혼이민자로 이루어진 가족이 해당된다.

본격적 차원의 정책은 2005년부터 여성가족부, 문화체육관광부(당시 문화관광부) 등에서 여성결혼이민자를 대상으로 한국어 교육, 생활적응 지원사업 등이 추진된 것이 계기가 되었다. 2006년에는 범부처 종합계획 성격의 '여성결혼이민자 가족 및 혼혈인 · 이주자 사회통합 지원방안' 이 수립되면서 정책의 기본적 축이 갖춰지기 시작했다. 이를 계기로 다문화가족 지원에 특화된 서비스 기관인 다문화가족지원센터도 설치되었다. 〈재한외국인처우기본법〉과 〈다문화가족지원법〉등 관련법이 제정되고 시행되면서 정책기반이 확고해졌다. 부처별 사업을 조정하고 심의하는 외국인정책위원회, 다문화가족정책위원회 등도 설치되었다.

2008년 〈다문화가족지원법〉 제정의 기반하에 2009년 다문화가족정책위원회가 설치되고 2010년 '다문화가족지원정책 기본계획(2010~2012)', 이어서 '제2차 다문화가족지원정책(2013~2017)이 시행되고 있다.

'제2차 다문화가족지원정책 기본계획(2013~2017)' 에 의하면 결혼이주여성과 관련된 정부기관은 여성가족부 및 국무총리실을 비롯하여 교육부, 법무부, 행안부, 문화부, 농식품부, 복지부, 고용부, 국방부, 외교부, 경찰청, 방통위, 법원으로 총 13개 중앙행정기관과 법원 및 지방자치단체가 관여하고 있다. 다문화가족지원센터는 결혼이민예정자 정보제공이나 결혼중개과정의 관리, 결혼이민자 사회적응 지원 등을 하고 있는데 전국적으로 계속 증가해서 2006년 21개소에서 2014년 현재는 217개이다.

〈표 12-2〉 전국 다문화가족지원센터의 설치개소 : 연도별 증가추이 (단위 : 개)

연도	2006	2007	2008	2009	2010	2011	2012	2013	2014
설치 개소	21	38	80	100	159	200	206	214	217

자료 : 차성란 · 정영금 · 정지영 외(2015: 136).

그동안의 다문화정책은 한국사회에의 동화적 적응을 지원하는 통합정책 측면이 강했다고 평가된다. 주로 한국어 교육과 사회적응 관련 프로그램이 대다수를 차지하고 있었으며 부처 간 경쟁적인 다문화정책의 실행으로 정책의 중복 현상이 나타나기도 했다. 정부부처 간 예산확보 경쟁, 사업의 비효율성과 중복성 등이 문제점으로 지적되고 있다(김혜순, 2008).

또한 결혼이주여성에 대한 정부의 정책은 결혼이주여성 개인에 대응하기보다는 다문화가족 유지를 위한 것이었다(송형주, 2014a). 다문화가족정책의 방점은 무엇보다 이들의 가족형성 및 유지 지원에 초점을 만들고 있다. 한국의 다문화가족정책을 국가의 기획된 “다문화가족 만들기”(조현상, 2013)로 평가하는 것도 이 때문이다.

〈다문화가족지원법〉은 합법적 결혼이주자로 지원범위를 한정하면서 결혼이주자를 대상으로 한국 역사, 한국어, 결혼, 양육과 관련한 상담을 주로 지원을 하는 동화교육을 일차적 목표로 삼고 있다. 다문화정책의 주요 대상이 결혼이주자들과 자녀들이며 결혼이주자의 경우 가족 유지와 아동양육에 주로 초점이 맞추어져 있다. 이러한 정책은 구체적 삶의 현장에서 벌어지는 이주민의 경험을 반영하지 못하여 성별화된 국민통합의 통치기술로서 사회재생산 기능의 성격을 지니고 있음을 보여준다(민가영, 2011: 84). 결혼이주여성을 지원하는 정부정책 안에서 이주여성은 차별적 시민으로 타자화되고 있다.

4 결혼이주여성 : 정책의 방향과 과제

이민자의 사회통합은 장기간에 걸쳐 제기되는 다양한 과제에 대응해 가는 역동적 과정이다. 결혼이주여성과 관련한 다문화정책에 내재된 “국가가부장성, 관료적 확장주의, 피해자 담론”(김혜순, 2014: 337)을 해체하고 성인지성이 결합된 종합적인 정책이 필요하다.

1) 결혼이민자의 정착 진전을 위한 종합 지원체계 확립

지금까지의 정책들이 주로 초기 정착을 위해 필요한 언어적 · 문화적 적응을 지원하는 방향으로 설계되었다면 향후 정책방향은 초기 적응단계 이후에 대한 본격적 개입에 둘 필요가 있다. 이를 위해서 공공 서비스 차원에서 결혼이민자 개개인이 자신의 정착 수준을 객관적으로 파악하고 앞으로의 과정을 예측하며 개인적, 가족적 상황을 고려해 정착목표와 진로를 설정하는 기회를 제공할 필요가 있다. 현재와 같은 시혜적인 지원이 아니라 단계적으로 세분화된 정책 지원과 이에 대한 근거 법제의 정밀한 확립이 필요하다(정도희, 2012: 45).

그림 12-3 결혼이민자 정착 종합 지원 패키지의 기능

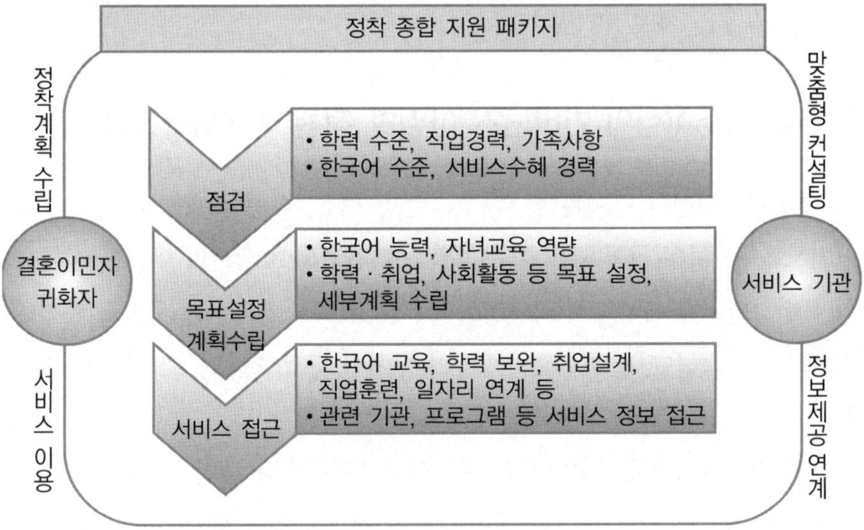

자료 : 김이선 · 이아름(2014: 32).

2) 결혼이주여성의 역량 강화

이주여성들을 단지 정책수혜의 대상으로 수동적으로만 볼 것이 아니라 이들의 역량과 지도력을 개발하여 지역사회활동에도 함께 참여하여 공동체의 일원으로 역할을 할 수 있도록 해야 한다. 결혼이주여성들은 일방적 동화의 대상으로서 통합되는 것이 아니라 능동적인 자기주도적 성장의 주체로서 통합되고자 하는 욕구를 형성하고 있다. 결혼이주여성을 위한 정책의 궁극적인 목표는 이들의 적응 수준을 넘어서서 장기적으로 이들 스스로가 “능동적으로 자기주도적인 성장의 주체”(민가영, 2011: 83)가 될 수 있도록 해야 한다. 이를 위해 이주여성의 출신지나 인종, 종교 등을 바탕으로 커뮤니티를 구성할 수 있도록 돕거나 이주여성들이 중심이 된 단체나 기관 설립을 지원 운영할 필요가 있다. 이들은 결혼이주여성들의 어려움을 누구보다 가장 잘 알고 있고 또 같은 처지의 여성이라는 이유로 정서적 유대감과 동질감을 가지고 있기 때문에 다문화가정이 갖는 문제를 해결하는 데 있어 사업의 효과성을 높일 수 있다(김경주, 2010: 160-161).

3) 결혼이주여성의 거버넌스 마련과 정책 네트워크 강화

결혼이주여성의 문제는 법, 인권, 복지, 여성, 아동, 교육, 노동, 다문화, 시민사회 등 여러 영역에 걸쳐 광범위하게 관련되어 있으며 이들이 한국 사회에 건강하고 조화롭게 뿌리내리도록 하기 위해서 정책 네트워크를 통한 거버넌스가 필요하다. 결혼이주여성들이 삶에서 형성하는 정책적 욕구를 반영할 수 있는 다양한 의견수렴 창구를 제도화할 필요가 있는 것이다. 이를 위해 중앙과 지방자치단체, 시민단체, 여성인권단체, 언론, 대학, 기업, 종교단체의 유기적인 네트워크를 통한 협력이 필요하다(김경주, 2010: 160-161). 다문화를 통한 사회통합은 어느 정책 목표보다 더 지역의 현장성과 특성의 영향

그림 12-4 지역사회의 주체별 역할

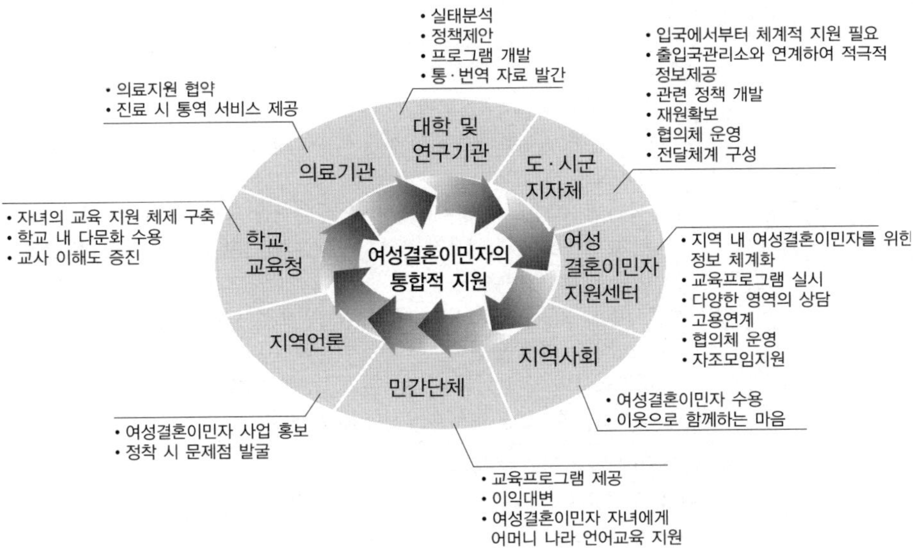

자료 : 심인선 외(2008: 162).

을 받기 때문에 지역에 삶과 활동의 터전을 둔 주민, 단체와의 협력이 중요하다. [그림 12-4]는 지역사회의 주체별 역할을 보여주고 있다.

4) 결혼이주여성들 간의 차이를 반영하는 정책의 필요성

결혼이주여성들은 다문화 프로그램이 전체 결혼이주여성들을 동질적 집단으로 상정하고 있다는 점을 지적한다. 초기 단계의 적응을 위한 프로그램뿐 아니라 이주 기간이 어느 정도 지난 경우를 위한 프로그램도 필요하다는 것이다. 한글 교실, 컴퓨터, 요리 교실 등 한국사회 적응에 필요한 최소한의 것들을 알려주는 프로그램들이 별반 차별화 없이 시행되고 있는데 결혼이주자들이 성장하는 속도에 따라서 프로그램도 함께 성장해야 한다. 이처럼 국적, 계층, 이주기간, 가족형태, 적응의 정도 등 결혼이주여성 내부의 차이를 고려한 다양한 정책들이 마련되어야 한다.

〈부록 12-1〉 다문화가족지원법과 국적법

<table>
<tr><td>다문화
가족지원법</td><td>제2조(정의)
이 법에서 사용하는 용어의 뜻은 다음과 같다. 〈개정 2011.4.4.〉
1. "다문화가족"이란 다음 각 목의 어느 하나에 해당하는 가족을 말한다.
가. 「재한외국인 처우 기본법」 제2조 제3호의 결혼이민자와 「국적법」 제2조부터 제4조까지의 규정에 따라 대한민국 국적을 취득한 자로 이루어진 가족
나. 「국적법」 제3조 및 제4조에 따라 대한민국 국적을 취득한 자와 같은 법 제2조부터 제4조까지의 규정에 따라 대한민국 국적을 취득한 자로 이루어진 가족
2. "결혼이민자 등"이란 다문화가족의 구성원으로서 다음 각 목의 어느 하나에 해당하는 자를 말한다.
가. 「재한외국인 처우 기본법」 제2조 제3호의 결혼이민자
나. 「국적법」 제4조에 따라 귀화허가를 받은 자</td></tr>
<tr><td>국적법</td><td>제2조(출생에 의한 국적 취득)
① 다음 각 호의 어느 하나에 해당하는 자는 출생과 동시에 대한민국 국적(국적)을 취득한다.
1. 출생 당시에 부 또는 모가 대한민국의 국민인 자
2. 출생하기 전에 부가 사망한 경우에는 그 사망 당시에 부가 대한민국의 국민이었던 자
3. 부모가 모두 분명하지 아니한 경우나 국적이 없는 경우에는 대한민국에서 출생한 자
② 대한민국에서 발견된 기아는 대한민국에서 출생한 것으로 추정한다.

제3조(인지에 의한 국적 취득)
① 대한민국의 국민이 아닌 자(이하 "외국인"이라 한다)로서 대한민국의 국민인 부 또는 모에 의하여 인지된 자가 다음 각 호의 요건을 모두 갖추면 법무부장관에게 신고함으로써 대한민국 국적을 취득할 수 있다.
1. 대한민국의 「민법」상 미성년일 것
2. 출생 당시에 부 또는 모가 대한민국의 국민이었을 것

제4조(귀화에 의한 국적 취득)
① 대한민국 국적을 취득한 사실이 없는 외국인은 법무부장관의 귀화허가를 받아 대한민국 국적을 취득할 수 있다.
② 법무부장관은 귀화허가 신청을 받으면 제5조부터 제7조까지의 귀화 요건을 갖추었는지를 심사한 후 그 요건을 갖춘 자에게만 귀화를 허가한다.</td></tr>
</table>

자료 : 김영주(2014b: 208-209).

〈부록 12-2〉 다문화정책 관련 소관부처와 사업내용

구분	사업명	내용	프로그램
법무부	대상 : 외국인 • 외국인 사회통합지원 • 사회통합이수제	• 외국인정책 기본 계획 및 시행계획 수행 · 총괄 • 중앙행정기관 · 지방자치단체의 외국인정책 협의 · 조정 • 사회통합프로그램 관련 중앙 · 지자체 등 관련 기관 업무협조 • 다문화의 이해증진 시책	• 관내 거주 결혼이민자에 대한 체류민원, 국적민원서류 접수대행 서비스 제공 • 행복드림 Happy Start(결혼이민자들의 한국어 교육 및 한국사회 이해 교육 같은 조기정착 지원을 위한 사회통합프로그램) 등 프로그램을 시행, 확대 운영 • 매년 5월 20일 세계인의 날 (Together Day) 지정 • 지역별 특성에 맞는 다양한 기념행사 개최
여성가족부	대상 : 다문화가족, 결혼이민자 • 이주여성 보호 및 폭력피해 예방 • 결혼이민자 취업지원	• 다문화가족에 대한 지원 • 가족폭력 등 피해여성 보호 · 지원	• 국제결혼중계업체 관리 • 한국인 배우자 교육 • 한국생활 정보제공 및 상담 • 한국어 교육 및 임신출산 지원 • 종합정보제공 및 통·번역 서비스 • 여성결혼이민자 가정폭력 전용시설 운영 • 여성이민자를 위한 1366 긴급지원 콜센터 운영 • 위기개입, 가족통합 교육 • 아동양육 지원 • 취업역량 강화와 취업연계
행정자치부	대상 : 외국인 • 결혼이민자 친정부모 초청 • 다문화정착 지도자 교육 • 취업안내 교육 • 외국인 주민 집중거주지역 생활안정 지원	• 지자체 외국인 주민 정착 지원 시책추진 • 다문화 지역사회의 발전을 위한 자치단체시책 지원 • 외국인 주민의 지역사회 참여 촉진 방안연구	• 다문화가정 가족 간의 화상 상봉 • 주민등록법 시행규칙 일부 개정령 • 정보격차 해소 종합계획 및 시행 프로그램
보건복지부	• 다문화가족 지원 • 다문화가족지원센터 지원	• 외국인 및 재외국민 건강보험 지원 • 외국인 및 노숙자 등에 대한 무료진료 사업	• 양육 지도사 및 결혼이민자 무료진료, 의료 지원 • 예방접종 • 국민기초 생활보장

보건 복지부	• 다문화 가족 언어·교육 지원 • 국제결혼중개업·결혼이민자 정착 사업 • 다문화 농촌 정착 지원		• 긴급복지(생계, 의료지원) • 저소득층 자활근로사업 참여, 급여 지급
문화 체육 관광부	• 다문화사회 한국어 교육 진흥 • 다문화가족 한국어 교원양성 및 한국어 개발 • 다문화가족 자녀대상 한국어 방문 학급교재 개발 • 한국어 교육 다각화 • 다문화 도서관 조성 및 프로그램 지원 • 이주민 문화적응, 교류 지원 • 다문화사회 환경조성 등	• 이주노동자 문화적 지원사업 추진 • 외국노동자, 결혼이민여성 대상 언어교실 운영	• 문화교육 지원 프로그램 개발, 실시 • 농촌지역 가정방문 한국어 교육 실시 • 한국어 교재개발 및 요리, 육아 관련 생활정보 제공
교육부	• 학교 다문화 교육역량 강화(다문화가정 자녀 교육 지원) • 근로장학금 지급 • 시도교육청 맞춤형 교육 지원	• 외국인 근로자, 결혼이민자 자녀의 학교교육 지원 • 외국인 유학생 유치정책 수립추진	• EBS 한국어 교육방송 프로그램 제작 • 지역 인적 자원 개발사업 • 다문화가정 방과 후 프로그램 홈페이지 구축, 교육자료 제공 • 다문화가정 자녀 상담교사 지정 • 유아를 위한 다문화 이해 자료개발 보급 • 한국어, 한국문화 교육과정 개설 • 다문화, 다민족 교육요소가 반영된 교육과정 개발 • 대학생 멘토링 • 불법체류 자녀 교육권 보장

농림축산식품부	• 농촌결혼이민자 영농교육지원	• 농업 관련 기관과 사업 연계를 통한 지원효율화 극대화	• 양육지도사 및 한국어 교사 파견 • 교육도우미를 통한 방문과 소그룹 형식의 교육 및 상담실시 • 출산농가도우미, 농업인 영유아 양육비 지원 • 산하기관을 통한 영농교육, 생활예절 및 문화교육, 요리강습, 결연사업 추진
고용노동부	• 결혼이민여성의 취·창업 지원	• 취업 지원 : 고용노동부 고용지원센터를 통해 훈련 상담, 구직 등록의 절차를 거침	• 결혼이민자 진로설계 지원 프로그램 용역 • 결혼이민자 취업 지원 민간위탁

자료 : 김기홍 · 허태영 · 황명진(2011: 56-57). 여기서는 송형주(2014a: 98-99)에서 재인용.

지방화와 여성정책

제 13 장

1. 지방화와 여성
2. 지역여성정책의 현황과 문제점
3. 사례 : 경남여성정책의 흐름
4. 지역여성정책의 활성화를 위한 방향과 과제

1 지방화와 여성

지방화는 사회의 중심이 중앙에서 지방으로 분산되어 나가는 것이며 지방화 시대에는 중앙의 권력이 아닌 지방의 자율과 자치가 중요해진다. 여성정책의 측면에서도 지방화는 중요한 의미를 갖는다. 정책의 목표가 되고 있는 여성문제 해결의 구체적 내용이 지역마다 다를 수 있기 때문이다. 지방자치단체의 여성정책은 여성 관련 제반 조례와 계획에 의해서 지방자치단체가 공식적으로 수행하는 정책이라 할 수 있다. 지방자치는 중앙 차원의 여성주의적 정책 네트워크를 통해 제도화되었던 과정들이 지방 수준으로 위임됨을 의미한다. 여성의 이해를 반영하는 제도의 마련이 지역여성계가 독자적으로 풀어나가야 할 과제가 되는 것이다.

지방자치는 자치단체장이 지역정책에 대한 최고결정자가 됨으로써 단체장의 여성의식과 여성문제에 대한 관심이 지역여성정책의 발전에 중요한 요소가 되고 지방의원이 사업안과 예산, 정책집행결과를 평가하게 되면서 여성정책 결정과정에 주체로 포함된다(김원홍 외, 2009: 17-23). 이렇듯 지방자치단체 내에 독자적인 정책의 입안과 집행, 평가 체계가 이루어지면서 지방의 여성업무 역시 단순한 행정기능에서 탈피하여 복합적인 정책과정을 통해 추진된다(공선영 외, 2008: 18).

한국은 경제, 사회, 교육, 문화 등 모든 부문에 있어 지역 간의 차이가 크며 이러한 지역 간의 차이는 여성문제에 대한 인식과 여성정책에 있어서도 차이를 가져온다. 오랫동안 지방은 서울 중심의 중앙집권적 발전과정에서 주변적인 위치에 있었으며, 여성은 사회발전의 중심에서 배제와 차별을 경험하면서 주변적인 존재로 살아 왔다. 지방화 과정에서 성 주류화가 달성되지 않는다면, 지역여성들은 이중의 소외과정을 겪을 수밖에 없게 된다. 또한 지방

사회에는 전통에 깊이 뿌리박고 있는 성에 기인한 사회구조적 차별과 편견이 더 심각하므로 지방에서의 여성정책은 더욱 필요하다. 이제 지방자치제도의 발전과 함께 지방행정에서도 각 지역의 특수성과 지역여성의 절실한 요구에 바탕을 둔 여성정책이 수행됨으로써 지역여성의 삶의 현장이 평등실현의 장이 되도록 해야 한다.

지방자치제도의 정착과 함께 지방에서 중요한 정책을 결정할 때 여성의 이익이 고려되어야 하며 지방정치에서도 여성정책의 중요성이 인식되어야 한다. 여성과 남성에게 동등한 발전과 삶의 기회를 가능하게 할 수 있는 여성정책이 주요 과제로서 다루어져야 한다.

2 지역여성정책의 현황과 문제점

한국의 경우 부녀복지에서 출발한 요보호자 중심의 잔여적 복지모델에서 일반 여성을 대상으로 한 여성정책으로 확장되어 왔다. 이 같은 여성정책의 환경변화로 지방자치제 실시 이후 여성복지 관련 업무에 치중하던 광역자치단체들이 여성정책 관련 조직을 개편하고 지역여성정책에 성 주류화를 추진하기 위한 성인지적인 관점을 적용하기 시작하였다. 이러한 성인지적인 관점의 등장으로 지역의 여성업무에 새로운 변화가 일어났다. 이전의 여성행정부서가 중앙정부의 지시사항이나 시달된 지침에 의해 일방적이고 수직적으로 시행하여 오던 정책들이 지역여성정책의 요구에 의해 수립된다는 점이다. 지방자치제의 실시로 지방정부는 공공서비스의 집행자에서 정치제도로서의 정체성 변화를 겪게 되었으며 여성이 단순히 공공서비스의 대상자 일반에서 시민의 반을 대표하는 여성유권자로서 인식되기 시작한 것이다.

그러나 여전히 대부분의 관료조직 내에서 여성 부서와 인력, 그리고 여성

업무는 주변화된 위치에 놓여 있고 여성문제는 비가시적이고 비정치적인 영역으로 남아 있다. 지방 조직에서 여성정책은 평등 의제를 반영하는 구체적인 정책으로 부각되지 못하고 있다. 지방에 도입된 성인지적 관점은 여성정책의 상징적인 목표나 표면적인 과제의 명칭에만 일부 반영되어 있을 뿐 정책내용이나 집행과정에 실질적인 영향을 미치고 있지 못하다는 평가가 현실적이다. 여성정책의 대상으로서의 여성집단에 대한 관심은 높아지고 있으나 성 주류화와 여성정책에 대한 이해나 구체적 · 효과적인 정책조치는 관심도에 비해 상대적으로 부족한 편이다. 현재 정부의 각 영역에서 성 주류화를 실현해야 한다는 원칙은 세워졌지만 아직 지역수준에서는 미흡하다.

지역여성정책은 여성과 여성문제를 인식하는 다양한 관점들이 각축하는 장이며 어떠한 관점이 정당성을 확보하는가는 정치적인 과정을 통해 이루어진다. 지방자치시대를 맞아 여성정책은 '위기와 기회' 속에 놓여 있다. 여성정책 관련 주체들이 적극적으로 지역여성들의 요구를 반영할 수 있는 기제를 개발하고 지방자치단체장과 지원 · 협력 관계를 가진다면 본격적인 지방자치는 기회의 요인으로 작용할 수 있으나 그러지 못할 경우에는 다른 여타 정책들 속에 여성정책이 묻혀 버릴 것이다. 그러므로 지역여성들이 적극적으로 개입하여 성인지적 관점에서 지방자치를 검토하고 대안을 제시하는 것이 필요하다.[1]

지방자치단체 여성정책의 성격은 누가 여성정책을 담당하고 있으며 자치단체장의 의지가 어떠한가에 따라 많이 좌우된다. 지방자치단체마다 여성정책을 수용하고 실행하는 데 있어서 역량이나 제도적 환경이 다르기 때문에 지방자치단체 여성정책의 특성을 일반화할 수는 없다. 그러나 중앙정부의 여성정책이 성 주류화 전략에 의해 추진되고 있는 데 반해 지역의 지방정부에

1) 지방자치와 지역여성의 전망과 관련한 전반적인 지역여성정책의 형성과 전개, 성격과 과제에 대해서는 필자의 책(이혜숙, 2012a: 2, 3장)을 참조.

서는 성 주류화 정책의 주요 키워드라 할 수 있는 '젠더', '성 주류화', '성 인지적 관점'과 같은 용어들이 성평등에 대해 가지는 의미와 의의가 정책담당자들 사이에서 깊이 있게 공유되고 있지 못하다고 평가된다(공선영 외, 2008: 666).

여성 관련 지역 현황을 살펴보면 지역여성발전을 위한 법, 제도의 기틀 마련을 위해 여성발전계획이 수립·집행되고 전문 연구기관이 설립되었으며 정책 평가과정에 성 인지적 관점이 도입되고 있다(박재규 외, 2009; 김경희b 외, 2008; 신두섭 외, 2008; 민말순 외, 2010; 부산여성가족개발원 성별영향분석평가센터, 2010). 그러나 지역여성들의 본래 고유한 관심과 적극적인 참여가 결핍된 상황에서 수립된 지역의 여성정책들은 지역의 특수성을 반영하지 못한 채 중앙의 그것과 대동소이할 수밖에 없다. 지방자치제의 실현에도 불구하고 지역은 중앙정부 여성정책의 하위정책으로서만 기능하는 것이다(임우연, 2008). 실제로 지방자치단체 여성정책은 "보수성과 고립화, 복지정책과의 동일시 및 젠더 지형의 비가시화, 성평등 관점의 부족과 도구적 기능의 강화, 추진 주체의 취약성의 문제"(신경아, 2006: 135-136)를 가지고 있다.

지역여성정책의 종합계획 수립은 중앙과 지역, 두 차원의 연관성을 유기적으로 검토하는 것이 필요한데 실제로 중앙과 지역여성정책의 병렬적 구조는 지역여성정책 집행의 효율성을 떨어뜨린다. 결국 성 주류화가 아직은 지방자치 구조 속에서 독자성을 획득하지 못한 채 제도화의 시행착오를 경험하고 있으며 이를 둘러싸고 많은 제한과 성불평등의 구조가 형성되어 있다(임우연, 2008). 또한 개념과 원리, 가치들이 충분히 논의되기 전에 여러 가지 세부계획과 프로그램이 시행되고 있다. 이처럼 지역의 특성은 성 주류화 실현의 불확실성을 보여주고 있어 실효성 있는 지방정부 단위의 여성정책 수립과 이를 실천할 수 있는 여건 조성이 시급한 실정이다.

우선 지역의 성 주류화 현황을 살펴보면 종합적인 계획으로 여성 관련 법 및 중장기계획, 여성발전기본조례(혹은 성평등기본조례 등), 여성발전기금의 운영, 지역여성정책의 추진체계, 조례 등을 포함한 여성정책 관련 법제 등을 들 수 있다. 여성발전기본조례는 본래 정책의 실행단위가 되는 지방자치단체 수준에서 장기적인 여성정책계획, 목표설정, 예산집행, 평가가 유기적으로 이루어질 수 있도록 함으로써 지속적인 여성발전과 지방정부의 여성정책에 대한 의지를 가속화할 수 있는 제도적 장치이다.

1995년 지방자치제도의 실시와 더불어 지방자치단체의 조례에 의해 행정조직을 신설하고 개편할 수 있는 권한이 지방정부에게 주어졌다. 여성부서의 개편은 자치단체장의 주도로 이루어졌는데 자치단체장은 여성정책을 부서 명칭으로 사용함으로써 지역여성 업무의 새롭고 발전적인 이미지를 기대하고자 하였다. 여성정책담당 조직구성을 보면 여성가족정책관이나 여성가족국이 별도로 있는 곳도 있으나 보건복지 및 가족 관련 업무를 관장하는 부서 안에 여성정책 관련 담당자가 포함되어 있는 경우도 있어서 성 주류화 전략을 추진하는 데 구조적인 한계가 있는 것으로 보인다.

여성정책 담당부서의 문제점으로는 여성정책 담당부서의 인력과 예산이 매우 제한되어 있는 가운데 여성정책만을 전담할 부서가 독립되어 있지 않고 예산도 보육이나 가족, 청소년 등 다른 사업에 집중되어 실제로 여성정책이라고 할 만한 사업 영역을 확보해 가기가 어려운 상황이라는 점이다.

여성정책 담당부서가 설치되어 있는 경우에는 정책개발을 위한 연구와 조사가 주요 업무를 구성하며 이러한 조사 작업의 결과로 지역의 중장기 여성발전계획, 여성백서, 각종 용역연구 보고서 등이 산출된다. 이러한 작업들은 지역여성을 위한 정책개발에 필요한 기초자료를 구축해 가고 있다는 점에서 긍정적으로 평가할 수 있지만 이러한 정책개발의 노력들이 실제 지방 행정조직 내에서 실무로 이어지지 않고 실행력이 없는 경향이 있다. 또한 지역여성정책의 제반사무가 지역적 특성과 별다른 연계 없이 진행되어 추상화되고 불

〈표 13-1〉 지방자치단체 여성 관련 조직

구분	조직구성
서울특별시	여성가족정책실(여성정책담당관, 보육담당관, 가족담당관, 외국인다문화담당관)
부산광역시	여성가족국(여성가족과, 출산보육과, 아동청소년과)
대구광역시	여성가족정책관(여성정책팀, 가족권익팀, 양성평등팀, 보육팀, 아동팀, 다문화팀, 경영지원)
광주광역시	여성청소년정책관(여성정책, 청소년육성, 보육, 가족복지, 저출산아동, 청소년친화도시)
대전광역시	보건복지여성국(복지정책과, 여성가족청소년과, 노인보육정책과, 장애인복지과, 보건정책과, 식품안전과)
인천광역시	여성가족국(여성정책과, 보육정책과, 아동청소년과, 노인정책과)
울산광역시	복지여성국(복지인구정책과, 노인장애인복지과, 여성가족청소년과, 건강정책과, 식의약안전과)
경기도	복지여성실(가족여성담당관, 사회복지담당관, 보육청소년담당관, 보건위생담당관)
강원도	보건복지여성국(복지정책과, 경로장애인과, 여성청소년가족과, 보건정책과, 식품의약과)
충청북도	여성정책관(여성정책팀, 성주류화팀, 여성권익팀, 다문화팀, 청소년팀)
충청남도	여성가족정책관(여성정책, 여성복지, 가족지원, 다문화, 청소년)
전라북도	복지여성보건국(사회복지과, 여성청소년과, 노인장애인복지과, 보건의료과, 건강안전과)
전라남도	여성가족정책관(여성정책, 보육아동, 다문화, 가족복지, 청소년)
경상북도	여성가족정책관(여성정책, 가족복지, 보육아동, 다문화, 청소년)
경상남도	여성가족정책관(여성가족, 여성권익증진, 출산아동, 보육, 청소년, 다문화)
제주특별자치도	보건복지여성국(복지청소년과, 노인장애인복지과, 여성가족정책과, 보건위생과)

자료 : 각 시·도청 홈페이지 참조하여 작성함(2015).

명확해지는 현상이 나타나며 대부분 여성정책의 주요 업무가 여성정책의 홍보와 교육에 집중되어 있어서 여성정책에 대한 종합기획 및 조정이 가능하지 않다는 점이 문제로 지적되고 있다. 또한 지역여성정책 담당공무원의 인력 부족과 전문성 결여도 나타난다. 현재의 보직순환체계로 되어 있는 인사체계로는 성 인지적 관점에서 여성정책을 체계적으로 수행해 나가기가 어려운 구조이다. 여성의 대표성과 관련하여 각 지역별 여성공무원 및 관리직 현황을 살펴보면 하위직 여성공무원의 비율은 매년 늘어나고 있으나 아직도 5급 이상 관리직 여성의 비율은 매우 낮아 여성공무원의 직급 편중이 심각한 것으로 나타나고 있다.

성인지 교육과 관련해서는 광역자치단체별로 성별영향평가, 성인지 예산 관련 교육을 세분화하여 실시하고 있거나 계획 중에 있으나 무엇보다 고위직 공무원의 성인지 교육의 필요성이 지적되고 있다. 아울러 각종 위원회의 위원으로 위촉된 분야별 여성전문가의 성인지력 제고를 위한 별도의 워크숍 형태의 교육이 필요하다는 주장도 제기되고 있다

지역의 성 주류화 현황을 살펴본 연구(한정원 외, 2008: 106)에 따르면 지역에 따라 성 주류화를 위한 제도적 인프라 구축이 우선되어야 하며 여성인적 자원의 개발, 여성의 정치적, 경제적 세력화, 성 주류화의 구체적 사례개발 작업이 중요하게 제기됨을 알 수 있다. 즉 지역의 성 주류화를 추진하기 위해서는 "첫째, 성평등을 정책 목표로 하고 둘째, 성 주류화의 운영 및 감독을 책임지는 기구의 위상과 책무성을 강화하며 셋째, 성 주류화를 위한 구체화된 시행전략을 구상해야 하고 넷째, 행정단위 및 업무에 따른 성 주류화 도구개발 및 조합이 필요하고 이를 적용하기 위한 교육이 뒷받침되어야 하며 다섯째, 자문하는 지식중개인의 역할, 성 주류화를 위한 학문적 젠더 지식을 실제 현장에서 도입할 수 있도록 전환하는 작업을 자문함"(한정원 외, 2008: 106) 등이 필요하다는 것이다.

현재 지역단위에서는 여성정책을 효과적으로 추진할 수 있는 정책환경과 추진체계가 미약한 실정이며 일부 지방자치단체의 여성정책들의 집행 사업

들을 살펴보면 중앙의 여성정책을 그대로 답습하거나 지역의 특성을 정책에 반영하지 못하고 있다. 이는 기초자치단체에서 시행하고 있는 여성정책들이 지역여성들의 욕구를 제대로 반영하지 못할 뿐만 아니라 각 지역의 지역적 특성에 맞는 차별화된 여성정책의 개발과 집행이 이루어지고 있지 못함을 의미한다.

실제로 충남의 경우를 살펴본 연구(임우연 · 안수영, 2012)에 의하면 지역여성정책의 제도 도입 및 기반 형성의 성과와 발전에 비해서 집행이 여전히 형식적으로 추진되고 있으며 성평등 가치 실현이 도정에 충분히 반영되지 않고 있음을 보여준다. 또한 지역의 특수성을 반영하고 지역실정에 적합한 여성의 이해와 요구가 반영된 지역의제가 활발하게 형성되지 않고 있다. 성차별 해소 및 성평등 가치 실현이라는 여성정책의 가치가 비가시화되고 여성이 지역사회 구성원으로 지방자치 실현의 대등한 파트너로서 인식되기보다는 여전히 수혜의 대상으로 제한되어 복지정책 대상의 차원에 머물고 있다.

3 사례 : 경남여성정책의 흐름

경남여성정책의 전개과정을 살펴보면 1995년 〈여성발전기본법〉의 제정, 지방자치제의 본격적 실시가 성인지적 관점으로의 여성정책의 변화를 촉진시키는 정치기회구조의 역할을 하였다고 할 수 있다.

1) 성 주류화 기반

성 주류화는 성평등을 이루기 위하여 젠더 관점이 사회의 전 영역과 모든 정책과제에 통합되는 것을 뜻하는데 성 주류화 실현을 위한 구체적인 전략으로는 법 및 종합계획, 추진기구, 예산, 담당 공무원의 성인지적 관점, 성인지 정책도구, 연구기관, 여성단체 등이 제시되고 있다(김원홍 외, 2004: 14).

지역마다 여성정책 기구 및 정책 업무가 다양한 형태를 가지고 있는데 경남 여성정책 부서의 변화도 중앙 및 지방자치단체의 여성정책 부서의 변화와 그 흐름을 같이한다. 경남의 지역여성정책 담당기구는 1947년 보건후생국 후생과 부녀계의 설치로 시작된 이후 변화를 거듭해 왔는데 2003년 이전까지 여성아동과라는 이름으로 여성복지계, 여성정책계, 아동계의 1과 3담당이었으나 2003년 5월 직제개편을 통해 여성아동과가 여성정책과로 명칭이 변경되었다. 경남은 2010년부터는 조직개편으로 여성가족정책관을 신설하여 여성정책에 대한 종합계획을 추진하고 있다.

시·도별 여성정책 연구기관은 독립형 여성전담연구원, 시·도연구원의 센터 또는 조직의 형태로 구분된다. 경남은 2005년 경남발전연구원 안에 여성정책센터를 만들었고 2008년 여성가족정책센터로 개칭하였으며 현재에는 사회여성연구실로 되어 있는데 인력과 재원이 충분치 못하다. 경남은 여성인력 정보체계 구축을 위해 1998년 『경남여성인명록』을 발간하였고 2004년, 2005년도에는 『경남여성통계연보』를 발간하였으며 2014년에는 『2014 경상남도 성인지통계』를 발간하였다.

2) 경남여성정책의 의제 변화

지역여성정책의 형성과 변화과정은 중앙의 여성정책의 커다란 흐름 속에서 이루어졌지만 지방자치제라는 지역정치 상황의 변화와 맞물려 미약하지만 발전도 함께 해 왔다. 지방자치제 실시로 지방은 중앙정부에서 입안한 정책을 시행하는 행정적인 기능에서 벗어나 정책의 수립과 집행을 직접 담당하는 주체적인 역할을 하게 되었다. 여성정책과 관련하여 지역여성의 참여를 통해 그들의 요구와 필요를 수렴하고 이를 반영하는 정책추진이 가능해진 것이다.

초기 여성정책의 대상은 여성 일반이기보다는 주로 요보호 여성이었으며 여성정책의 접근은 최소한의 인간다운 생활을 유지하기 위한 잔여적 복지접근이었다고 볼 수 있다. 경남의 초기 여성정책도 부녀복지란 이름하에 요보호 여성을 대상으로 최소한의 국고 보조를 하거나 아니면 국가사회의 전체적인 과제에 여성을 동원하는 것을 목표로 짜여지던 여성정책에 그쳤다. 경남은 1997년에 비로서 여성정책이라는 용어를 쓰면서 부녀복지 차원에서 여성문제를 보는 시각에서 여성정책의 개념을 넓혀가기 시작했으며 여성정책의 발전방향을 제시하였다. 2003년에는 『21세기 경남여성정책 마스터플랜』을 통해 경남여성정책의 기초와 지침을 마련하고 '제2차 여성발전기본계획' 을 수립하였으며 성평등한 경남사회의 구현을 위한 10대 과제를 제시하였다(민말순 외, 2003). 2008년에는 『경남여성중기계획(2008~2012)』을 수립하였으며 2015년에는 '제4차 여성정책' 을 수립하였다.

이처럼 경남여성정책의 전개과정을 살펴보면 1995년 〈여성발전기본법〉의 제정, 지방자치제의 본격적 실시가 성인지적 관점으로의 여성정책의 변화를 촉진시키는 정치기회구조의 역할을 하였다고 할 수 있다. 그러므로 지방자치 실시 이전보다 여성정책을 추진할 수 있는 기반체계가 구축되었고, 성인지적 관점에서 '여성발전기본계획' 을 수립한 점, 또한 2008년 경남세계여성인권대회 개최를 계기로 경남여성인권특별위원회를 만든 점 등은 긍정적으로 평가할 수 있다.

2015년 경남여성정책의 기본계획을 살펴보면 정책 여건 및 전망으로 "'여성' 발전에서 실질적 '양성' 평등으로 여성정책의 패러다임 전환, 워킹맘과 워킹대디의 일-가정 양립 지원정책 확대, 여성 · 영유아 대상 폭력 근절 노력 강화, 가족해체 가속화 등에 따른 다양한 형태의 가족지원 정책 확대"

(경상남도, 2015: 2)를 들면서 구체적인 여성정책의 추진계획으로 "성평등 정책 추진기반 정비 및 평등의식 확산, 일과 가족의 양립 기반 강화, 여성 · 영유아 대상 폭력 근절 노력 강화, 돌봄의 사회적 분담 강화 및 가족지원정책 확대"(경상남도, 2015: 3)를 제시하고 있다.

4 지역여성정책의 활성화를 위한 방향과 과제

불안정한 지방자치는 지역여성정책 발전의 장애 요소로 작용한다. 지방자치단체가 수행하는 일반적인 전체 업무 중 자치단체의 고유 사무는 대략 40~50%에 불과하고 나머지는 국가에 의한 위임사무이다. 이처럼 중앙정부와의 관계에서 지방정부의 자치권이 불완전하다는 것은 지역여성정책 발전의 장애 요소로 작용하게 된다. 즉 지방의 재정부족분을 중앙정부에 의존할 수밖에 없는 현실은 중앙정부와 지방정부 간의 불균형을 초래하는 원인이 되며 지방정부는 독립성과 자주성을 가지고 완전한 자치권을 행사하지 못하게 되는 것이다.

여성 관련 사업은 형식 면에서 볼 때는 필요한 것을 거의 갖추었으나 내용에서 따라가지 못하고 있기 때문에 전시행정적인 요소가 다분하고 전국적으로 사업이 거의 비슷하기 때문에 지역의 특성을 반영한 독창성은 찾아보기 어렵다. 중앙집권적인 정책 추진방식으로는 지역여성의 정책 수요를 반영하는 여성정책을 개발하기 어렵다. 여성정책의 지방이양과 지역특성에 맞는 여성정책의 개발을 적극 지원해야 한다(조진우, 2005).

한국 지방자치의 역사가 짧기 때문에 지역의 여성정책은 민선단체장의 개인적 성향에 따라 변동이 생길 가능성이 높다. 여성정책을 중심으로 지방자치의 문제점을 살펴보면, 가장 우려되는 점은 단체장의 관심 여하에 따라 여성정책의 비중이 더욱 줄어들 염려가 있다는 점이다. 이와 더불어 공무원들의 성인지적 관점의 부족, 지방정책 결정과정에서 여성의 배제 및 5급 이상 여성공무원의 낮은 비율, 여성정책 예산의 부족 등을 들 수 있다(김원홍 외, 2004: 24). 지방자치단체 공무원과 지방의회의원은 성인지 예산에 대한 이해와 인식 부족, 전문성 미흡 현상이 나타나고 있어 성별 · 직급별 · 업무별 차이를 고려한 교육방법 및 교구재 개발도 필요하다.

또한 요보호 여성 중심의 부녀복지행정 중심이 여전하다. 여성정책이 복지정책의 일환으로 요보호 여성, 저소득층을 중심으로 이루어지고 있다. 따라서 지방자치단체의 여성정책 예산지출내역을 보면 실제 예산집행에 있어서는 아직도 요보호 여성을 주요 대상으로 하는 사업에 집중되어 있고 아동복지, 유아복지, 여성회관 및 발전센터운영 등에 책정되어 있는 예산이 여성정책 총예산의 많은 비중을 차지하고 있다. 이처럼 요보호 여성에 대한 복지정책과 여성의 성역할에 대한 고정관념을 바탕으로 정책 수행을 위한 도구로 동원하거나 정부정책을 홍보하는 대상으로 보는 정책이 여성정책과 혼재하고 있다는 것이다. 요보호자에 치중하고 일반 여성의 능력개발이나 정서함양 등에 관해서는 체계적인 서비스를 제공하지 못하고 있는 실정이다.

실제로 여성 관련 사업 대부분은 국고보조사업이 많다. 이처럼 지방자치단체의 여성정책 사업비 구성에서 국가보조사업이 주를 이루고 있는 것은 한국 여성정책의 주요 영역들이 중앙정부에 의해 수행되고 있으며 예산과 인프라가 약한 지방정부의 여성부서에서는 중앙정부에서 포괄하지 못하는 잔여적인 정책들을 주로 수행하고 있음을 나타내 주는 것이다.

몇몇 사업내용들은 기존의 성역할의 변화보다는 그것을 강조함으로써 성평등이라는 목표달성에서 오히려 멀어져 있다. 이는 결국 전통적인 성역할 분리체계나 성차별적 구조를 개선하는 것을 목표로 설정하지 못했다는 점을 의미한다. 오히려 여성을 주변집단으로 또는 정부시책의 보조자로 또는 동원의 대상으로 머무르게 한다. 성인지적 여성정책의 추진보다는 전시성, 행사성 위주의 사업이나 요보호 여성 중심의 복지사업에서 크게 벗어나지 못하고 있는 것이다.

여성 관련 사업비의 대부분은 경상예산과 국고보조사업으로 구성되어 있다. 자체사업예산의 비율은 매우 낮은데 국가보조사업의 경우 국가보조금이 주를 이루고 일부 시·도비가 책정되고 있다. 지방자치단체에 따라서 푸드 뱅크나 재활용 관련 사업이 여성업무로 책정되어 예산이 쓰이는 사례도 있다. 자체사업은 주로 여성발전기금 관련 사업, 여성 교양교육, 여성지도자 수련회, 딸들의 캠프, 동거부부 합동결혼식 등의 일회성이거나 행사 위주의 업무가 대부분이다.

이처럼 지방자치가 생활정치로서 여성의 삶의 질 향상을 위한 특화사업이 별로 보이지 않는다는 것이다. 지방정부는 여성정책의 실제 시행자로서 중요 역할을 할 수 있으나 실제로는 그렇지 못한 것이다. 여성정책 담당 부서는 순수히 여성정책이라고 보기에는 어려운 보육, 아동, 가족, 청소년 사업들을 모두 포괄하고 있다. 따라서 여성정책의 본래 이념이나 특성, 목적에 대한 더 많은 탐색이 필요한 것이다. 이러한 맥락에서 지역여성정책의 활성화를 위한 방향과 과제를 제시해 보고자 한다.

1) 성 주류화를 위한 기반 강화와 장기적 · 종합적 계획의 수립

1995년 북경세계여성회의에서 성평등을 실현하기 위한 전략으로 성 주류화를 강조하였는데 성 주류화 전략은 여성문제가 특정 영역에서 다루어지기보다는 모든 분야의 국가정책 영역에서 중요하고 본질적인 주제로 다루어져야 한다는 것이다. 즉 여성 대상만의 정책을 넘어 남성을 변화시키고 남녀의 사회적 관계를 변화시키고, 나아가 사회 전반의 성차별을 제거하기 위해 정책의 전 분야에 성인지적 관점을 적용하는 것을 의미한다(민경자, 2011: 14). 그러므로 성 주류화를 위한 기반 강화와 그에 따른 장기적이고 종합적인 전망과 계획이 수립되어야 한다.

〈표 13-2〉 여성정책 추진 역량 및 성 주류화 기반 강화를 위한 분야 및 핵심 항목

분야	핵심 항목
1. 정책목표 및 여성관	1) 정책 목표 : 여성정책의 중·장기 계획 수립 여성정책의 종합성 제고 여성정책 평가작업의 체계화 여성정책 대상범위의 확대 여성정책 프로그램 개발 2) 여성관 : 미래지향적 여성정체성 확립
2. 조직 및 인력	1) 여성정책 담당부서 2) 전문인력 확충
3. 예산 및 기금	1) 여성정책 예산 2) 여성발전기금 조성 및 운용
4. 조례 및 계획	1) 관련 조례 제정 2) 여성정책에 대한 장·단기 계획 수립
5. 성인지정책 수행능력 강화	1) 공무원 성인지력 향상교육 2) 성별영향평가, 성인지 예산 추진
6. 여성정보 구축 및 제공	1) 여성 관련 홈페이지 및 자료실 운영 2) 여성인력뱅크 운영 3) 지역여성인물 DB 구축
7. 자료수집 및 정리	1) 지역여성의 실태파악 2) 여성 관련 자료의 체계적 수집 및 정리 3) 성인지 통계
8. 민간부문과의 관계 (젠더 거버넌스)	1) 여성정책 관련 협의기구 설치 및 운영 2) 여성발전위원회 운영 3) 정기적인 여성정책 평가 세미나 4) 모니터링 기구

2) 지역여성의 실태에 대한 주기적인 조사와 여성 관련 자료의 체계적 정리

지역여성정책은 그 지역이 지니고 있는 여성문제나 지역사회의 성격에 맞도록 수립되어야 한다. 여성문제는 보편적으로 일어나고 있지만 지역마다 특수성이 있을 수 있고 여성정책의 구체적인 방향을 설정하기 위해서는 지역여성의 실태와 의식을 알아야 하기 때문이다. 그동안 지역여성의 현황이나 실태에 대한 조사가 약간 이루어졌으나 충분하지는 않다고 본다. 지역의 성평등 현황이나 지역여성의 정책욕구 파악을 위한 주기적인 실태조사가 필요하다. 여성정책이 효율적으로 수립되고 이행되기 위해서는 여성문제에 대한 정확한 조사와 분석에 근거하여 정책을 개발하는 것이 중요하기 때문이다.

여성정책이 효율적으로 수립되고 이행되기 위해서는 여성문제에 대한 정확한 조사와 분석에 근거하여 정책을 개발하는 것이 중요하다. 합리적인 정책의 형성과 추진은 정확한 정보를 바탕으로 해서만 가능하기 때문이다. 이를 위해서는 여성 현실에 대한 지속적 개발과 연구, 여성 관련 자료에 대한 체계적인 수집이 필수적이다. 지역여성 관련 자료를 수집 · 정리해야 하며 지역여성 관련 통계가 주기적으로 생산되어야 한다. 지역여성 관련 자료와 정보의 체계적 수집과 정리를 위해서는 여성통계시스템 구축, 여성 관련 정보에 대한 종합적 홈페이지 구축이 매우 필요하다. 그간의 지역통계는 자료 자체도 미미한 데다가 여성 관련 부분은 거의 조사가 되어 있지 않다. 어쨌든 형태는 다양하더라도 지역여성 관련 자료가 한군데에 체계적으로 모아 있어서 누구나 쉽게 접근 가능하도록 하는게 중요하다.

3) 효율적인 여성정책 전담기구의 설치와 충분한 예산의 확보

여성정책을 실질적으로 실현하기 위해서는 여성 관련 부서의 일관된 체계와 강화가 이루어져야 한다. 여성정책을 다루는 부서는 여러 부서와 연관된 다면적 과제를 수행할 수 있는 조정과 협력의 권한을 가져야 하며 여성정책 과제에 적합한 유연성과 적응성을 갖는 조직구조가 요구된다. 또한 여성정책의 전문화를 유도하기 위해서는 무엇보다 업무영역 및 관련 기관에 전문인력을 대폭 확충해야 한다.

지역 차원에서의 여성정책을 발전시키기 위해서는 지방행정의 담당자로서 여성공무원의 수가 보다 많아지고 이들이 모든 행정분야와 모든 수준의 직위에 고르게 참여되어야 하고 중요 정책을 결정하고 영향을 미치는 지방정치에 여성이 참여할 수 있는 제도적 장치가 전제되어야 한다. 현행 지역관료조직 속에서 새로운 정책수행자로서 여성공무원들의 역할은 매우 중요하기 때문이다.

또한 여성정책을 시행하기 위해서는 충분한 예산의 확보가 중요하다. 그러므로 여성정책과 관련한 적절한 조직의 형태와 전문 인력 확충, 예산에 대한 면밀한 검토가 필요하다.

4) 여성업무 담당 공무원의 정책역량 제고

여성정책을 담당하고 있는 공무원이 업무수행과정에서 당면하고 있는 애로점은 전문적인 지식과 정보의 부족이다. 이러한 문제가 특별히 제기되는 것은 여성정책이 여러 분야에 걸친 여성문제를 다루어야 하는 종합적인 성격을 지니고 있기 때문이다. 이러한 문제점을 보완하기 위해서는 여성업무에 대한 교육이 필요하고 특히 다양한 분야의 정책과제를 종합적으로 분석하고 다룰 줄 아는 교육에 중점을 두어야 한다.

여성업무를 담당하는 공무원은 어느 분야를 맡고 있든 해당 분야의 전문성과 여성정책에 대한 전반적인 연계성을 볼 줄 아는 시각이 필요한다. 여성정책에 대한 주변의 인식이 낮아 정책수행 환경이 열악한 현실에서는 더욱더 여성정책 담당 공무원의 역할과 의식이 중요하다. 또한 지역의 관료조직 속에서 여성공무원들은 수적으로나 혹은 비공식적인 후견인의 부재로 말미암아 세력화되기 어려운 특성을 보이고 있다. 따라서 여성정책개발과 정보제공이 제도적으로 이루어질 수 있는 장치가 마련되어야 한다. 지방의 경우에도 공무원을 대상으로 한 성별영향평가 교육 등을 실행하고는 있으나 형식적인 것이 많으므로 실제 실효성을 가질 수 있도록 해야 한다.

5) 지역의 특성과 지역여성의 욕구를 반영한 여성정책 수립의 중요성

여성정책의 추진사업 대부분이 중앙의 사업과 병행, 추진되고 있으며 지역여성들의 특수성이나 조건들이 여성정책에 반영되지 않고 있다. 여성 관련 사업이 주로 교육과 행사에 치중하면서 형식적으로 흐르며 전시행정적인 요소가 다분하고 전국적으로 사업이 거의 비슷하기 때문에 지역의 특성을 반영한 독창성을 찾아보기 어렵다. 생활정치로서 여성의 삶의 질 향상을 위한 지방자치단체의 특화 사업이 별로 보이지 않고 있으며 지역의 다양한 여성의 여론수렴 과정도 결여되어 있다.

지역여성정책은 그 지역이 특수하게 지니고 있는 여성문제나 지역사회의 성격에 맞도록 수립되어야 한다. 여성문제는 보편적으로 일어나고 있지만 지역마다 특수성이 있을 수 있고 여성정책의 구체적인 방향을 설정하기 위해서는 지역여성의 실태와 의식을 알아야 하기 때문이다. 그동안 지역 수준에서 여성의 현황이나 실태에 대한 조사가 약간 이루어졌으나 충분하지는 않다고 본다. 지역의 성평등 현황이나 지역여성의 정책욕구 파악을 위한 주기적인 실태조사가 필요하다.

6) 여성정책 대상범위의 확대

여성정책의 대상이 요보호 여성을 대상으로 하는 복지나 보육 관련에서 일반 여성을 대상으로 하는 수준으로 변화되어 나가야 한다. 여성정책에는 성차별적 사회구조나 제도 속에서 발생하는 제반 여성문제를 해결하거나 여성들을 사회형성 세력으로 참여시키려는 의지가 충분히 반영되어야 한다. 그러나 오히려 여성을 주변집단으로 또는 정부정책의 보조자로 또는 동원의 대상으로 머무르게 하며 여성의 역량개발에 대해서는 체계적인 서비스를 제공하지 못하고 있는 실정이다. 정책의 내용 면에서 볼 때 성차별 근절과 평등문화 확산정책, 일반 여성의 역량강화의 비중이 보다 커져야 한다.

여성정책의 대상을 일반 여성까지 확대시키고 단순히 여성교양교육의 차원이 아니라 정책결정과정의 여성참여 확대에 관한 정책, 여성고용 촉진 및 안정에 관한 정책 등을 포함하는 적극적인 의미에서의 여성사회참여정책과 사회전반 부분의 남녀평등 지향정책을 여성정책의 주 목표의 하나로서 확립해야 한다.

7) 젠더 거버넌스와 민 · 관 · 학 협력체계의 구축

지역여성정책의 계획, 실시, 평가 과정에 지역여성이 참여함으로써 지역사회의 변화에 민감하게 반응할 수 있도록 해야 한다. 지역사회의 모든 구성원이 사업의 목적에 대하여 올바른 이해를 하도록 홍보하여 자발적으로 참여하도록 유도하여야 한다. 참여의 방식으로는 우선 공식적인 참여확대를 들 수 있다. 이러한 제도적 · 공식적인 참여의 대표적인 형태는 지방의회의원으로 참여하는 경로와 지방자치 각종 위원회의 위원으로 참여하는 경로를 들 수 있다. 또한 여성정책발전위원회 등 관련 위원회가 실질적으로 지역여성의 욕구와 의사를 반영할 수 있도록 운영되어야 한다. 공식적인 참여확대가 단기간 내에 이루어지기 어려운 조건에 있을 때 비공식적인 참여의 중요성은 더해진다. 지방자치단체는 공식적인 참여구조가 없다고 하여 여성들의 의사를 무시해서는 안 될 것이다. 따라서 이들의 의견을 수렴할 수 있는 비공식적 의사전달체계를 활용하여야 한다.

여성단체들과의 대화의 시간, 여성단체들의 구성원들과의 간담회, 설문조사 등 현재 가동이 가능한 여성단체들과 지속적인 대화의 창구를 가진다면 상당한 성과를 거둘 수 있을 것이다. 특히 다양한 여성들의 의견이 반영될 수 있는 젠더 거버넌스가 이루어져야 한다. 지역의 여성정책을 개발하기 위해서는 지역의 여성들이 경험하고 있는 문제들을 파악하여 이를 공적 의제화하는 작업이 필요한데 이러한 여성조직과 여성 네트워크를 통해 여성들이 경험하고 있는 문제를 여론화하고 공론화할 수 있기 때문이다.

성 주류화 정책추진을 위한 실행 주체로서 선출직 의원 및 공무원 등 정책기구에서 일하는 집단, 연구 및 교육기관에 종사하는 전문가 집단, 시민사회 여성단체 활동가 집단 등이 모여서 협력한다면 지역여성정책의 활성화에 기여할 수 있을 것이다. 정책기구에서 일하는 선출직 의원 및 공무원의 경우는 성평등 정책 추진기구의 위상과 권한 증대, 담당 공무원의 성평등에 대한 인식 제고의 필요성, 선출직 의원의 대표성 확보 등의 차원에서 중요한 정책주체로 인식되고 있으며 연구 및 교육기관에 종사하는 전문가의 경우는 사회현상에 대한 이론적 근거 제시, 성 주류화를 위한 정책도구 생산, 공무원 및 일반 대중의 성인지적 관점 확산을 위한 교육자료 산출 등의 차원에서 중요한 정책 주체로 인식되고 있다. 또한 시민사회 여성단체 활동가의 경우 성평등 이슈의 발굴과 성평등 가치의 홍보, 성평등 정책 모니터링, 지역사회에 정치적 개입력 강화 등의 차원에서 중요한 정책 주체로 인식되고 있다(주경미, 2008: 42-43). 지역여성정책의 활성화를 위해서는 이들 간의 민 · 관 · 학 협력체계를 구축하는 것이 중요하다.

8) 지역여성의 역량 강화

여성들은 더 이상 정책의 대상이 아니라 주체로서 자신들의 생활에 영향을 주는 여러 법률, 제도, 정책 등을 결정하는 데 직접 참여하기를 원하고 있다. 그러므로 현재 강조되고 있는 '여성의 역량 강화'는 오랫동안 여성정책의 과제로 등장했던 '여성의 사회참여'와는 그 내용과 강조의 정도에서 차이가 크다. 즉 종래에는 여성이 가정 밖에서 활동하는 것 자체를 강조했다면 이제는 단지 가정 밖으로 나오는 것만이 아니라 가정경제와 국가살림을 남성과 동등한 자격으로 책임지는 것을 의미한다(민경자, 2011: 20). 따라서 지역발전을 위해서는 여성의 역량을 강화하여 사회 제 분야에서 이들의 능력을 활용하는 것이 무엇보다 중요하다.

현재 지역 내 여성문제에 대한 전문적인 식견과 경험을 가진 사람들을 발굴하는 작업이 필요하다. 지역 내 각 대학, 기관, 연구소, 사회단체나 여성단체, 정당과 지방의회 등에서 여성문제 전문가에 해당되는 사람들을 발굴하여 이를 자료화하여야 하다. 이것은 하나의 인력정보가 되어야 하며 정보망을 통해 여성단체들이 교육과 자문에서 전문가들을 필요로 할 때 이들과 쉽게 연계되어야 할 것이다. 또 지방자치단체는 이러한 전문인력을 확보하여 여성단체나 지방행정에 유효한 정보를 연계하는 역할을 해야 할 것이다.

지역의 참신한 여성들이 더 많이 지방의회에 진출하도록 지속적인 발굴, 교육 및 훈련 작업이 필요하며 지역여성의 의식과 능력을 개발하고 특히 시·군에 숨어 있는 보석 같은 여성인재를 발굴하여 그들의 내적인 힘을 키우고 기회를 제공하며 이들을 묶어 내는 다양한 프로그램을 운용해야 한다.

지역 내 여성문제 전문가의 발굴과 양성방법으로 우선 개인에 대한 지원을 들 수 있다. 여성공무원, 여성정치인, 여성행정가, 여성단체활동가, 여성학자 등 전문인력이 될 수 있다고 보여지는 사람에 대해서는 국내외의 전문

교육 연구기관에서의 교육과 연구, 연수와 훈련 등의 사업에 참여하도록 지원하는 방안이다. 여성들에 관한 문제를 연구하거나 전문적으로 교육하는 기관이나 연구소, 단체에 대해서는 위탁연구, 위탁교육, 위탁사업 등 일정한 협의와 재정지원을 통해 이들의 전문성을 강화하여야 한다.

9) 여성정책 홍보의 중요성

여성정책 대상의 확대와 홍보가 중요하다. 요보호 여성의 보호와 복지증진에서부터 시작한 여성정책이 지금은 사회참여 촉진정책에 힘입어 그 대상을 점차 확대해 나가고 있다. 그러나 많은 여성들이 자신이 어떤 정책의 수혜대상자가 될 수 있는지 잘 알지 못한다. 모든 여성들이 자신의 권리를 알고 이를 향유할 수 있게 하는 대상과 제도의 확대 및 홍보가 보다 적극적으로 시행될 필요가 있다.

지금까지의 홍보방식을 재검토하여 지역여성들에게 보다 가까이 다가갈 수 있는 홍보방법을 개발하기 위한 노력을 기울여야 한다. 지역여성통계시스템 구축과 여성 관련 정보 홈페이지를 활성화한다면 지역여성들이 지역여성정책에 대한 현황을 보다 쉽게 알 수 있을 것이다. 이러한 여성정책의 홍보나 성평등의식 확산을 위해서는 보다 실질적으로 내용이 풍부한 여성정책평가회 또는 세미나 등을 개최하는 방법을 고려해 볼 필요가 있다.

10) 여성정책에 대한 정기적인 검토와 평가

여성정책을 지속적 · 효율적으로 추진하려면 여성정책에 대한 체계적이고 주기적인 평가가 필요하다. 그동안 지역여성정책에 대해서 장기적 계획을 세워 왔지만 그것이 어느 정도 실현되었는가에 대한 본격적인 평가는 없다. 그동안 지역여성운동단체들을 중심으로 지역정책이 평가되어 왔지만 선거나 상황에 따라 평가하는 것보다 연 1회 이상 도에서 예산을 책정해서 정기적으로 여성정책을 평가하는 자리를 마련해야 할 것이다.

여성정책을 세울 때 성평등 원칙을 반영했나, 정책을 집행하는 인력은 성평등 의식을 갖추었나, 정책집행결과 성평등 원칙이 얼마나 달성됐나, 정책 수혜자인 여성들이 정책효과에 얼마나 만족하는가 등이 평가지표가 될 것이다. 사업의 평가에 있어서는 그것이 몇 회의 강연회와 몇 명의 수강생을 대상으로 실시되었는가 하는 수량적 평가뿐 아니라 그와 같은 내용의 사업이 결정되게 된 과정과 그 사업의 수행으로 인하여 지역사회 내에 혹은 여성 개인의 삶에 미친 영향의 정도와 질에 대한 평가가 의미 있게 포함되어야 할 것이

〈표 13-3〉 여성정책 현황 파악 및 평가를 위한 분야 및 핵심 항목

분야	핵심 항목
1. 여성경제활동 참여 증진과 인적자원 개발	1) 취·창업지원 : 여성회관 직업교육 실적 2) 취업연계 3) 여성인력의 전문성 강화
2. 성평등 문화 및 의식 확산	1) 성평등 문화 및 의식 확산 2) 여성정책 홍보
3. 여성의 사회 참여 증진	1) 여성의 지역사회활동 증진 2) 지역여성단체 활성화
4. 가족 및 돌봄에 대한 사회적 분담	1) 보육 서비스 2) 가족돌봄에 대한 사회적 지원 3) 일-가정 양립
5. 여성의 대표성 확보와 의사결정 과정 참여	1) 여성의 정치지도자 발굴 및 정치 참여 확대 2) 여성의 정책결정과정의 참여 확대 3) 시민사회와의 파트너십(젠더 거버넌스)
6. 여성의 복지 및 인권 증진	1) 성매매, 성폭력, 가정폭력 예방 및 피해자 보호 2) 저소득 모자가정 지원 3) 여성노인, 여성장애인, 빈곤여성, 여성결혼이민자 지원 4) 여성의 건강 및 복지 향상

다. 또한 세부적인 여성정책 하나하나에 대한 심층적인 실태조사, 욕구조사, 세부적인 여성정책에 대한 심화 연구도 필요하다. 이러한 평가에서는 앞의 〈표 13-3〉과 같은 분야별 핵심 항목을 고려해야 한다.

참고문헌

강남식(2005), “국가와 여성정책의 변화,” 『새 여성학강의: 한국사회, 여성, 젠더』, 개정판, 동녘, pp.277-303.

강이수(2013), “여성주의 연구를 돌아보다: 여성운동, 노동, 가족연구를 중심으로,” 『경제와 사회』, 100호, 비판사회학회, pp.229-249.

______(2014), “일-생활 균형과 가족,” 『가족과 친밀성의 사회학』, 다산출판사, pp.290-312.

강이수 · 신경아 · 박기남(2015), 『여성과 일: 일터에서 평등을 찾다』, 동녘.

강준만(2012), 『매매춘, 한국을 벗기다: 국가와 권력은 어떻게 성을 거래해왔는가』, 인물과 사상사.

강진철(2011), 『남성이 바라본 여성과 사회』, 양서원.

강희경(2005), “‘건강가정’ 담론의 불건강성,” 『경제와 사회』, 제65호, 한국산업사회학회, 한울, pp.155-178.

경상남도(2015), 『여성정책기본계획』.

경상대 여성연구소 · 전국여교수연합회(엮음)(2012), 『여성의 눈으로 본 대학사회와 젠더정치』, 오름.

경상대학교(2014), 『장기발전계획(VISION 2020)』.

경상대학교 교무과 내부자료(2015).

경상대학교 여교수회(2015), 『GNU 여교수회 소식』, 2호.

고정갑희(2009), “지역, 액티비즘, 페미니즘 : 페미니즘에 기반한 지구지역 액티비즘,” 『여성학연구』, 제19권 1호, 부산대학교 여성연구소, pp.7-31.

공선영 외(2008), 『지역여성정책의 성과 및 전망』, 여성부.

곽금주(2011), “대학 운영에서 여교수의 역할,” 서울대학교 여교수회, 『서울대학교 여교수회 20년사(1989~2009)』, pp.90-100.

권금상(2013), “대중매체가 생산하는 ‘이주여성’ 재현의 사회적 의미: 결혼이주민과 북한이탈주민 TV 프로그램을 중심으로,” 『다문화사회연구』, 제6권 2호, 숙명여자대학교 다문화통합연구소, pp.39-81.

권수현(2011), “여성운동과 정부, 그리고 여성정책의 동학: 한국 사례를 중심으로,” 『아시아여성연구』, 제50권 1호, pp.7-48.

______(2015), “호주제는 왜 제17대 국회에서 폐지되었나?: 젠더이슈 · 행위자 · 맥락의 상호작용에 의한 입법과정 분석,” 『입법과 정책』, 제7권 제1호, 국회입법조사처, pp.181-218.

권태환 · 황정미(2005), “여성 · 국가 · 정책,” 『한국 여성정책의 쟁점과 전망: 가족, 성폭력, 복지정책』, 함께읽는 책, pp.13-31.

권희경(2012), “대학사회의 몰성성 극복을 위한 성인지적 여교수 역량강화방안,” 경상대학교 여성연구소 · (사)전국여교수연합회(엮음), 『여성의 눈으로 본 대학사회와 젠더정치』, 오름. pp.261-284.

기획재정부 · 여성가족부 · 한국여성정책연구원 성인지예산센터(2015), 『2016년도 성인지예산서 작성 매뉴얼』.

김경주(2010), “이주의 여성화와 국제결혼 이주여성정책방향,” 『한국자치행정학보』, 한국자치행정학회, 제24권 2권, pp.144-166.

김경희a(2000), “국가페미니즘의 가능성과 한계,” 『경제와 사회』, 봄호 특별부록, 한울, pp.62-88.

______(2002), “국가와 여성정책,” 한국여성정책연구회, 『한국의 여성정책』, 미래인력연구원, pp.17-39.

______(2003), “지방자치단체 여성정책의 성주류화전략,” 서울여성, 『지방자치시대의 여성정책』, pp.31-57.

______(2006), “여성정책 관점의 재구성을 위한 시론: 여성발전론과 성주류화 개념의 이해를 중심으로,” 심영희 외, 『한국 젠더정치와 여성정책』, 나남, pp.219-252.

______(2009), “신자유주의와 국가페미니즘,” 『진보평론』, 통권 제4호, pp.14-32.

김경희a · 신현옥(2004), “정책과정을 통해 본 젠더와 평등개념의 제도화,” 『한국여성학』, 제20권 제3호, 한국여성학회, pp.171-206.

김경희b · 백진아 · 엄규숙(2001), “복지정책이론의 여성주의적 재구성을 위한 시론,” 『연세여성연구』, 연세대학교 여성연구소, pp.200-231.

김경희b 외(2008), 『지방자치단체 성별영향평가제도의 추진현황 및 발전방안』, 한국여성정책연구원, 2008 연구보고서-7.

김미경(2012), 『여성노동시대: 일 · 가족양립을 위한 여성주의 사회복지』, 나눔의 집.

김미원(1995), “복지국가의 가부장적 특성에 대한 비판적 고찰: 여성복지 대안을 위한 이론적 일고,” 『한국사회복지학』, 통권 제26호, 한국사회복지학회, pp.51-75.

김상찬 · 김유정(2011), “국제결혼 이주여성의 인권보호를 위한 법적 과제,” 『법학연구』, 제43권, 한국법학회, pp.319-344.

김소연(1999), "지방자치단체의 여성정책에 관한 연구: 성인지적 정책 추진의 문제를 중심으로," 이대 대학원 석사논문(미간행).

김수정a(2015), "보육서비스의 트릴레마 구조와 한국 보육정책의 선택: 민간의존과 비용중심의 정책,"『경제와 사회』, 비판사회학회, pp.64-93.

김수정b(2012), "유엔여성차별철폐협약(CEDAW)과 한국여성정책의 변화: 대표성제고 조항을 중심으로," 경희대학교 NGO 대학원 석사논문(미간행).

김양희(2007), "국가균형발전의 성 주류화 전략,"『국가균형발전의 성 주류화 컨퍼런스』, 한국여성정책연구원, pp.3-23.

김양희 외(2004),『지속가능하고 성인지적 환경거버넌스의 기반조성 연구』, 환경부.

김엘림(1999), "각국 여성관련 행정기구현황,"『여성특별위원회 소식』, 가을호, 제6호, pp.4-5.

______(2015), "성희롱의 법적 개념의 형성과 변화,"『젠더법학』, 제6권 제2호, 한국젠더법학회, pp.1-48.

김영미(2011), "복지국가와 젠더정치,"『복지동향』, 참여연대사회복지위원회, pp.10-14.

김영옥(2009), "한국의 성인지 예산제도 시행 현황과 과제," 마경희 외,『성인지 예산 강의안』, 성인지 예산제도 추진역량 진단 및 교육안 개발 부록, 한국여성정책연구원, pp.208-220.

______(2015), "일 · 가정 양립 제도의 추이 분석과 미래 전망,"『일 · 가정 양립, 행복한 대한민국의 미래』, 개원 32주년 기념 세미나 자료집, 한국여성정책연구원, pp.13-38.

김영옥 · 오은진 · 한지영(2014),『여성 경력단절 예방 강화를 위한 법 · 제도 개선방안 연구』, 한국여성정책연구원.

김영옥 외(2007a),『성인지 예산 분석기법 개발 및 제도적 인프라 구축방안 연구』, 한국여성정책연구원, 2007 연구보고서-2.

________(2007b),『해외의 성인지 예산: 다양성과 정책적 선택』, 한국여성정책연구원, 2007 연구보고서-2-3.

김영주(2014a), "여성과 인권 2: 성매매의 이해," 한희선 외,『여성 · 젠더 · 사회』, 공동체, pp.129-144.

______(2014b), "이주여성과 젠더,"『여성 · 젠더 · 사회』, 공동체, pp.199-218.

김영주 · 이경하 · 태희원(2015), 『여성 · 젠더 · 사회』, 공동체, pp.221-235.
김영진(2014), "경력단절후 다시 일하기까지," 한국여성민우회, 『함께 가는 여성』, 218호, pp.40-41.
김영화 · 권신영 · 최영진(2013), 『현대사회와 여성복지』, 양서원.
김용화(2014), "여성차별철폐협약 이행보고서 심의 결과에 따른 입법적 · 정책적 대안에 관한 소고-여성차별철폐협약 가입 30주년에 즈음하여," 『법학논총』, 제21권 제3호, 조선대학교 법학연구소, pp.363-399.
김원홍 외(2004), 『지자체 성주류화 기반분석 및 여성부와의 연계방안』, 여성부.
________(2009), 『기초의회 여성의원 증가에 따른 남녀의원 의정활동 변화에 관한 연구』, 한국여성정책연구원.
김은경(2005), "한국 진보 여성운동의 국가참여 형태에 관한 연구—페모크라트의 등장과 여성운동의 제도화를 중심으로," 연세대 대학원 정치학과 박사논문(미간행).
김은주(2009), "여성," 『한국시민사회연감 2010』, (사)시민운동정보센터, pp.219-241.
김은희(2014), "지방선거 여성참여, 2014년의 경험 그리고 그 다음을 위한 모색," 『경남의 여성정치세력화, 얼마만큼 왔나?』, 경남여성단체연합, 2014년 여성주간기념 6.4지방선거와 여성정치세력화 토론회 자료집, pp.7-27.
김은희 · 김민정 · 오유석(2013), 『정치의 한복판, 여성 젠더정치의 그늘』, 신명기획.
김이선 · 이아름(2014), "여성결혼이민자의 사회통합수준 진전과 정책적 수요-사회참여 및 경제활동을 중심으로," 『젠더리뷰』, 제34호, 가을호, 한국여성정책연구원, pp.26-32.
김지미(2013), "한국 복지체제에서의 여성 역할 변화에 관한 연구: 보육 · 장기요약정책 확대를 중심으로," 『여성학연구』, 제23권 제1호, 부산대학교 여성연구소, pp.133-169.
김진 외(2009), 『시민사회의 참여 활성화 방안: 국내외 성인지 예산 운동 사례 심층 분석』, 한국여성정책연구원.
김현미(2010), "글로벌 신자유주의 경제질서와 이동하는 여성들," 『여성과 평화』, 5호, 한국여성평화연구원, pp.121-142.
김혜경(2014), "역사 속의 가족: 근대 100년의 한국가족과 가족론," 김혜경 외, 『가족과 친밀성의 사회학』, 다산출판사, pp.94-113.
김혜순(2004), "여자 교수가 당면하는 성차별적 대학일상에 대한 문제제기 : 남녀공학

대학을 중심으로,"『미디어, 젠더 & 문화』, 한국여성커뮤니케이션학회, pp.5-37.

_____(2008), "결혼이주여성과 한국의 다문화사회 실험—최근 다문화담론의 사회학,"『한국사회학』, 제42집 2호, pp.36-71.

_____(2014), "결혼이민여성의 이혼과 '다문화정책' : 관료적 확장에 따른 가족정책과 여성정책의 몰이민적 · 몰성적 결합,"『한국사회학』, 제48집 제1호, pp.299-344.

김혜영(2006), "지역여성의 정책요구와 정책디자인,"『한국정책연구』, 제6권 제1호, pp.143-162.

_____(2012), "기로에 선 가족정책, 어떻게 할 것인가,"『한국여성학』, 제28권 3호, 한국여성학회, pp.63-94.

_____(2014), "다문화주의와 다문화가족정책: 이념과 정책의 탈구,"『여성연구』, 제87권 제2호, 한국여성정책연구원, pp.7-43.

김혜정(2011), "일 · 가정 양립 정책에 대한 젠더 비평적 분석—모성보호제도와 보육정책을 중심으로,"『여성학연구』, 제21권 제2호, 부산대학교 여성연구소, pp.113-152.

김희경(2015), "성별영향분석평가와 성인지예산제도의 이해,"『'여성의 숨겨진 힘을 찾는다'』, 성평등한 정치문화 만들기 여성정치학교 자료집, 경남여성단체연합, pp.36-59.

나윤경(2005), "여학생들의 '목소리'를 통해 드러난 남녀공학대학교의 남성중심성: 여자대학교와 남녀공학대학교를 경험한 여학생들의 사례를 중심으로,"『한국여성학』, 제21권 2호, pp.181-222.

나향욱(2010), "'국공립대 여성교수 임용목표제'의 의의 및 향후 발전방안,"『대학사회와 성평등: 여성교수 임용목표제 성과와 과제』, 여성정책포럼 자료집, 한국여성정책연구원 · (사)전국여교수연합회, pp.89-91.

남윤주(1994), "여성과 국가이론," 한국여성연구회 편,『여성과 사회』, 창작과 비평사, pp.164-183.

달럽, 드루드(1987), "개념의 혼돈—현실의 혼돈 : 가부장제 국가에 대한 이론적 고찰," 앤 쇼우스틱 사쑨(편저)(1989),『여성과 국가』, 한국여성개발원, pp.84-122.

마경희(2009), "성평등 전략으로서 성 주류화의 딜레마와 위험들,"『국가와 젠더: 성 주류화의 이론과 실천』, 한울, pp.74-101.

_____(2015), "여성주의, 국가, 성평등," (사)한국여성연구소(엮음),『젠더와 사회: 15

개의 시선으로 읽는 여성과 남성』, 동녘, pp.449-485.
매킨토시, 매리(1978), "국가와 여성억압," 안마리 울프 · 아네트 쿤 외, 『여성과 생산양식』, 강선미(역)(1986), 한겨레, pp.235-269.
모저, 캐롤린(1993), 『여성정책의 이론과 실천』, 장미경 · 김기선미 · 오정진(옮김)(2000), 문원출판.
문무경 외(2013), 『선진 육아정책 동향 분석 및 활용 방안연구』, 육아정책연구소.
미첼, 줄리엣(1971), 『여성의 지위』, 이형랑 · 김상희(옮김)(1984), 동녘.
민가영(2011), "결혼이주여성의 다문화정책 수용과정과 그 효과에 관한 연구," 『사회과학연구』, 제22권 1호, 충남대학교 사회과학연구소, pp.83-104.
민경자(1999), "성폭력 여성운동사," 한국여성의전화(엮음), 『한국여성인권운동사』, 한울아카데미.
______(2011), "사회변화에 부응하는 경남여성정책의 방향," 경상남도 · 경남발전연구원, 『경남여성정책포럼』, 자료집, pp.13-28.
민말순 외(2003), 『21세기 경남여성정책 마스터 플랜』, 경상남도.
________(2010), 『경상남도 성인지 예산 분석』, 경상남도.
민무숙 · 신선미(2010), "여교수임용목표제의 성과와 향후과제," 『대학사회와 성평등: 여성교수 임용목표제 성과와 과제』, 전국여교수연합회 · 한국여성정책연구원 공동학술대회 발표자료집, pp.3-35.
박언주(2014), "가정폭력의 문제와 정책적 대응," 김혜경 외, 『가족과 친밀성의 사회학』, 다산출판사, pp.314-335.
박재규 외(2009), 『경기도 여성의 정치적 대표성 확대방안 연구: 여성정치지도자 양성 및 여성후보자 지원방안을 중심으로』, 경기도가족여성연구원, 정책보고서 2009－19.
박재영(2015), "유엔의 지속가능발전목표(SDGs)와 여성문제," 경상대 여성연구소 초청강연 자료집.
박정미(2014), "발전과 섹스: 한국 정부의 성매매관광정책, 1955-1988," 『한국사회학』, 제48집 제1호, 한국사회학회, pp.235-264.
배선희(2007), 『국가페미니즘의 정치학』, 한국학술정보.
배준식 외(2009), 『서울시 성인지 예산제도 도입방안 연구』, 서울시정개발연구원.
백진아(2006), "여성노동정책의 패러다임 전환을 위한 시론," 심영희 외, 『한국 젠더정치와 여성정책』, 나남, pp.253-283.

백창환 · 박만원(2014), "다문화가정 결혼이주여성의 인권 개선방안—대구광역시를 중심으로," 『한국지방자치연구』, 제16권 제3호, 대한지방자치학회, pp.25-44.

볼코스트, 아네트 · 버트 심(1987), "여성과 선진 복지국가—새로운 가부장적 권력관계," 앤 쇼우스틱 사쑨(편저)(1989), 『여성과 국가』, 한국여성개발원, pp.123-153.

부산여성가족개발원 성별영향분석평가센터(2010), 『2010년 부산 · 울산 · 경남지역 성별영향평가 지원 위탁사업 결과보고서』.

사쑨, 앤 쇼유스틱 편저(1989), 『여성과 국가 : 국가정책과 여성의 공 · 사영역의 변화』, 한국여성개발원.

서동희(2009), "정책과정과 여성단체의 역할 분석: 성폭력특별법, 남녀고용평등법, 호주제폐지를 중심으로," 『현대사회와 행정』, 제19권 제3호, pp.53-74.

서두원(2012), "젠더 제도화의 결과와 한국 여성운동의 동학," 『아세아연구』, 제55권 1호, 고려대학교 아세아문제연구소, pp.162-192.

서미경(2010), "대학에서의 성 평등 현황 및 과제에 대한 토론," 『대학사회와 성평등』, 2010 경상대 여성연구소 학술대회 자료집, pp.60-62.

서울대학교 여교수회 · 서울대학교 여성연구소(2010), 『서울대학교 여교수 지원제도 도입에 관한 연구』.

성경륭 · 김태성(1993), 『복지국가론』, 나남.

성폭력예방교육중앙지원기관(2015), "성폭력, 성희롱 작은 일상의 변화가 근본적 예방입니다."

송다영(2011), "보육서비스 정책 개편 쟁점에 관한 연구—돌봄에 관한 자유선택에 대한 비판과 대안모색," 『한국사회복지학』, 제63권 3호, 한국사회복지학회, pp.285-307.

______(2014a), "돌봄은 누구의 책임인가," 『젠더와 사회: 15개의 시선으로 읽는 여성과 남성』, 동녘, pp.417-446.

______(2014b), "돌봄의 사회화와 복지국가의 지연," 『한국여성학』, 제30권 4호, 한국여성학회, pp.119-152.

송다영 · 정선영(2013), "통합적 가족정책으로의 패러다임 전환을 위한 과제," 『비판사회정책』, 제39호, 비판과 대안을 위한 사회복지학회, pp.145-189.

송인자(2012), "대학사회 양성평등, 어디까지 왔나?" 경상대학교 여성연구소 · (사)전국여교수연합회(엮음), 『여성의 눈으로 본 대학사회와 젠더정치』, 오름, pp.125-152.

송형주(2014a), "세계화 시대 이주여성과 이민정책," 고려대 대학원 행정학과 박사논문(미간행).

_____(2014b), "이주여성에 대한 시론적 연구: 유형화와 정부대응을 중심으로," 『행정논총』, 제52권 제4호, pp.191-231.

스티븐스, 앤(2007), 『여성, 권력과 정치』, 김영신(옮김)(2010), 명인문화사.

신경아(2006), "지방자치단체 여성정책의 정체성 확립에 관한 연구," 『페미니즘연구』, 동녘, pp.35-167.

_____(2007), "산업화 이후 일-가족 문제의 담론적 지형과 변화," 『한국여성학』 제23권 2호, pp.5-45.

신두섭 외(2008), 『지방자치단체의 성인지 예산 제도화 방안』, 한국여성정책연구원, 2008 연구보고서 6-4.

신상숙(2008), "제도화 과정과 갈등적 협력의 동학: 한국의 반(反)성폭력운동과 국가정책," 『한국여성학』, 제24권 1호, 한국여성학회, pp.83-119.

_____(2011), "신자유주의 시대의 젠더 : 거버넌스-국가기구의 제도적 선택성과 여성운동," 『페미니즘연구』, 제11권 2호, (사)한국여성연구소, pp.153-197.

신영숙(1999), "여성운동," 여성한국사회연구소(편), 『새로 쓰는 여성과 한국사회』, 사회문화연구소, pp.399-419.

심영희(2006), "한국 성정책의 형성과정: 1990년대를 중심으로," 『한국 젠더정치와 여성정책』, 나남, pp.83-110.

심인선 외(2008), 『경남여성결혼이민자의 생활실태 및 정착 지원방안』, 경남발전연구원.

아이젠슈타인, 질라(1979), "자본주의적 가부장제 관계에 관한 시론," 하이디 하트만 · 린다 번햄 외, 『여성해방이론의 쟁점—사회주의 여성해방론과 마르크스주의 여성해방론』, 김혜경 · 김애령(옮김)(1989), 태암, pp.103-119.

안경주(2013), "성별영향평가와 젠더-거버넌스의 구축: 세 지역사례의 분석을 통해 본 쟁점," 『한국여성학』, 제29권 4호, 한국여성학회, pp.155-190.

안숙영(2012), "젠더의 렌즈로 본 복지공간: 이론적 현황과 전망," 『한국여성학』, 제28권 1호, 한국여성학회, pp.113-146.

안인숙(2014), "젠더관점에서 본 여성인력개발정책과 프로그램 연구," 성공회대학교 대학원 석사논문(미간행).

안재희 · 오재림 · 유숙란(2008), "한국, 스웨덴, 독일의 여교수확대정책 비교 분석,"

『교육사회학연구』, 제18권 제1호, pp.67-91.

안재희 · 이영민 · 손기영 외(2011), 『대학교원임용 양성평등정책에 관한 연구』, 교육과학기술부.

양현아(2006), "여성주의정책으로서의 한국 가족정책의 원리 모색," 심영희 외, 『한국 젠더정치와 여성정책』, 나남, pp.325-364.

엄규숙(1998), "서유럽의 복지제도와 여성정책," 『연세여성연구』, 연세대학교 여성연구소, pp.89-114.

여성가족부(2012), 『가정을 파괴하는 폭력, 이제 그만』, 가정폭력 예방과 피해자 지원에 관한 안내서.

__________(2014), 『유리천장을 깬 '여성 1호', 그들이 들려주고 싶은 이야기』.

__________(2015a), 『제1차 양성평등정책 기본계획』.

__________(2015b), 『종합분석 결과 보고서: 2014년 성별영향분석평가』.

__________(2015c), 『2015년 성별영향분석평가 지침』.

__________(2015d), 『제2차 다문화가족정책 기본계획(2013-2017) 2015년도 시행계획』.

__________(2015e), 『제2차 다문화가족정책 기본계획(2013-2017) 지방자치단체 2015년도 시행계획』.

여성가족부 홈페이지(http://www.mogef.go.kr)(2015).

여성부(2010), 『성별영향평가 매뉴얼』.

여성신문, 2015.8.19.

여진경(2010), "토론문," 『대학사회와 성평등: 여성교수 임용목표제 성과와 과제』, 여성정책포럼 자료집, 한국여성정책연구원 · (사)전국여교수연합회, pp.75-78.

오경식(2014), "성폭력 피해자 보호를 위한 제도적 개선 방안," 『경찰학논총』, 제9권 제2호, 원광대학교 경찰학연구소, pp.95-113.

오경진(2015), "CSW 59차 세션(Beijing+20) 참관기: 내가 본 21세기 글로벌 젠더 의제들," 젠더정치연구소 여.세.연, 『북경여성대회 이후 20년, 젠더와 개발 엿보기: 59차 유엔세계여성지위원회 회의 참관기』 자료집, pp.26-43.

오유석(2008), "민주화 이후 여성운동의 변화와 분화: 여성정치세력화를 중심으로," 『한국 민주화 과정과 사회운동: 어떤 변화와 분화를 경험하고 있나?』, 제11회 비판사회학대회 자료집, pp.3-18.

오은진(2014), "국립대 양성평등조치계획 추진 현황 및 향후 계획," 교육부(주최), 한국여성정책연구원(주관), 2014년 국립대학 양성평등조치 우수사례 심포지엄 자료집, pp.3-19.

오장미경(2004a), "여성운동과 정책참여(1987년 이후-현재)," 『시민사회와 NGO』, 제2권 제1호(봄/여름호), pp.201-223.

_______(2004b), "한국 여성운동과 여성 내부의 차이," 『진보평론』, 제20호, 현장에서 미래를.

원숙연(2010), "성 주류화 기반으로서 공공정책 영역의 현실," 이화여자대학교 한국여성연구원(기획) · 이재경(엮음), 『국가와 젠더: 성 주류화의 이론과 실천』, pp.141-165.

유숙란(2006), "'크리티칼 매스'와 성평등 구조 구축과정: 한국의 민주화 이후 정치적 대표성을 중심으로," 『국제정치논총』, 한국국제정치학회, 제46집 1호, pp.123-142.

유정미(2010), "성 주류화와 '젠더' 문제," 이화여자대학교 한국여성연구원(기획), 이재경(엮음), 『국가와 젠더: 성 주류화의 이론과 실천』, 한울, pp.102-137.

유해미(2004), "복지국가의 다양성에 대한 종합적 젠더 분석틀의 모색," 『사회와 이론』, 한국이론사회학회, 제5집 2호, pp.183-216.

유희정(2015), "취업모를 위한 육아지원정책의 과제," 『젠더리뷰』, 제36호, 한국여성정책연구회, pp.40-53.

윤선영 · 신영진(2013), "우리나라 여성정책에 대한 평가와 발전방안에 관한 연구: 역대 정부 여성정책 담당기구의 비교 및 변천과정을 중심으로," 『공공정책과 국정관리』, 제7권 제2호, pp.33-62.

윤이화(2010), "한국여성운동의 전략변화에 대한 영향요인분석—입법운동에서 대표성 확대운동으로의 변화요인을 중심으로," 경북대학교 대학원 박사논문(미간행).

_____(2014), "여성폭력에 대한 여성운동의 대응과 향후과제: 성폭력특별법과 가정폭력방지법의 제·개정 과정을 중심으로," 『평화학연구』, 제15권 4호, 한국평화연구학회, pp.253-280.

윤인진(2008), "한국적 다문화주의의 전개와 특성 : 국가와 시민사회의 관계를 중심으로," 『한국사회학』, 제42집 2호, 한국사회학회, pp.72-103.

윤홍식(2011), "가족정책, 복지국가의 새로운 역할: 보편성과 다양성에 대한 요구," 『한국가족복지학』, 제33권, 한국가족복지학회, pp.5-35.

_____(2014), "박근혜 정부의 가족화정책과 성, 계층 불평등의 확대: 보수정부 6년의

가족정책을 중심으로,” 『경제와 사회』, 통권 제101호, pp.87-116.

이나영(2015), “성별화된 섹슈얼리티와 여성주의 성정치학,” 한국여성연구소(엮음), 『젠더와 사회: 15개의 시선으로 읽는 여성과 남성』, 동녘, pp.165-202.

이미경(2013a), “무엇이 우리의 가슴을 뛰게 하는가,” 『성폭력에 맞서다: 사례 · 담론 · 전망』, 한울, pp.13-41.

_____(2013b), “형사사법절차상 성폭력 2차 피해의 심층구조,” 『여성학연구』, 제23권 제2호, 부산대학교 여성연구소, pp.43-75.

이선이 외(2007), 『젠더의식강화 프로그램 개발』, 여성가족부.

이송희(2011), “해방 이후 여성 삶의 변화와 여성운동,” 경상대학교 여성연구소(엮음), 『여성, 한국사회를 묻다』, 지앤유, pp.244-277.

이은아(2007), “젠더와 여성정책,” 『여성학』, 미래 M&B, pp.293-314.

이재경(1993), “국가와 성통제 : 성관련 법과 정책을 중심으로,” 『한국여성학』, 제8집, 한국여성학회, pp.8-29.

이재경 · 김경희a(2012), “여성주의 정책 패러다임 모색과 ‘성평등’,” 『한국여성학』, 제28권 3호, 한국여성학회, pp.1-33.

이재경 · 이은아(2009), “서문: 글로벌 사회의 국가와 젠더,” 이화여자대학교 한국여성연구소(기획), 이재경(엮음), 『국가와 젠더: 성 주류화의 이론과 실천』, 한울.

이정숙(2004), “대학사회 내 의사결정과정에서의 여교수 참여—구체적 사례 토의,” 『전국여교수연합회 제12차 춘계학술세미나 및 2003년 정기총회 자료집』, 전국여교수연합회, pp.28-30.

이정희(2014), “일 · 가족 양립 문제의 시대적 변화에 대한 고찰,” 『여성연구』, 제1호, 한국여성정책연구원, pp.281-324.

이지인(2014), “여성노동정책의 변동 요인 및 가정에 대한 연구–여성노동관련법 제정 사례를 중심으로,” 계명대학교 대학원 행정학과 박사논문(미간행).

이진숙 · 이슬기(2013), “젠더관점에서 본 보육정책 패러다임의 변화 연구,” 『젠더와 문화』, 제6권 2호, 계명대학교 여성학연구소, pp.85-123.

이현주(2002), 『각국의 여성관련 행정기구 현황』, 여성부.

이형우 · 김규옥(2011), “성인지 예산제도에 대한 고찰—주요국 사례 및 우리나라 운영현황을 중심으로,” 『사회과학연구』, 제18권 1호, 동국대학교 사회과학연구원, pp.171-210.

이혜경 · 홍승아(2003), “성통합적 복지국가재편 논의를 위한 여성주의적 비판,” 『사회보장연구』, 제19권 제1호, pp.161-189.

이혜숙(2002a), "국가와 페미니즘"『현대사회와 인간 1: 성찰의 사회학』, 호산 김경동 교수 정년기념논총 간행 위원회(엮음), 박영사, pp.159-180.

_____(2002b), "유엔의 여성정책과 한국의 과제," 한국사회학비평 편집위원회,『한국사회학비평』, 제2호, pp.73-108.

_____(2004), "미군정기 여성운동과 여성정책," 정진성 · 안진 외,『한국현대여성사』, 한울, pp.15-40.

_____(2012a),『지방자치와 지역여성의 전망: 지역여성정책과 지역여성운동의 동학』, 집문당.

_____(2012b), "대학사회 성 주류화의 과제와 젠더정치,"『소셜 네트워크 시대에서 대학사회의 평등문화』, 전국여교수연합회 춘계 세미나 자료집, pp.117-132.

_____(2012c), "대학사회 성주류화, 방향과 과제는 무엇인가," 경상대학교 여성연구소 · (사)전국여교수연합회(엮음),『여성의 눈으로 본 대학사회와 젠더정치』, 오름, pp.153-179.

_____(2013a), "대학사회 성평등의 과제와 여교수회 발전방안—경상대학교를 중심으로,『대학사회와 양성평등』, 2013년 여교수회 · 여성연구소 워크숍 자료집, 경상대학교 여교수회 · 여성연구소, pp.16-49.

_____(2013b), "대학사회 성평등 정책과 젠더정치: 경상대학교를 중심으로,"『사회과학연구』, 제31집, 경상대학교 사회과학연구원, pp.5-42.

_____(2015a), "가정주부 담론과 중년여성의 정체성," 경상대학교 여성연구소,『한국의 중년 여성과 남성』, 서현사, pp.123-155.

_____(2015b), "대학과 여성조직 : 여교수회 활동과 발전방안," 경상대학교 여성연구소 · 여교수회 공동워크숍 자료집.

_____(2015c),『여성과 사회』, 다산출판사.

이혜숙 · 강인순(2015),『나는 대한민국 경남여성』, 지앤유.

이혜숙 · 구명숙(2011),『경남 여성일자리 창출 현황분석 및 정책과제』, 경상남도.

이혜숙 · 서의훈 · 최정혜(2013),『대학문화와 성평등 의식: 경상대 재학생들을 중심으로』, 경상대학교 여성연구소.

임우연(2008), "지방정부 여성정책 변화의 성과와 한계: 성주류화 과점에서 대전광역시를 중심으로,"『한국지방자치연구』, 제10권 제3호(통권 24호), 대한지방자치학회, pp.219-242.

임우연 · 안수영(2012), 『지방자치 20년, 충청남도 여성정책의 변화와 과제』, 충청남도여성정책개발원.

임원정규(2015), "정치&젠더 정치를 말하다," 『여성의 숨겨진 힘을 찾는다』, 성평등한 정치문화 만들기 여성정치학교 자료집, 경남여성단체연합, pp.7-35.

장경섭(1998), "여성, 시장, 공공가족으로서의 국가—재생산의 사회화와 성질서," 『사회비평』, 제18호, 나남, pp.298-327.

장미경(1999), 『페미니즘의 이론과 정치』, 문화과학사.

장윤선(2014), "아시아 국가의 성인지예산제도 운영 경험과 시사점," 『KWDI Brief』, No.30, 한국여성정책연구원, pp.1-8.

장지연(2004), "복지국가에 대한 페미니스트 관점의 기여와 한계," 『한국사회학』, 제38집 3호, 한국사회학회, pp.117-200.

장하진 · 이옥 · 백선희(2015), 『한국의 보육정책』, 공동체.

장혜경 · 김영란 · 김소영 외(2014), 『가족의 미래와 여성 · 가족정책전망09 IV』, 한국여성정책연구원.

전국여교수연합회 홈페이지(http://wprofessor.org).

전윤정(2015), "탈상품화 · 탈가족화 관점에서 본 한국의 일 · 가족양립정책, 1990~2014: 출산휴가 · 육아휴직제도와 보육정책을 중심으로," 『한국여성학』, 제31권 3호, 한국여성학회, pp.179-218.

전현영(2012), "결혼이주여성의 삶에 대한 내러티브 연구: 17년 결혼생활, 부러지지 않고 휘어지기," 『교육연구논총』, 충남대학교 교육연구소, 제33집 1호, pp.23-47.

정경숙(2005), "현장에서 본 성매매특별법과 성매매 피해여성," 『여성정책포럼』, 여름호, 한국여성개발원, pp.42-49.

정도희(2012), "한국의 결혼이주여성 인권보호를 위한 제언," 『법학연구』, 제15집 2호, 인하대학교 법학연구소, pp.31-57.

_____(2015), "중년 여성이 알아야 할 법률: 성희롱 및 성폭력범죄 현행법," 경상대학교 여성연구소 지음, 『한국의 중년 여성과 남성』, 서현사, pp.235-260.

정인경(2012), "젠더주류화와 여성의 시민권," 『한국정치학회보』, 제46집 제4호, 한국정치학회, pp.53-72.

정진성(2010), "국립대 성평등 정책 사례: 서울대학교 여교수 지원제도 현황과 과제," 『대학사회와 성평등: 여성교수 임용목표제 성과와 과제』, 여성정책포럼 자료집,

한국여성정책연구원 · (사)전국여교수연합회, pp.39-54.

_____(2012), “대학에서의 성평등—서울대학교의 성평등제도 수립 노력,” 『소셜 네트워크 시대에서 대학사회의 평등문화』, 전국여교수연합회 춘계세미나 자료집, pp.99-116.

정현미(2015), “여성폭력 관련 입법정책의 문제점,” 『이화젠더법학』, 제7권 제1호, 이화여자대학교 젠더법학연구소, pp.51-72.

정현주(2009), 『대한민국 제1공화국의 여성정책』, 한국학술정보(주).

조성남(2012a), “전국여교수연합회의 활동과 과제,” 경상대학교 여성연구소 · (사)전국여교수연합회(엮음), 『여성의 눈으로 본 대학사회와 젠더정치』, 오름, pp.285-339.

_____(2012b), “폭력과 배제의 공간에서 여성으로 살아가기: 젠더 차별적 대학문화,” 『학교폭력의 구조와 아동, 여성의 인권』, 2012년 (사)전국여교수연합회 추계세미나 자료집, (사)전국여교수연합회, pp.65-82.

조영미(2007), “섹슈얼리티, 욕망과 위험사이,” 『여성학』, 미래 M&B, pp.86-114.

조영숙(2015), “Beijing+20 기념 제59차 CSW 회의와 post-2015 SDGs: ‘아젠다 2030’ 에 따른 글로벌 의제의 변화와 여성운동의 과제,” 젠더정치연구소 여.세.연, 『북경여성대회 이후 20년, 젠더와 개발 엿보기: 59차 유엔세계여성지위위원회 회의 참관기』 자료집, pp.9-25.

조영희(2008), “성주류화의 집행유형에 관한 연구,” 『한국정책학회보』, 제17권 3호, 한국정책학회, pp.292-377.

_____(2012), “여성정책변동에 관한 연구: 호주제 폐지와 성매매 특별법 제정사례를 중심으로,” 『여성연구』, 제82권 제1호, 한국여성정책연구원, pp.163-207.

조은설(2013), “우리나라 여성정책 연구의 이슈변화에 관한 네트워크 분석,” 『한국정책과학학회보』, 제17권 제1호, 한국정책과학학회, pp.119-148.

조진우(2005), “지방분권시대 여성정책의 지방화를 위한 준비,” 『지방분권과 여성정책』, 제7차 경기여성정책포럼 자료집, pp.3-15.

조현상(2013), “국가의 다문화가족만들기에 관한 비판적 고찰: 제2차 다문화가족정책기본계획(2013~2018)분석,” 『한국지역사회복지학』, 한국지역사회복지회, 제44권, pp.127-152.

조현옥 외(2005), “한국에서의 여성정치세력화운동,” 『한국의 여성-정치세력화 운동』, 도서출판 사회와 연대, pp.43-69.

________(2010), "한국여성정치할당제 제도화과정 10년의 역사적 고찰," 한국사회과학연구소, 『동향과 전망』, 통권 79호, pp.110-139.

조형 · 이재경(1989), "국가에 대한 여성학적 접근: 시론," 『한국여성학』, 제5집, 한국여성학회, pp.9-26.

조희원 · 장재남(2009), "유엔을 통한 여성정책의 지구화에 관한 연구," 『평화학연구』, 세계평화통일학회, pp.169-190.

주경미(2008), "지역여성정책과 민관학 협력관계의 모색," 『여성연구의 제도화와 지역사회』, 경상대학교 사회과학연구소 2008년 국내학술대회자료집, pp.39-45.

주재선(2014), 『2014 한국의 성 인지 통계』, 한국여성정책연구원.

주혜진(2013), "'성 주류화 하기(Doing gender-mainstreaming)'의 가능성 탐색: 시민 성별영향분석평가단 활동을 통한 젠더 지식과 입장의 형성," 『한국여성학』, 제29권 제4호, 한국여성학회, pp.1-40.

중앙일보, 2014.1.8., 2014.9.22., 2014.9.23., 2015.2.27., 2015.3.12., 2015.3.30., 2015.4.1., 2015.4.2., 2015.4.10., 2015.4.29., 2015.10.17., 2015.8.24.

중앙행정기관(2015), 『제2차 경력단절여성등의 경제활동촉진 기본계획(2015~2019)』 2015년도 시행계획.

차성란 · 정영금 · 정지영 외(2015), 『가족정책론』, 양서원.

차인순(2009), "성인지 예산 입법과정에 관한 연구," 『여성연구』, 제76권, 한국여성정책연구원, pp.143-175.

초의수(2008), "한국 가족정책의 재평가: 최근 한국가족 변화 경향과의 관련성을 중심으로," 『여성연구논집』, 제19집, 신라대학교 여성문제연구소, pp.163-210.

최문선(2015), "일 · 가정 양립지원정책 현황과 과제," 여성가족부(주최), 한국여성정책연구원(주관), 『여성의 경력유지 및 일 · 가정 양립 지원을 위한 2015년 정책현장 모니터링 성과포럼』 자료집, pp.75-77.

최영진(2011), "여성주의 연구에 국가 연구가 필요한 이유," 『진보평론』, 48호, 여름호, pp.64-87.

최정혜, "아직 먼 대학사회 양성평등", 『교수신문』, 2015.2.2.

최정혜 · 서의훈(2010), "대학에서의 성평등 현황 및 과제—경상대학교를 중심으로," 『대학사회와 성평등』, 2010 경상대 여성연구소 학술대회 자료집, pp.38-57.

카슬, 스티븐 · 마크 J. 밀러(1993), 『이주의 시대』, 한국이민학회(역)(2013), 일조각.

통계청(2015), 『2015 통계로 보는 여성의 삶』.

통계청 · 여성가족부(2015), 『2015 일 · 가정양립 지표』, 보도자료.

한국여성단체연합(2008), 『세계여성의 날 100년 한국여성인권을 말하다』.

한국여성정책연구원(2013a), "경상대학교," 내부자료.

________________(2013b), 『30가지 여성정책 이야기』.

한국일보, 2015.3.6.

한정원(2010), "성 주류화 제도논의와 발전방향 연구," 『여성학연구』, 제20권 제1호, 부산대학교 여성연구소, pp.161-192.

한정원 외(2008), 『성 주류화 관련제도의 효과적 정착을 위한 연구(1): 수용성과 제도 적용현황, 실행방안』, 한국여성정책연구원.

한희선 · 임우연(2014), "여성과 돌봄," 『여성 · 젠더 · 사회』, 공동체, pp.179-195.

허라금(2009), "여성주의 평등 개념을 통해 본 성 주류화," 『국가와 젠더: 성주류화의 이론과 실천』, 한울, pp.40-73.

_____(2010), "대학에서의 성주류화의 과제," 『대학사회와 성평등: 여성교수 임용목표제 성과와 과제』, 여성정책포럼 자료집, 한국여성정책연구원 · (사)전국여교수연합회, pp.57-65.

허민숙 · 신경아(2015), "'가족들' 안과 밖의 여성 그리고 남성," (사)한국여성연구소(엮음), 『젠더와 사회: 15개의 시선으로 읽는 여성과 남성』, 동녘, pp.299-328.

허영희(2010), "대학사회의 성주류화 지연의 이유와 여성연구소의 과제," 『대학사회와 성평등』, 2010 경상대 여성연구소 학술대회 자료집, pp.58-59.

헤르네스, 헬가 마리아(1987), "여성과 복지국가 : 사적 의존에서 공적 의존으로의 변화," 앤 쇼우스틱 사쑨(편저)(1989), 『여성과 국가』, 한국여성개발원, pp.63-83.

혹실드, 알리 러셀(1989), 『돈 잘 버는 여자, 밥 잘하는 남자』, 백영미(옮김)(2001), 아침이슬.

홍기원(2009), "한국 다문화정책의 현황과 과제," 『다문화와 평화』, 제3집 1호, 성결대학교 다문화평화연구소, pp.13-35.

홍미영(2015), "양성평등정책의 변화와 실효성—양성평등기본법 시행을 중심으로," 『양성평등기본법 시행에 따른 정책패러다임과 지역사회변화』, 제20회 부산여성가족정책포럼 · 제2차 한국여성학회 학술포럼, 부산여성가족개발원, pp.4-19.

홍미영 · 류춘호 · 고강인(2014), "성인지예산서 분석을 통한 정책적 함의와 과제—부산광역시를 중심으로," 『여성학연구』, 제24권 제3호, 부산대학교 여성연구소,

pp.61-93.
홍승아 외(2008), 『일가족 양립 정책의 국제비교연구 및 한국의 정책과제』, 한국여성정책개발원.
홍승아 · 이인선(2012), 『남성의 육아참여 활성화를 위한 제도개선 방안』, 한국여성정책연구원.
황영주(2011a), "국가페미니즘 비교 연구: 스웨덴, 호주 및 한국 사례를 중심으로," 『비교민주주의연구』, 제7권 제2호, 비교민주주의연구센터, pp.39-70.
_____(2011b), "국제규범으로서 젠더 주류화(gender mainstreaming)의 기원과 확산," 『국제지역연구』, 제15권 제2호, pp.3-24.
_____(2014), "젠더주류화와 정책의 지방화: 부산지역 성별영향분석평가의 성과와 한계," 『여성학연구』, 제24권 제1호, pp.127-154.
황정미(2001), "여성 정책과 젠더 정치(gender politics)," 한국여성연구소 펴냄, 『페미니즘 연구』, pp.75-111.
_____(2002), "해방 후 초기 국가기구 형성과 여성(1946~1960)—부녀국을 중심으로," 『한국학보』, 제28권 4호, 일지사, pp.162-192.
_____(2009), "'이주의 여성화' 현상과 한국 내 결혼이주에 대한 이론적 고찰," 『페미니즘연구』, 제9권 1호, 한국여성연구소, pp.1-37.
_____(2015), "결혼이주여성의 가정폭력 피해에 대한 재고찰," 『한국여성학』, 제31권 4호, 한국여성학회, pp.1-39.
황창연(2009), 『충남의 성인지 예산제도 기반분석과 시범적용 방안—복지환경국 소관사항을 중심으로』, 충청남도여성정책개발원.

Bacchi, Carol Lee(1999), *Women, Policy and Politics*, Sage.
Barrett, M.(1980), *Women's Oppression Today*, Thefold Press.
Bellamy, Richard(2008), *Citizenship: A Very Short Introduction*, Oxford Univ. Press.
Brenner, J. and M. Ramas(1984), "Rethinking Women's Oppresssion," *New Left Review*(March-April), No.144, pp.33-71.
Brown, C.(1981), "Mothers, Fathers and Children : From Private to Public Patriarchy," in L. Sargen(ed), *Women and Revolution*, South End Press.

Connell. R.(1987), *Gender and Power: Society, the Person and Sexual Politics*. Stanford University Press.

__________(1990). "The State, Gender, and Sexual Politics," *Theory and Society,* Vol.19, No.5.

Eisenstein, Hester(1990), "Femocrats, Official Feminism and the Uses of Power," in Sophie Watson(ed)., *Playing the State: Australian Feminist Interventions*, Verso: New York.

Eisenstein, Z.(1984), "The Patriarchal Relations of the Reagan State," *Signs* Vo.10, No.2.

Esping-Anderson, G(1990), *The Three Worlds of Welfare Capitalism*, Oxford.

Hochschild. A. R.(2000), "Global Care Chain and Emotional Surplus Value," W. Hutton and A. Giddens(eds), *On The Edge: Living with Global Capitalism*, London: Jonathan Cape.

Kanter, R. Moss(1977), *Men and Women of the Corporation*, New York: Basic Books.

Kantola, Johanna(2006), *Feminist Theorize the State*, Basingstroke: Palgrave Macmillan.

Kantola, J. and J. Outshoom(2007), "Changing State Femimism," in Outshoom and Kantola(eds), *Changing State Feminism*, Hampshire, UK, Palgrave.

Lang, Sabine(2009), "Assessing Advocacy: European Transnational Women's Networks and Gender Mainstreaming," *Social Politics,* Vol.16, No.3. pp.327-357.

Lewis J.(1992), "Gender and Development of Welfare Regime," *Journal of European Social Policy*, Vol.2, No.3. pp.159-173.

Mackinnon, C. A.(1983), "Feminism, Marxim, Method and the State: An Agenda for Theory," *Signs: Journal of Women in Culture and Society*, Vol.7, No.3.

______________(1989), *Toward a Feminist Theory of the State*. Harvard University Press.

Mazur, Amy G.(2002), *theorizing feminist policy*, Oxford University Press.

Orloff, Ann Shola(1993), "Gender and the Social Rights of Citizenship: the Comparative Analysis of Gender Relations and Welfare States," *American Sociological Review* 53(June), pp.303-328.

Outshoom, J. and J. Kantola(2007), "Assessing Changes in State Feminism over the Last Dacade," in J. Outshoom and J. Kantola(eds.), *Changing State Feminism*, Palgrance, Macmillan, pp.266-285.

Pateman, Carole(1989), *The Disorder of Women: Democracy, Feminism, and Political Theory*, Cambridge: Polity.

Piven, F.(1990), "Ideology and the State: Women, Power, and the Welfare State," in Linda Gordon(ed), *Women, the State, and Welfare*, The University of Wisconsin Press, pp.250-264.

Plantenga, J., C. Remery, H. Figueiredo, and M. Smith(2009), "Towards a European Union Gender Equality Index," *Journal of European Social Policy*, Vol.19, No.1. pp.19-33.

Randall, V.(1998), "Gender and Power: Women engage ths State," V. Randall and Georgina Waylen(eds), *Gender, Politics and The State*, London. pp.186-191.

Sainsbury, D.(1994), "Women's and Men's Social Rights: Gendering Dimensions of Welfare States," in D. Sainsbury(ed), *Gendering Welfare State*, London: Ploity.

______________(1999), "Gender and Social-Democratic Welfare States," in Diane Sainsbury(ed), *Gender and Welfare State Regimes*, New York: Oxford Universety Press.

Sassen, Saskia(2000), "Women's Burden: Counter-Geographies of Globalization and the Feminization of Survival," *Journal of International Affairs,* Vol.53, No.2, pp.503-524.

Sawer, Marian(1990), *Sisters in Suits: Women and Public Policy in Australia*, Sydney: Allen&Unwin.

Simm, B.(1988), "Towards and the Feminist Rethinking Welfare State," in Jones and Jonasdottir(eds), *The Political Interests of Gender*, Dage

Publications.

Stetson, Dorothy M.(2001), *Abortion Politics, Women's Movements, and the Democratic State: A Comparative Study of State Feminism*, Oxford: Oxford University Press.

Stetson, Dorothy M. and Amy Mazur(1995), *Comparative State Feminism*, Thousand Oaks and London: Sage.

Ursel, J.(1986), "The State and the Maintenance of Patriarchy : A Case Study of Family, Labor and Welfare Legislation in Canada," in J. Dickinson & Russel(ed), *Family, Economy and State*, Garamond Press.

Verloo, Mieke(2005), "Displacement and Empowerment: Reflections on the Concept and Practice of the Council of Europe Approach to Gender Mainstreaming and Gender Equality," *Social Politics*, Vol.12, No.3. pp.344-365.

Verloo, Mieke and Lombardo Emanuela(2007), "Contested Gender Equality and Policy Variety in Europe: Introducing a Critical Frame Approach," in Mieke Verloo(ed.), *Multiple Meanings of Gender Equality: A Critical Frame Analysis of Gender Policies in Europe*, Central European University Press.

Walby, Sylvia.(1990), *Theorizing Patriarchy*, Basil Blackwell.

____________(2008), "Gender Mainstreaming in Theory and Practice," *A New Global Trend on Gender Mainstreaming and its Implications on Women's Policies in Korea*, pp.29-48, Korean Women's Development Institute.

Watson, Sophie(1990), "The State of Play: an Introduction," in Sophie Watson(ed), *Playing the State Australian State Intervention*, Boston: Allen & Unwin.

Wilson, E.(1977), *Women and the Welfare State*, Richard Clay.

찾아보기

ㅅ

ㅇ

ㅈ

[저자약력]

이 혜 숙

이화여자대학교 사회학과 졸업
서울대 대학원 사회학과 석사 및 박사
미국 캘리포니아 주립대학교(UCLA) 사회학과 방문교수
미국 워싱턴대학교(UW) 사회학과 방문교수
경상대 여성연구소 소장 역임

경상대학교 사회학과 교수, 여성연구소 운영위원
한국여성학회, 운영위원(재무위원장)
전국여교수연합회, 부회장

〈주요 저서〉

『일본현대사의 이해: 전후 일본사회와 미국의 점령정책』(경상대학교 해외지역연구센터, 2003)
『미군정기 지배구조와 한국사회: 해방 이후 국가-시민사회 관계의 역사적 구조화』(선인, 2008)
『여성, 한국사회를 묻다』(지앤유, 공저, 2011)
『지방자치와 지역여성의 전망: 지역여성정책과 지역여성운동의 동학』(집문당, 2012)
『여성의 눈으로 보는 대학사회와 젠더정치』(오름, 공저, 2012)
『한국사회의 사회운동』(다산출판사, 공저, 2014)
『한국의 중년 여성과 남성』(서현사, 공저, 2015)
『나는 대한민국 경남여성』(지앤유, 공저, 2015)

〈주요 논문〉

"지역여성운동의 조직과 성격: 경남여성단체연합을 중심으로"(한국여성학, 2008)
"여성의 지방정치 참여와 지역여성운동: 경상남도를 중심으로"(2009여성학논집, 2009)
"지역여성운동의 조직과 세력화의 전망: 경남여성회를 중심으로"(한국여성학, 2012)
"지구화 · 지방화 시대 지역여성운동과 여성연대의 전망: 경남여성단체연합의 연대활동을 중심으로"(여성과 역사, 2013)
"한국여성학과 지역 여성주의의 모색: 경남지역 여성운동을 중심으로"(페미니즘연구, 2014)
"지방의회 여성의원의 의정활동과 성평등 의식: 경남지역 여성의원들을 중심으로"(한국여성학, 2014)
"해방 이후 시민사회의 역사적 형성과정과 성격(1945~1953)"(사회와 역사, 2014)
"2014년 지방선거와 여성의원의 홍보전략: 광역시도 지역구 여성당선자의 선거공보를 중심으로"(젠더와 문화, 2015)

국가와 여성정책

2016년 2월 25일 제1판 1쇄 인쇄
2016년 2월 29일 제1판 1쇄 발행

저 자 이 혜 숙
발행인 강희일 · 박은자

발행처 **다 산 출 판 사**
서울특별시 마포구 용강동 494 - 85
등 록 1979. 6. 5. 제 3–86 호(윤)
전 화 717-3661~2, 718-1751~2
FAX 716-9945
조 판 민 하 디 지 탈 아 트

정가 17,000원

파본은 바꾸어 드립니다.

http://www.dasanbooks.co.kr
ISBN 978-89-7110-512-2 93330